Oranienburg
Wensickendf
Wandlitzsee
Wandlitz
Melchow
Biesenthal
Lehnitz
Zühlsdorf
Borgsdorf
Basdorf
Rüdnitz
Birkenwerder (b Berlin)
Schönwalde
Leuenberg
Tiefensee
Bernau (b Berlin)
Zepernick
Mühlenbeck
Schönerlinde
Hohen Neuendf
Bergfelde
Röntgental
Werftpfuhl
Werneuchen
Berlin-Buch
Berlin-Frohnau
Seefeld (Mark)
Schulzendf
Bln-Hermsdf
Bln-Karow
Blumberg (b Berlin)
Ahrensfelde Friedhof
Ahrensfelde Nord
Wartenberg
Bln-Heinersdorf
Bln-Weißensee
Ahrensfelde
Bln-Reinickendf
Bln-Schönholz
B-Pankow
Schönhsr Allee
Strausbg Nord
Lustgarten
Strausbg Stadt
Hegermühle
Schlagmühle
Umspannwerk
Neuenhagen (b Berlin)
Fredersdorf (b Berlin)
Petershgn Nord
Strausbg Vorstadt
Landhaus
Rehfelde
Bln-Gartenfeld
Bln-Wedding
Jungfernheide
Bln-Marzahn
Springpfuhl
Bln-Kaulsdorf
Strausberg
Herrensee
Alex-pl
Bln-Frankfurter Allee
B-Moabit
Westend
Lehrter Bf
Bln-Lichtenberg
Hoppegarten (Mark)
Bln-Mahlsdf
Bln-Charl.
Zoolgart
Bln-Anh Gbf aB
Görlitz Bf
Bln-Ostkr
Rüdersdorf (b Berlin)
Schönebg
Bln-Wuhlheide Rbf
Berlin-Köpenick
Hirschgarten
Bln-Friedrichshagen
Bln-Neukölln
Bln-Tempelh
Bln-Rummelsbg
Rahnsdorf
Bln-Steglitz
Bln-Schönew
Schlachtensee
Bln-Spindlersfeld
Wilhelmshag.
Erkner
Bln-Marienfelde
Bln-Adlershof
Bln-Grünau
BERLIN
Bln-Zehlendf
Lichterfde Süd
Buckower Chaussee
Hangelsb
Fangschleuse
Teltow
Lichtenrade
Flughafen Bln-Schönefeld
Flughafen Süd
Eichwalde
Mahlow
Zeuthen
Blankenfelde (Kr Zossen)
Diedersdf
Birkengrund Nord
Dahlewitz
Wildau
Niederlehme
Tanklager Niederlehme
Kablow
Birkengrund Süd
Königs Wusterhausen
Rangsdorf
Friedersdorf (Kr Königs Wusterhsn)
Ludwigsfelde
Schwellenwerk
Zernsdorf
Pramsdorf
Kummersdorf
Mittenwalde
Zeesen
Storkow

Bernd Kuhlmann

Berliner Bahnprojekte – NIE GEBAUT!

transpress

Einbandgestaltung: Luis dos Santos
Titelbild: Foto:DB AG
Der Berliner Ostbahnhof stand von etwa 1952 bis 1969 im Visier der Planungen: Die Stadtbahn sollte nach den Wünschen der DR und des Magistrats von Berlin begradigt werden und die Bahnsteige des Ostbahnhofs auf 400 m verlängert werden. 1967 prüfte man gar, am Westkopf des Ostbahnhofs eine Auto-Verladeanlage für den Verkehr »Auto im Reisezug« anzulegen. 1969 wurde die Stadtbegradigung ad acta gelegt, weil keine kostengünstige und städtebauliche Variante gefunden wurde. Die immer noch vorgesehene Verlängerung der Bahnsteige schränkte der Magistrat flächenmäßig erst mit einer Gasdruckreglerstation, dann mit einer Tankstelle mit Waschanlage an der Brücke Holzmarktstraße (im Vordergrund) immer mehr ein. Erst vom 25. September 1994 bis 23. Mai 1998 wurde die Stadtbahn saniert und auf dem Ostbahnhof die zu kurzen Bahnsteige verlängert. Das Foto zeigt die Umgebung des Ostbahnhofs um die Jahrtausendwende, doch hat sich ein Großteil des Umfeldes inzwischen total verändert.

Bildnachweis:
Die zur Illustration dieses Buches verwendeten Aufnahmen stammen – wenn nichts anderes vermerkt ist – vom Verfasser.

Eine Haftung des Autors oder des Verlages und seiner Beauftragten für Personen-, Sach- und Vermögensschäden ist ausgeschlossen.

ISBN 978-3-613-71639-1

1. Auflage 2022

Sie finden uns im Internet unter www.transpress.de

Lektor: Hartmut Lange
Innengestaltung und Repro: grafik+design Erlewein
Druck und Bindung: Graspo CZ, 76302 Zlín
Printed in Czech Republic

Ein fünfteiliger elektrischer Talent-2-Triebzug auf der Stadtbahn am S-Bahnhof Jannowitzbrücke. *Foto: Kuhlmann*

Inhalt

Vorwort

Das Erbe der alliierten Luftangriffe, sinnloser Sprengungen der Wehrmacht, des Sturms der Sowjetarmee auf Berlin zum Ende des Zweiten Weltkrieges war eine zerstörte Innenstadt: Weite Flächen mit einst dichter Bebauung waren zu einem einzigen Trümmerfeld geworden. Diese trostlose Einöde bot zugleich die Chance, Berlin nach modernen Gesichtspunkten großzügig wieder aufzubauen, weniger die als historisch wertvoll eingestuften Gebäude, mehr in einer großzügigeren, betrieblich einfacheren, aber leistungsfähigeren Infrastruktur der Eisenbahn.

Erinnern wir uns daran, dass die 1882 eröffnete Stadtbahn weitgehend dem zugeschütteten Königsgraben folgen musste, weil einfach keine andere Trasse durch das Zentrum zu finden war. Oder denken wir an die Linienführung der 1902 und später eröffneten U-Bahn, die mit Rücksicht auf die vorhandene Bebauung weitgehend den Straßenfluchten zu folgen hatte und deshalb enge Radien aufweist, wie z.B. zwischen Hausvogteiplatz und Stadtmitte, die die Reisegeschwindigkeit sinken lassen. Solche Nachteile hätten sich nach Kriegsende ausmerzen lassen.
Doch dringendere Aufgaben, wie der Bau bzw. die Reparatur von Wohnhäusern und die Versorgung der Ausgebombten, Flüchtlinge und der ganzen Bevölkerung standen erst einmal im Vordergrund, wozu eine intakte Infrastruktur gehörte. Wiederaufbau statt Neubau war zunächst die Devise, um das Leben in der jetzigen Vier-Sektoren-Stadt wieder in Gang zu bringen, obwohl es viele Ideen und Vorschläge für einen besseren Verkehr gab. Diese sollen hier wegen der Vollständigkeit in aller Kürze vorgestellt werden, ohne ihren Wert einzuschätzen oder den Verzicht auf die Ausführung zu begründen.

Generalverkehrspläne (GVP) im Ostteil der Stadt und Flächennutzungspläne (FNP) im Westteil, mit denen dort die städtische und verkehrliche Entwicklung geplant wurde, waren nie ein Dogma und wurden entsprechend den aktuellen Erkenntnissen ständig ergänzt und verändert. Wurden anfangs die Bahnanlagen der Fern- und S-Bahn in West-Berlin als gegeben und im Wesentlichen als unveränderlich hingenommen, änderte sich das nach Abschluss des Grundlagenvertrages zwischen der Bundesrepublik Deutschland und der DDR und nach dem Scheitern der Vereinbarung über den Südgüterbahnhof.
Und doch hatte die damalige Deutsche Reichsbahn Fachleute genug, die für Berlin und das Umland bessere verkehrliche Lösungen vorschlugen.

Es gab viele Ideen und Pläne – von denen im 1. Abschnitt berichtet werden soll –, aber meistens fehlte das Geld und die notwendigen Baukapazitäten, solche Vorhaben zu realisieren, ganz abgesehen vom nötigen politischen Willen der östlichen Staatsmacht. Vieles ist davon in Vergessenheit geraten, weil nicht immer die Akten archiviert wurden, heute sind umfangreiche Unterlagen und Dokumente selten. Trotzdem finden sich um Buch überwiegend erhalten gebliebene Original-Dokumente.

Hier soll über die Planungen und Bauvorhaben der Deutschen Reichsbahn berichtet werden, für die konkrete Studien und Projekte bereits vorlagen, aber aus den verschiedensten Gründen nicht realisiert werden konnten oder auch sollten. Viele dieser Projekte kamen in Ost-Berlin über das Reißbrett-Stadium nicht hinaus. In West-Berlin hatte die DR nur dann Interesse an Planungen und Projekten, wenn sich für sie bzw. die DDR ein Vorteil an konvertierbarer Währung ergab. Und der Senat und andere Institutionen von West-Berlin war zurückhaltend mit Vorschlägen für neue Planungen, weil man ja der DDR keine Vorschriften machen könne. Trotzdem kamen tragbare Vereinbarungen für die im Westen befindlichen Bahnanlagen zustande, wie das Beispiel des erst als Südbahnhof, dann als Südgüterbahnhof bezeichneten Vorhabens zeigt, aber wegen Einsprüchen der Bürger nicht verwirklicht werden konnte. Behandelt werden keine Planungen, die noch immer realisiert werden sollen. Das betrifft z.B. die S-Bahn am Berliner Außenring (BAR) zwischen Grünauer Kreuz und Springpfuhl ebenso wie die S-Bahn-Durchbindung von Wartenberg über Sellheimbrücke mit Anschluss in Richtung Schönfließ. Seit 1960 werden diese Vorhaben verfolgt, sie sind im Flächennutzungsplan (FNP) des Senats des wiedervereinigten Berlins enthalten und werden sicherlich erst nach 2025 oder gar später realisiert. Manchmal dauert es eben etwas länger, bis eine Idee zur Realität wird. Denken wir an den Nord-Süd-Fernbahn-Tunnel, zu dem erste Vorschläge bereits nach 1900 auf dem Tisch lagen und der erst am 28. Mai 2006 eröffnet wurde.

Liebe Leserinnen und Leser, kommen Sie mit auf einen interessanten Bummel durch die Berliner Eisenbahn-Geschichte. Und vielleicht fällt Ihnen beim Lesen Dies und Jenes ein, was hier nicht behandelt wurde, dann schreiben Sie uns bitte.

Berlin im Frühjahr 2022 *Bernd Kuhlmann*

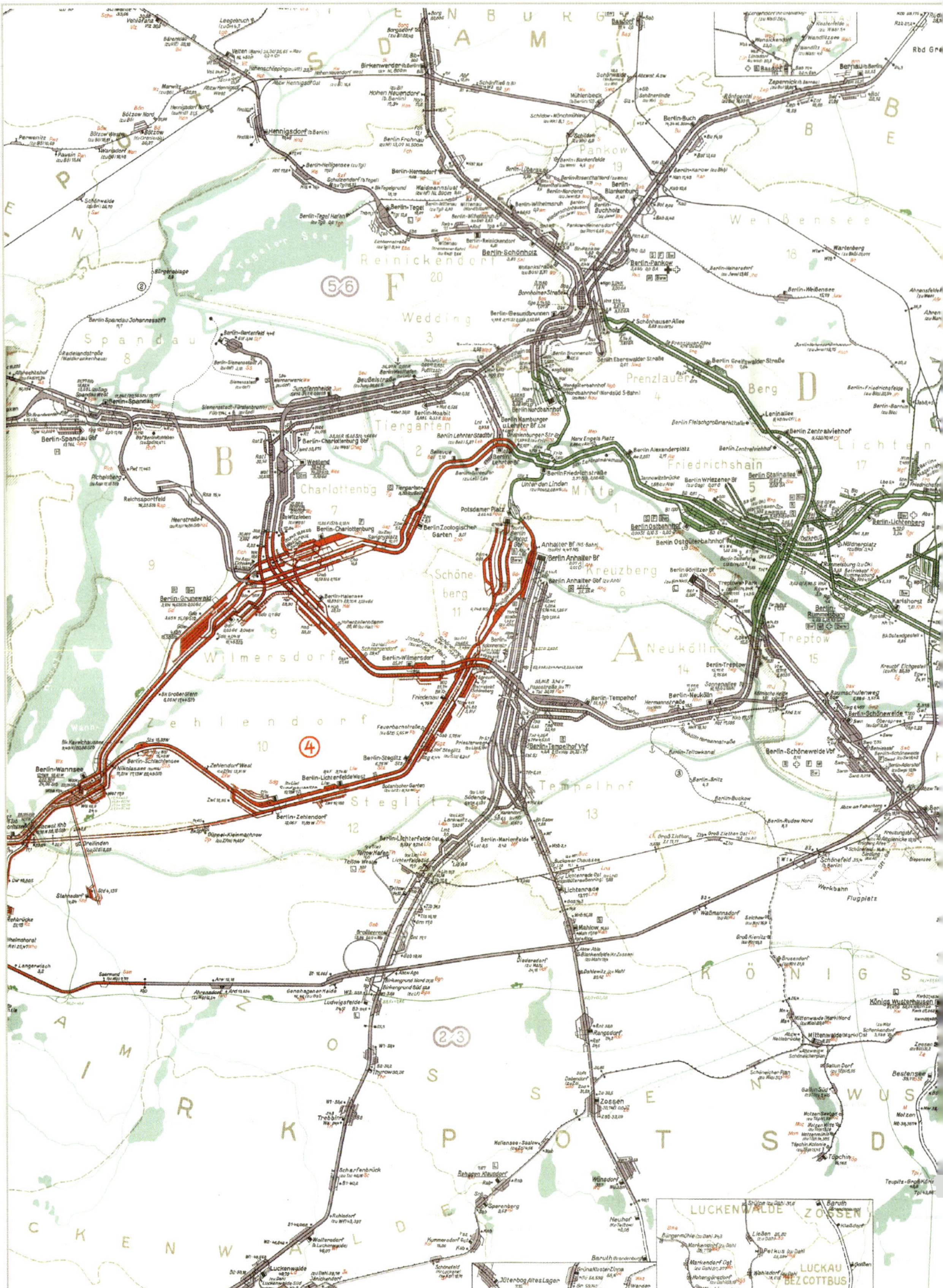
Reinickendorf
Wedding
Spandau
Pankow
Weißensee
Prenzlauer Berg
Tiergarten
Mitte
Friedrichshain
Charlottenbg
Wilmersdorf
Schöneberg
Kreuzberg
Neukölln
Treptow
Zehlendorf
Steglitz
Tempelhof
LUCKENWALDE
ZOSSEN
LUCKAU BEZ COTTBUS

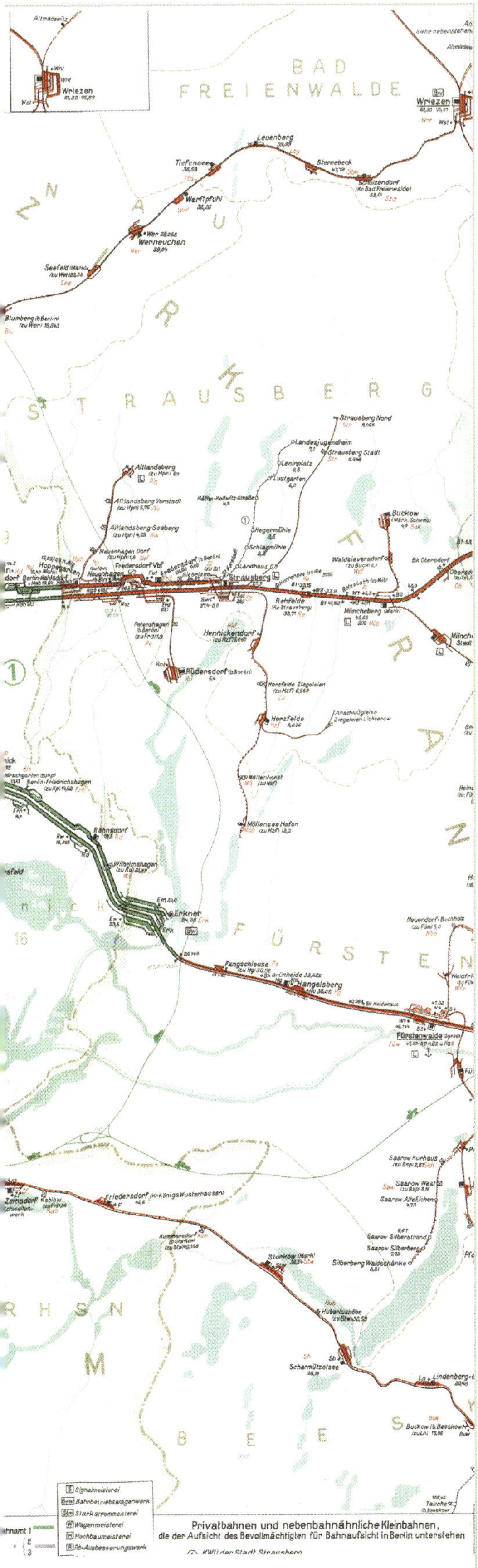

Betriebsstreckenkarte der Reichsbahndirektion Berlin vom November 1955.

Quelle: Rbd Berlin, Hauptplanei; Slg. Kuhlmann

1. Ideen und Pläne in Ost und West

Erst in den späten Nachkriegsjahren konnte man daran denken, neue Verkehrsplanungen zu entwerfen. Doch währenddessen verlief die politische Entwicklung in beiden Stadthälften gegensätzlich und führte letztlich zur Teilung der Stadt: erst 1948 mit zwei getrennten Stadtverwaltungen, dann 1961 mit der Isolation West-Berlins durch den Mauerbau. In der einstigen Vier-Sektoren-Stadt war damals von den Alliierten die Betriebsführung auf allen Bahnanlagen der Deutschen Reichsbahn (DR) geduldet worden. Sie plante Neues vorwiegend im Ostteil der Stadt und vernachlässigte West-Berlins Bahnstrecken, auch in der Instandhaltung. Stattdessen baute der West-Berliner Senat nach dem Mauerbau das U-Bahn-Netz als Konkurrenz zur von der DR betriebenen S-Bahn aus.

Zehlendorfer Plan 1947

Die größenwahnsinnigen Planungen der NS-Zeit waren überdimensioniert, obwohl manche damals sehr weitsichtige Gedanken immer noch gültig waren. Nun sollten sie nach Kriegsende auf ein vernünftiges Maß reduziert werden: »In den Grenzen des Möglichen« wollten die Planer bleiben. Ihre Ergebnisse schlugen sich 1947 in dem sogenannten »Zehlendorfer Plan« nieder. Im Gegensatz zu den bisherigen Ansichten sollte die Stadtbahn für den Fernreiseverkehr als auseinandergezogener Zentralbahnhof erhalten bleiben. Weil die Bedeutung der Ost-West-Achse noch zunehmen werde, war ein sechsgleisiger Ausbau der Stadtbahn für täglich 320 Züge vorgesehen.
Dagegen betrachtete man eine Nord-Süd-Schienenverbindung als zweitrangig. Der Potsdamer und der Görlitzer Bahnhof waren 1947 bereits stillgelegt, der Lehrter Bahnhof sollte nach dem Willen der Planer folgen. Danach wären (zunächst) der Anhalter und Stettiner Bahnhof als Süd- und Nordbahnhof verblieben [1.01].

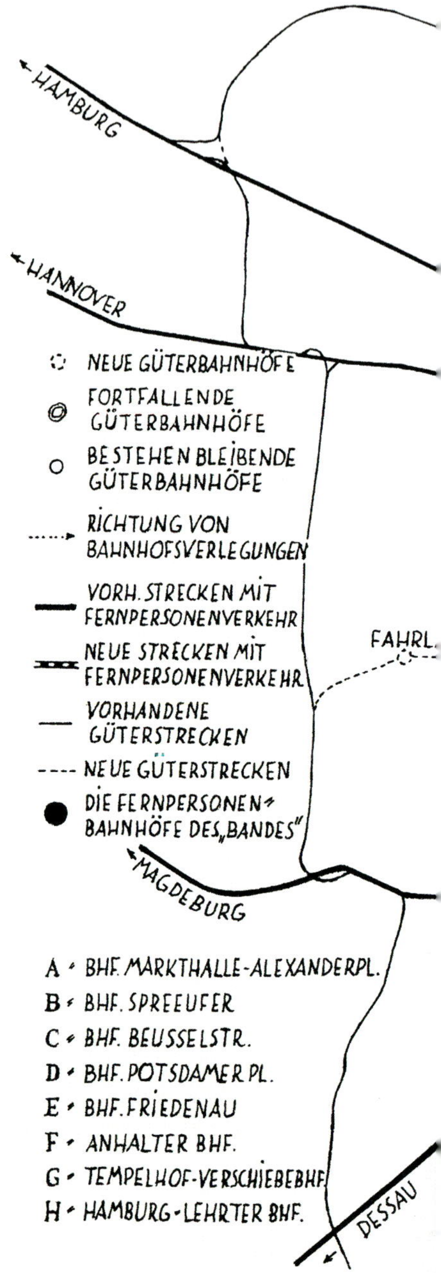

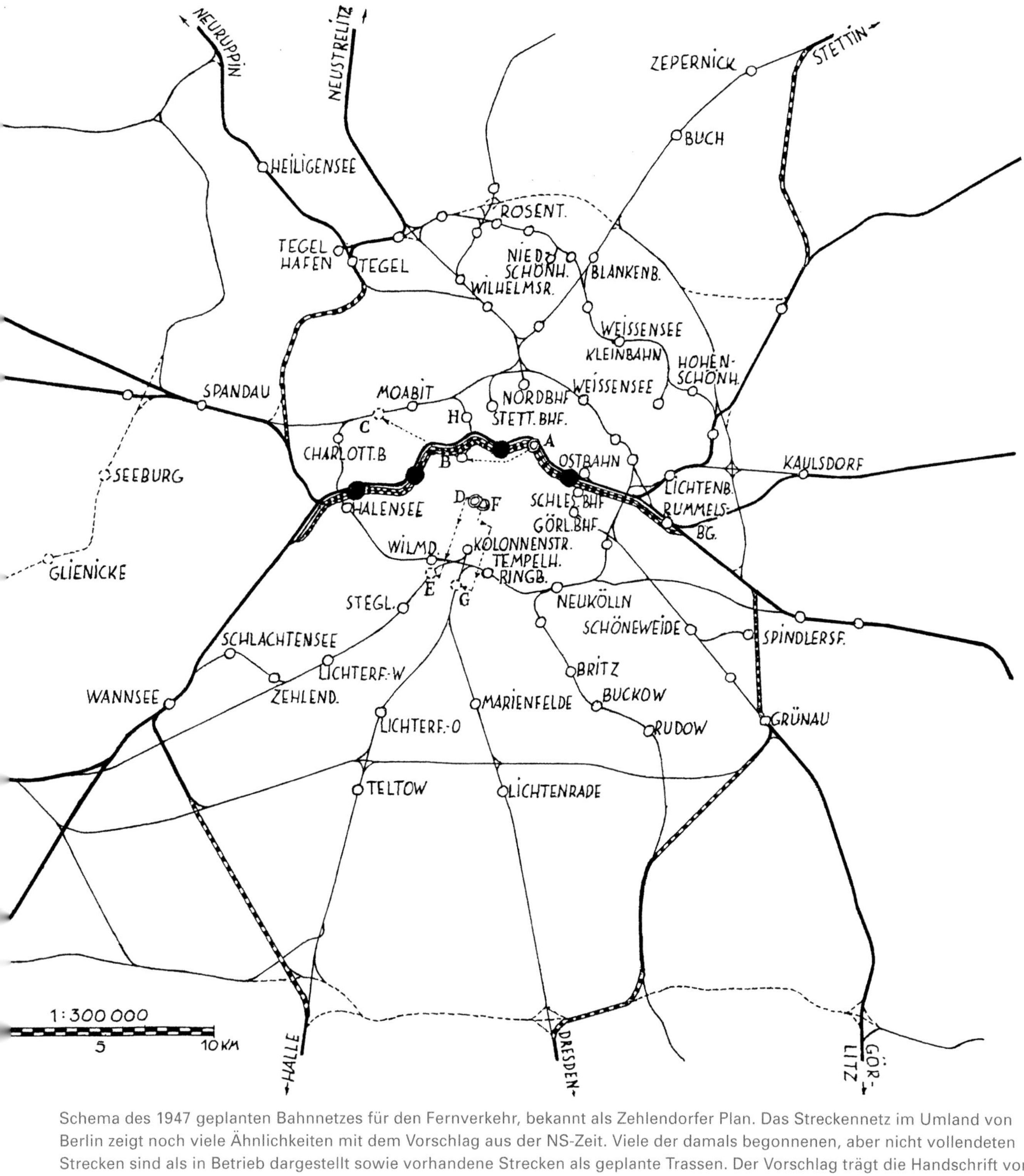

Schema des 1947 geplanten Bahnnetzes für den Fernverkehr, bekannt als Zehlendorfer Plan. Das Streckennetz im Umland von Berlin zeigt noch viele Ähnlichkeiten mit dem Vorschlag aus der NS-Zeit. Viele der damals begonnenen, aber nicht vollendeten Strecken sind als in Betrieb dargestellt sowie vorhandene Strecken als geplante Trassen. Der Vorschlag trägt die Handschrift von Architekten, weil Streckeneinfädelungen – beispielsweise in Wannsee oder Ostkreuz – von S-Bahn-Trassen behindert werden und damit die Baukosten in die Höhe treiben. *Repro aus [1.01]*

Obwohl im Endzustand alle Fernreisezüge – egal aus welcher Richtung – über die Stadtbahn fahren sollten, schlug man eine Nord-Süd-Verbindung vor: von Gesundbrunnen zunächst oberirdisch bis zur Weidendammbrücke, dann in einem Einschnitt mit einem weiteren Bahnhof Friedrichstraße parallel zur Spree bis zum Tiergarten und als Tiefbahn bis zu einem neuen Südbahnhof an der Papestraße. Die nur zweigleisige Nord-Süd-Verbindung sollten nur rund 50 Prozent der Züge von Gesundbrunnen bzw. Papestraße nutzen. Ähnlich den Planungen aus der NS-Zeit waren Verbindungsstrecken nötig: Für die Anhalter Bahn von Ludwigsfelde über Stahnsdorf nach Wannsee, für die Dresdener Bahn von Zossen über Mittenwalde nach Grünau, für die Stettiner Bahn von Bernau nach Werneuchen, die Kremmener und die Nordbahn sollten sich bei Tegel vereinigen und westlich des Olympiastadions die Trasse der Stadtbahn erreichen [1.01].

Für den Güterverkehr waren nach dem Zehlendorfer Plan der Anhalter und der Potsdamer Güterbahnhof zu schließen und südlich der Kolonnenstraße auf dem ehemaligen Militärbahnhof an der Dresdener Bahn sowie südlich von Schöneberg an der Potsdamer Bahn zu verlagern. Der Lehrter Güterbahnhof war zur Beusselstraße in Moabit zu verlegen. Die Ringbahn sollte weiterhin ausschließlich dem Güterverkehr dienen. Die bereits für den Fernreiseverkehr vorgesehene ergänzende Strecke Ludwigsfelde – Stahnsdorf – Wannsee benötigte man auch für den Güterverkehr. Mit der Strecke von Spandau/Olympiastadion nach Potsdam/Wildpark griff man auf eine als S-Bahn geplante Strecke aus der Zeit vor 1945 zurück, die nicht nur die Wohngebiete Gatow/Kladow erschließen, sondern auch dem Güterverkehr dienen sollte [1.01].

Gegenvorschlag des Leiters der Bauabteilung der DR

(Anmerkung: Dieser Vorschlag ist eine persönliche Ansicht von Friedrich Ammer zum vom Berliner Magistrat aufgestellten »Zehlendorfer Plan« und war mit der Hauptverwaltung der DR nicht abgestimmt.)

1948 schreckte man angesichts der hohen Kosten vor dem Bau einer Nord-Süd-Fernbahn in Analogie zur Stadtbahn zurück: Nicht nur vor einer weiteren Tunnelstrecke, sondern ebenso vor einem 6 bis 16 Meter hohen Bahndamm mitten durch die Stadt, für den Trümmer hätten aufgeschüttet werden können. Um trotz des geringen Durchgangsverkehrs durch Berlin internationale Züge durchleiten zu können, griff man einen alten, von dem Architekten und Miterbauer der Berliner Stadtbahn Waldemar Suadicani (1847–1926) geäußerten Plan auf: Am Bahnhof Gesundbrunnen sollte eine neue Verbindungsstrecke beginnen und bis Wedding parallel zur Ringbahn verlaufen, um dann nach Süden zu einem neuen Lehrter Bahnhof führend die Stadtbahn zu erreichen; diese war deshalb viergleisig auszubauen. Die bisherigen Abstell- und Behandlungsanlagen für Reisezüge blieben erhalten. Mit einem neuen Lehrter Bahnhof, für den ein neuer S-Bahn-Anschluss vorgesehen war, erhoffte man sich zugleich ein Begradigen der Stadtbahn zwischen Friedrichstraße und Bellevue [1.02].

Für den Güterverkehr sollten sich wie zu NS-Zeiten innerhalb der Ringbahn keine Ortsgüterbahnhöfe mehr befinden: der Hamburg-Lehrter Güterbahnhof und der Spreeuferbahnhof waren zugunsten des Ausbaus von Moabit aufzugeben, ebenso waren der Görlitzer und der Ostgüterbahnhof (der Ostbahn!) zum Schlesischen Güterbahnhof (der spätere Ostgüterbahnhof, heute nicht mehr vorhanden) zu verlagern. Die Güterbahnhöfe der Anhalter und der Potsdamer Bahn sowie in Kolonnenstraße sollten nach dem Fertigstellen des 1939 begonnenen Ortsgüterbahnhofs Süd geschlossen werden [1.02].

DDR plant Ausbau der Bahnanlagen

Obwohl in der damaligen DDR die »Entnazifizierung« schon lange abgeschlossen war, lebte Ende 1957 der Gedanke eines großen Nordbahnhofs im Raum Gesundbrunnen/Bornholmer Straße und eines ebenso großen Südbahnhofs im Kreuzungspunkt Papestraße

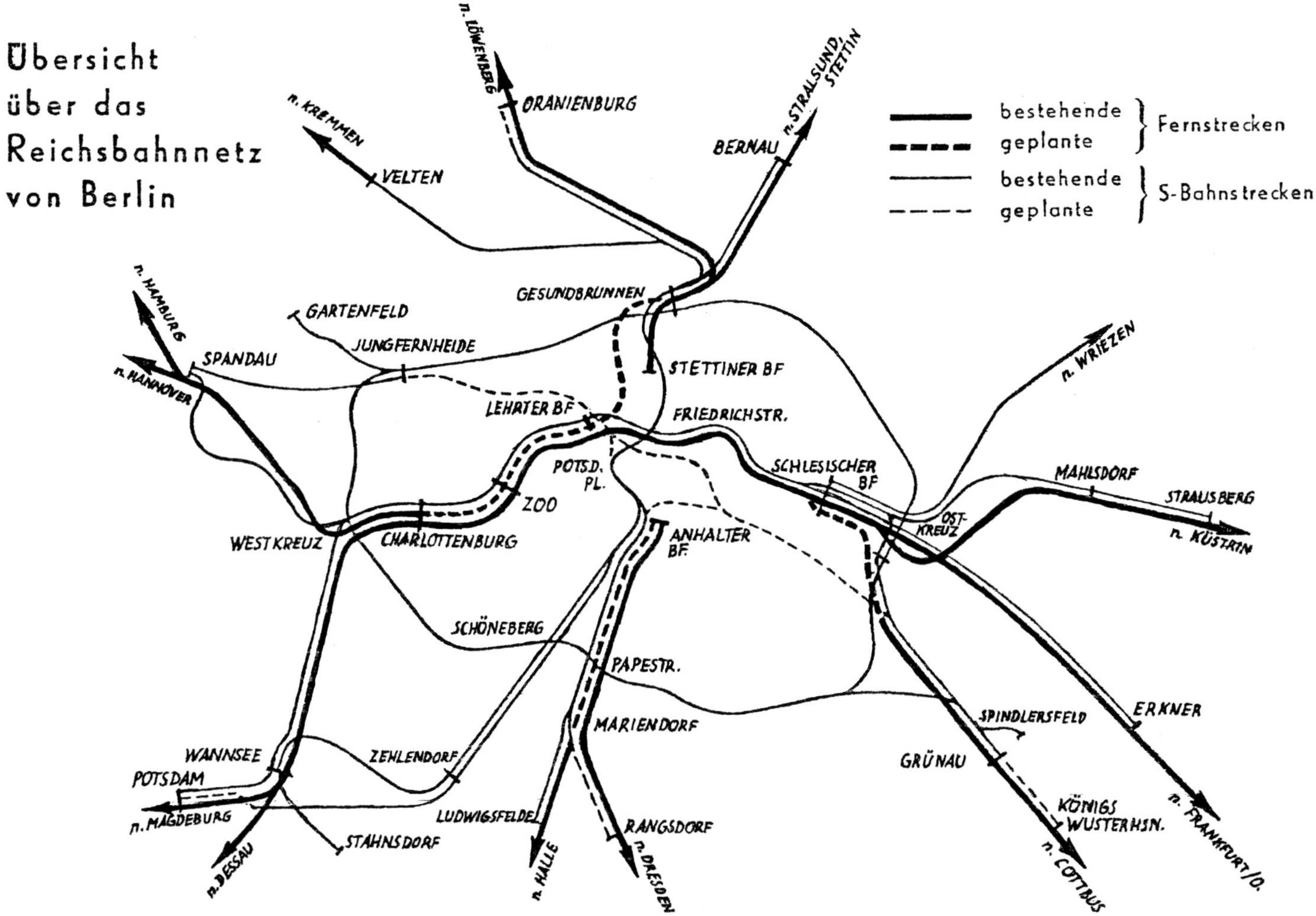

Schema des 1948 geplanten Bahnnetzes für den Fern- und S-Bahn-Verkehr. Die eingezeichnete Verbindungskurve zwischen dem Schlesischen Bahnhof (heute Ostbahnhof) und der Görlitzer Bahn bestand zu dieser Zeit in anderer Form über Eichgestell am hier nicht dargestellten Güteraußenring.

Repro aus [1.02]

mit Abstellbahnhöfen auf dem Gelände des früheren Anhalter Bahnhofs und des Rangierbahnhofs Pankow in einer Variante IV erneut auf. Anlass dafür war nicht etwa ein Wiederbeleben der alten Planungen von 1937 bis 1945, sondern die später (wann?) geplante Elektrifizierung der Fernstrecken der DR mit Wechselstrom und Oberleitung. *»Um eine Mischung der beiden Systeme«* (mit Gleichstrom und Stromschiene der Berliner S-Bahn) *»zu vermeiden, ist beabsichtigt, die Fernstrecken nur bis zum Berliner Außenring (BAR) und den BAR selbst für Wechselstrombetrieb mit Oberleitung herzurichten.*

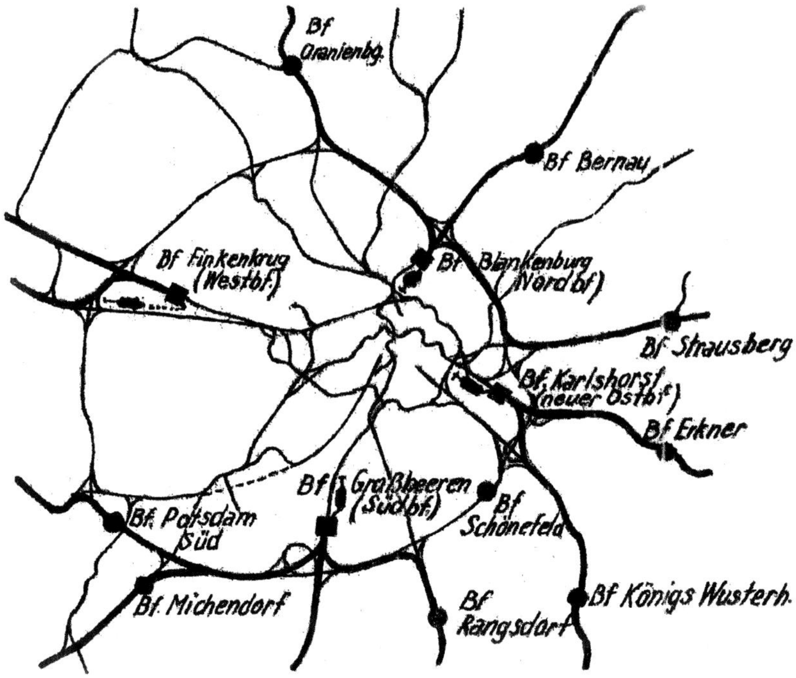

Schema des 1959 geplanten Bahnnetzes für den Fernverkehr mit vier Endbahnhöfen für den Reiseverkehr und angeschlossenen Abstell- und Behandlungsbahnhöfen. Umsteigebahnhöfe zur S-Bahn (auch dampfbetrieben) sind mit einem Punkt gekennzeichnet. Während das obere Bild die sogenannte »endgültige« Lösung zeigt, d.h. im ungeteilten Berlin, ist auf dem unteren Bild der erste Ausbau für den Ost-Berliner Teil dargestellt.

Repro aus [1.03]

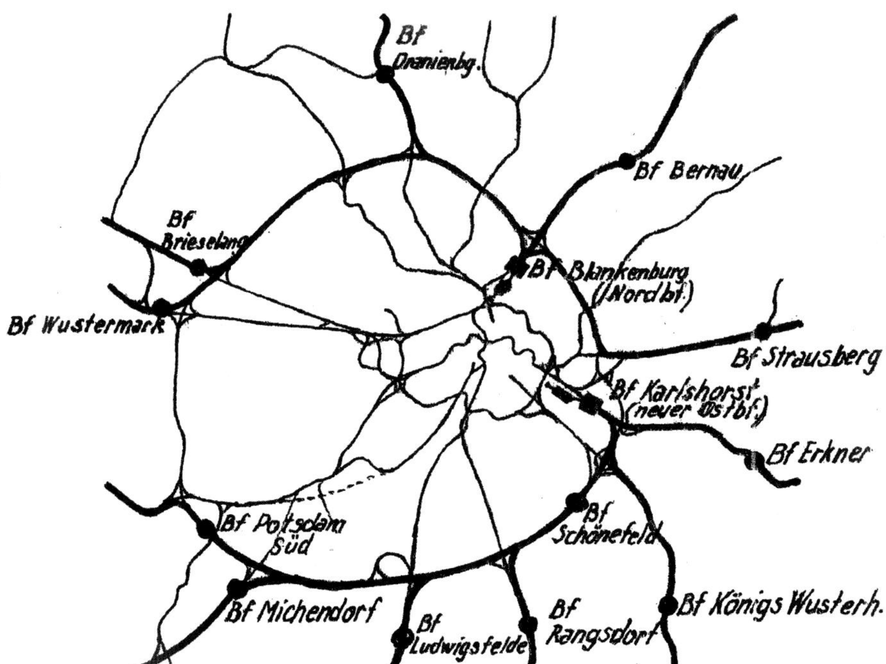

Die Reisenden werden mit S-Bahnen in die Stadt oder zu anderen Fernbahnhöfen befördert« [1.03]. Dazu sollten die parallel zu den bestehenden S-Bahn-Strecken verlaufenden Fernbahnen für den Fern-S-Bahn-Betrieb (FS-Bahn) bzw. S-Bahn-Betrieb mit Stromschiene ausgebaut werden. (Eine notwendige galvanische Trennung paralleler Strecken mit verschiedenen Bahnstromsystemen war zu dieser Zeit bekannt und technisch beherrschbar, nicht jedoch ein elektrischer Verbundbetrieb zweier Stromsysteme auf Streckengleisen.) Im Mai 1959 setzte man die Untersuchungen fort und entschied sich für vier zwischen Innen- und Außenring liegende Personenbahnhöfe (Ost in Karlshorst, Nord in Blankenburg, West in Finkenkrug und Süd in Großbeeren), von denen der West- und Südbahnhof erst mit der Einheit Berlins gebaut werden sollten, obwohl die S-Bahn bis 1961 noch über die offene Grenze fuhr [1.03]. Glücklicherweise realisierte man von diesen Vorhaben nichts, denn damals wollte man »Mit der Bahn ins Herz der Städte« fahren.

Nur Papier: Generalverkehrsplan Ost-Berlins

Anfang der 60er Jahre begannen alle großen Städte in der damaligen DDR sogenannte Generalbebauungs- und Generalverkehrspläne auszuarbeiten, auch für »Berlin – Hauptstadt der DDR«. Von der Hauptverwaltung des Betriebs- und Verkehrsdienstes der DR im Ministerium für Verkehrswesen (MfV) unterbreitete Wilhelm Semper, Betriebsleiter der DR und anerkannter Bahnspezialist, im November 1960 für diesen Generalverkehrsplan (GVP) seine Vorschläge, weitgehend unter dem Gesichtspunkt eines ungeteilten Berlins [1.04].

Als Reisezugbahnhöfe für den Fernverkehr schlug er vor:
Ostbahnhof, Zoologischer Garten, Karlshorst, und entweder Papestraße (Südbahnhof), Bornholmer Straße (Nordbahnhof) an der Ringbahn bzw. am Berliner Innenring (BIR) oder aber mit dem geplanten Ausbau einer Fern-S-Bahn Flughafen Berlin-Schönefeld (heute BER Terminal 5), Birkengrund, Birkenwerder (b Bln), Potsdam Hbf (heute Potsdam Pirschheide) und einen neuen Bahnhof zwischen Falkenhagen und Wustermark am Berliner Außenring (BAR) sowie später Lehrter Bahnhof als Zentralbahnhof an der Stadtbahn und einer Nord-Süd-Fernverbindung. Als Abstell- und Behandlungsbahnhöfe für die in Berlin endenden und beginnenden Züge, deren Zahl zu Gunsten durchlaufender Züge stark reduziert werden sollte, waren weiterhin Rummelsburg und Grunewald sowie neue Anlagen im Norden und Süden vorgesehen.

Die Stadtbahn sollte nach den Vorstellungen Wilhelm Sempers dem internationalen Reiseverkehr, innerdeutschen Fernzügen, Repräsentationsfahrten des Staates sowie der Fern-S-Bahn (F-S-Bahn) vorbehalten sein. Eine F-S-Bahn hielt er zweckmäßig für die Strecken

- **Potsdam Hbf (heute Potsdam Pirschheide) – Berlin-Wannsee bzw. Nauen – Spandau – Westkreuz – Stadtbahn – Ostkreuz – Erkner bzw. Schöneweide – Königs Wusterhausen, Oranienburg – Gesundbrunnen – Nord-Süd-S-Bahn – Papestraße – Priesterweg – Ludwigsfelde bzw. Rangsdorf,**
- **auf denen die Züge mit bis zu 120 km/h im 30-Minuten-Takt verkehren sollten.**

Parallel dazu war das 1960 bestehende S-Bahn-Netz auszubauen:

- **Potsdam (Stadt) – Werder (Havel) bzw. Caputh-Geltow – Seddin – Drewitz zurück nach Potsdam (Stadt),**
- **Grünauer Kreuz – Flughafen Berlin-Schönefeld – Glasower Damm – Genshagener Heide mit Anschlüssen nach Rangsdorf – Wünsdorf und Teltow – Ludwigsfelde,**
- **Grünauer Kreuz – Wuhlheide – Springpfuhl – Karower Kreuz mit Abzweig von Springpfuhl nach Marzahn – Werneuchen (Marzahn – Werneuchen im Gemeinschaftsbetrieb mit Fernzügen),**
- **Königs Wusterhausen – Teupitz-Groß Köries,**
- **Erkner – Fürstenwalde (Spree),**
- **Fredersdorf (b Bln) – Rüdersdorf (b Bln) im Gemeinschaftsbetrieb,**
- **Wilhelmsruh – Basdorf im Gemeinschaftsbetrieb,**
- **Falkensee – Nauen.**

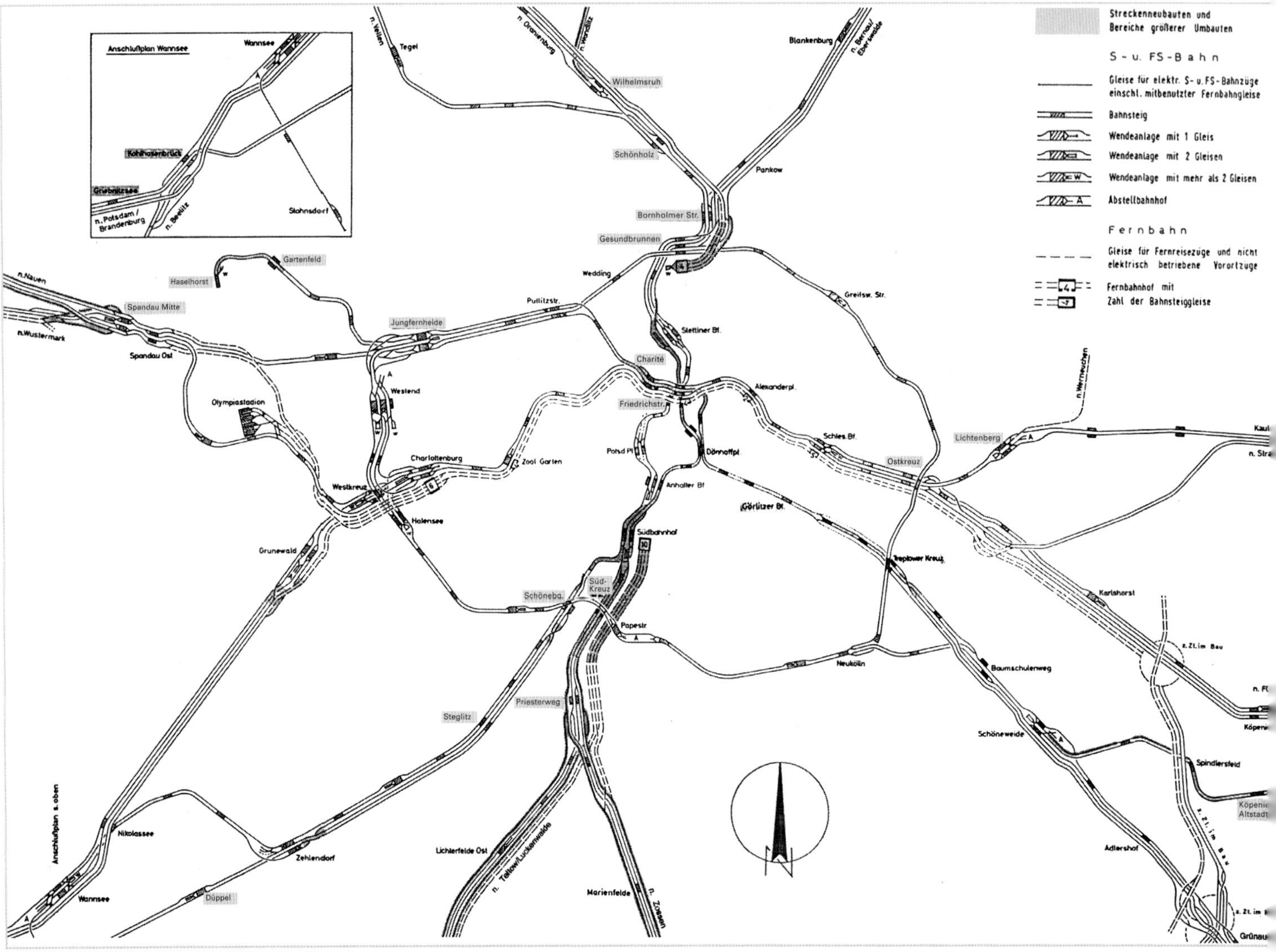

Übersicht zum vorgeschlagenen Streckenausbau im Stadtbereich von Berlin. Das vorhandene S-Bahn-Netz soll ergänzt werden mit dem Ausbau der Stammbahn zwischen Zehlendorf und Kohlhasenbrück bzw. Griebnitzsee, mit verlängerten Strecken von Gartenfeld nach Haselhorst, von Spindlersfeld nach Köpenick Altstadt, von Potsdam (Hbf) bis zum Wilhelmplatz (heute Platz der Einheit), mit der S-Bahn auf der VnK-Strecke nach Kaulsdorf. Zusätzlich waren im Stadtgebiet neue FS-Strecken geplant: eine zur Nord-Süd-S-Bahn parallelen Strecke vom Stettiner Bahnhof – Dönhoffplatz – Anhalter Bahnhof zum Südbahnhof und die sogenannte Diagonalbahn von Pländerwald – Görlitzer Bahnhof – Dönhoffplatz – Friedrichstraße zur Putlitzstraße; beide führen dann in das Umland. *Zeichnung: Slg. Behrendt*

Für den Güterverkehr sah Wilhelm Semper den Fortbestand der Rangierbahnhöfe Wuhlheide, Wustermark und Seddin vor sowie als Ortsgüterbahnhöfe Moabit, Tempelhof, Schöneweide, Spandau Gbf, Potsdam (Stadt), aber auch Wuhlheide vor.

Seine Vorschläge waren überwiegend auf Gesamt-Berlin ausgerichtet. Mit dem Mauerbau im August 1961 setzte man andere Prämissen. Auch gingen danach viele seiner weit über die Stadtgrenze hinaus reichenden Ideen im territorial-politischen Gerangel zwischen Berlin und den angrenzenden Bezirken verloren. War anfangs nur eine postenmäßige Sicherung der sogenannten Staatsgrenze und des anschließenden Hinterlandes vorgesehen, begann Ende der Sechzigerjahre der pioniermäßige Ausbau der Sperranlagen, um Personen, auch Eisenbahner, von der Grenze zurückzuhalten.

Militärische Verbindungskurven

Die Sowjetische Militäradministration in Deutschland (SMAD) duldete und unterstützte gar ab 1947/48 eine verdeckte militärische Aufrüstung in der damaligen sowjetischen Besatzungszone (SBZ). Partei und Regierung der DDR betrachteten die Reichsbahn immer als den kleinen Bruder der späteren »Nationalen Volksarmee«, deshalb genossen militärische Vorhaben bei der Bahn immer den gebührenden Vorzug. Für jeden Bezirk einer Reichsbahndirektion für die sogenannten Militäreisenbahnlinien (MEL) existierte eine *»Aufstellung der Objekte der operativen Vorbereitung ...«*. Darin waren für die einzelnen Strecken Angaben für Zuglängen und Zuglasten, Achs- und Meterlasten, Lichtraum-Umgrenzungen sowie Möglichkeiten für das Befördern von Lademaßüberschreitungen genannt. Enthalten waren ferner für jeden Streckenabschnitt Dublierungen/Umfahrungen von Flussbrücken und Bahnknoten sowie Lagerplätze für Brückengeräte und Oberbaustoffe, ohne dass das Gesamtsystem der MEL erkennbar war. Weil ein Kopfmachen von Zügen in Bahnhöfen Zeitverluste bedeutete, waren viele Verbindungskurven zwischen bestehenden Strecken anzulegen; das begann bereits in den Fünfzigerjahren. Doch in Berlin gab es im Bahnnetz sehr viele Fahrmöglichkeiten.
Dennoch waren zwei solcher militärischen Verbindungskurven vorbereitet worden: Zwischen Marzahn an der Wriezener Bahn und Hohenschönhausen am Berliner Außenring (BAR) ist seit 1968 vorbei an der damaligen Berliner Werkzeug-Maschinen-Fabrik (BWF) eine Trasse für eine derartige Kurve freigehalten worden. Nur eine aufgeständerte Heizleitung am BAR verriet, wo einmal ein Gleis durchführen sollte, das in kürzester Zeit hätte errichtet werden können, obwohl es dafür keine weiteren Vorbereitungen gab.

1983/84 ist eine zweite Kurve vorbereitet worden, nämlich zwischen Berlin-Buch an der Stettiner Bahn und Schönerlinde am Güteraußenring (GAR). Hier ist auf voller Länge der Damm für die Kurve geschüttet und verdichtet worden, lediglich das Gleis fehlte. Wie in Marzahn/Hohenschönhausen hätte auch hier die militärische Verbindungskurve die S-Bahn-Gleise gekreuzt. Wurde die HASTBA (Hauptabteilung Spezielle Transport- und Bauaufgaben) auf notwendige Sicherungstechnik für diese Kreuzung angesprochen, erhielt man als Antwort: »Wenn diese Kurve befahren wird, fährt keine S-Bahn mehr!«

West-Berlin plante Ausbau des S-Bahn-Netzes

Obwohl die Mauer in Berlin zur zementierten Gewissheit geworden war, erarbeitete die im westlichen Stadtteil befindliche Technische Universität (TU) Berlin ein Modell, wie in einer ungeteilten Hauptstadt das künftige Schnellbahnnetz im großräumigen öffentlichen Nahverkehr aussehen könnte. Professor Dr.-Ing. Graßmann und sein Oberingenieur Dipl.-Ing. Artur Behrendt favorisierten 1968/69 eine Fern-S-Bahn (FS-Bahn), die Berlin mit dem Umland verbinden und mit Wechselstrom 15 kV 16,7 Hz betrieben werden sollte. Hintergrund war, dass wegen zunehmender Siedlungstätigkeit im Umland eine Gleichstrom-S-Bahn wegen langer

Fahrwege keine attraktiven Reisezeiten mehr anbieten kann. Für die S-Bahn sah man eine Höchstgeschwindigkeit von 120 km/h, für die FS-Bahn aber mindestens 150 km/h bei wenigen Halten vor. Diese Studie sollte auszugsweise im »Archiv für Eisenbahntechnik« der »Eisenbahntechnischen Rundschau (ETR)« veröffentlicht werden. Diese war zwar nicht formal, aber praktisch ein Organ der Deutschen Bundesbahn (DB). Zwar lag die Planungshoheit für den Nahverkehr beim Senat, der eben die TU Berlin beauftragt hatte, aber man war bedacht, dass die DB in West-Berlin keine Hoheitsrechte wahrnahm. Schließlich könne man von West-Berliner Seite der Deutschen Reichsbahn (DR) der DDR nicht vorschreiben, wie das künftige Eisenbahnnetz in Gesamt-Berlin und in dem zur DDR gehörenden Umland auszusehen habe. Außerdem könne diese Studie als ungerechtfertigter Eingriff in die der DR überlassene Betriebsführung angesehen werden. Diese Studie von 1969 wurde damals mit Rücksicht auf die DDR nicht veröffentlicht und wirft damit auch ein Schlaglicht auf die damaligen politischen Entscheidungen [1.05].

S- und U-Bahn im Westen im Verbund?

Noch einmal prüfte der Senat mit dem Planungsteam Nahverkehr 1972, wie die S-Bahn in das West-Berliner Nahverkehrssystem integriert werden könne. Nach dem 1974 vorliegenden Ergebnis sollte fast das gesamte S-Bahn-Netz in ein Verbundsystem mit der U-Bahn einbezogen werden. Zusätzlich wurden einige Neubau-Abschnitte vorgeschlagen, um aus den nördlichen und südlichen Bezirken direkte Zugläufe in die City zu ermöglichen. Im Abschlussbericht schlug das Planungsteam vor:

- **am S-Bahnhof Gesundbrunnen die Nord-Süd-S-Bahn mit der Ringbahn zu verbinden,**
- **eine sogenannte Nordschleife zwischen den S-Bahnhöfen Wedding und Bellevue für direkte Zugfahrten vom Norden auf die westliche Stadtbahn zu bauen und**
- **im Bereich der S-Bahnhöfe Papestraße und Kolonnenstraße (geplant) eine Verbindungskurve von der Wannseebahn über den Südring zu den Vorortstrecken Richtung Lichterfelde Süd und Lichtenrade zu errichten, um auf der innerhalb der Ringbahn aufzugebenden Bahntrasse der Anhalter Bahn eine Hauptverkehrsstraße zu errichten.**

Trotz dieser positiven Ergebnisse unternahm der Senat keine Schritte, um gemeinsam mit der DR die Vorschläge umzusetzen. Selbst einen Verbundtarif zwischen DR und BVG vereinbarte der Senat nicht, obwohl die DR die Fahrpreise für die S-Bahn im Nachgang zu den Fahrpreisveränderungen der BVG ebenfalls erhöhte [1.06, 1.07]. (Bereits Mitte 1954 beabsichtigten BVG und DR, in West-Berlin Umsteigefahrscheine einzuführen, doch scheiterte das Vorhaben an Haftungsfragen bei Unfällen im S-Bahn-Bereich.)

Aussteigen in Schönhauser Allee?

Ein Halt eines Zuges im Grenzgebiet, wie gerade zwischen Berlin-Pankow und Schönhauser Allee, werteten die »Organe« der DDR als »illegale Grenzöffnung«. Und doch wurde im Frühjahr/Sommer 1974 ernsthaft ein Vorschlag diskutiert, am Ferngleis zwischen Pankow und Greifswalder Straße in Höhe des S-Bahnhofs Schönhauser Allee trotz Grenznähe einen Bahnsteig zu errichten. An ihm sollten nur vom Norden kommende Fernreisezüge halten, damit die Reisenden zeitgünstig mit U-, S- und Straßenbahn das Stadtzentrum erreichen können. Denn zu dieser Zeit war der im Umbau befindliche Bahnhof Berlin-Lichtenberg zu entlasten. Die Idee war nicht als Vorläufer des in neuester Zeit entstandenen Nordkreuzes aufzufassen, weil ein Zusteigen in die in das Umland fahrende Reisezüge wegen zu großen baulichen Aufwandes gar nicht beabsichtigt war.

Nach S-Bahn-Übernahme: Senat plant neu

Nach Abschluss des Grundlagen- und des Verkehrsvertrages zwischen der DDR und der BRD arbeiteten beide Seiten mehr zusammen, obwohl die DDR ihre

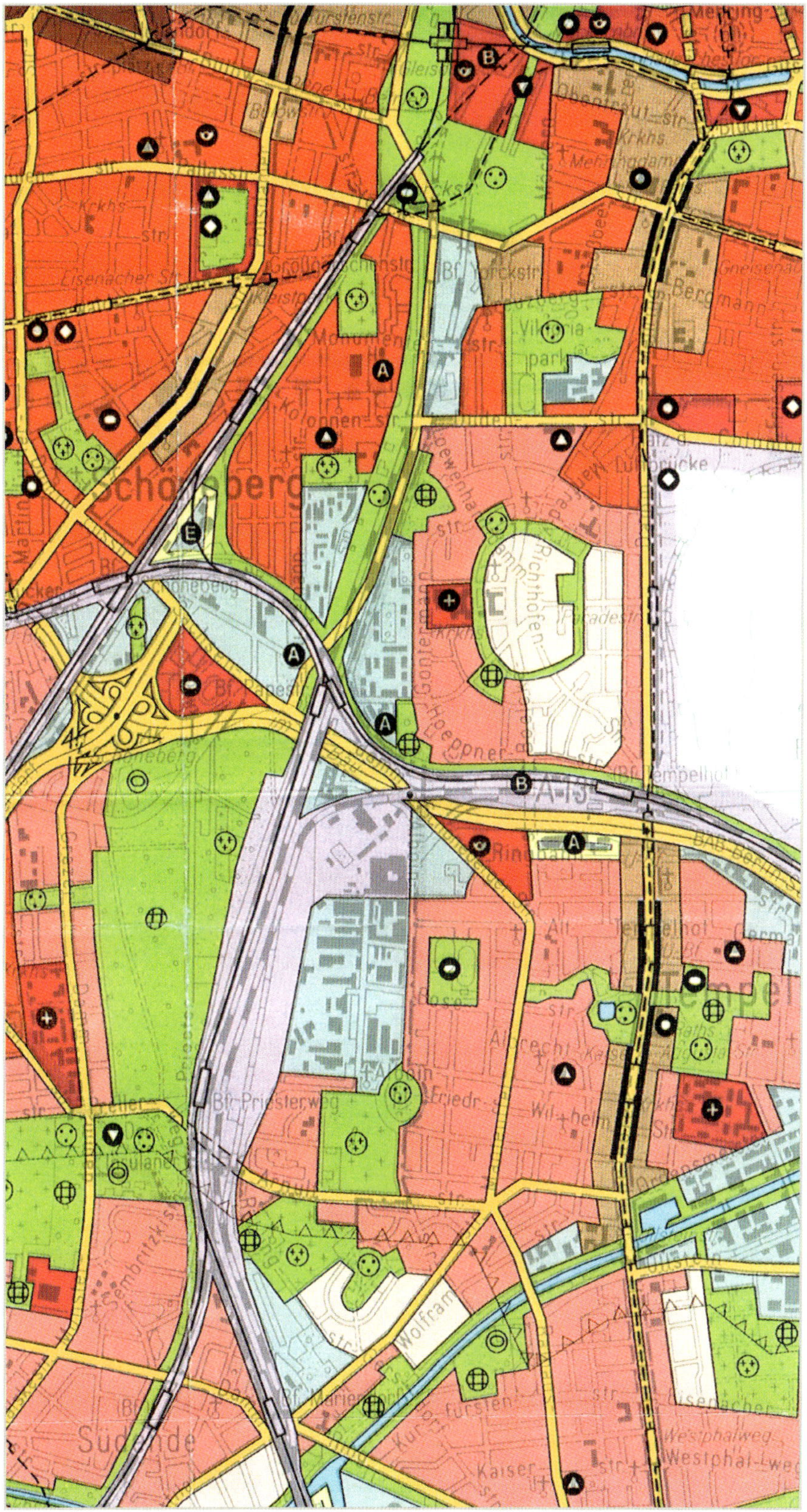

Ausschnitt aus dem unbestätigten Flächennutzungsplan (FNP) 1984, Stand 1986. Trotz Scheiterns des Vorhabens Südgüterbahnhof haben die Bahnanlagen im Bereich des ehemaligen Rangierbahnhofs Berlin-Tempelhof noch eine beachtliche Ausdehnung. Die Anhalter Trasse soll zugunsten einer Hauptverkehrsstraße aufgegeben werden. Nach Vorstellungen des Senats soll nun die S-Bahn im neuen S-Bahnhof Kolonnenstraße ausgefädelt werden und die Ringbahn kreuzend nach Papestraße – Priesterweg führen. Am oberen Bildrand ist zu erkennen, dass die S-Bahn entweder am Schöneberger Ufer einen neuen Bahnhof erhalten oder als Stichbahn zum U-Bahnhof Gleisdreieck geführt werden soll.

Slg. Frank Böhnke, Berlin

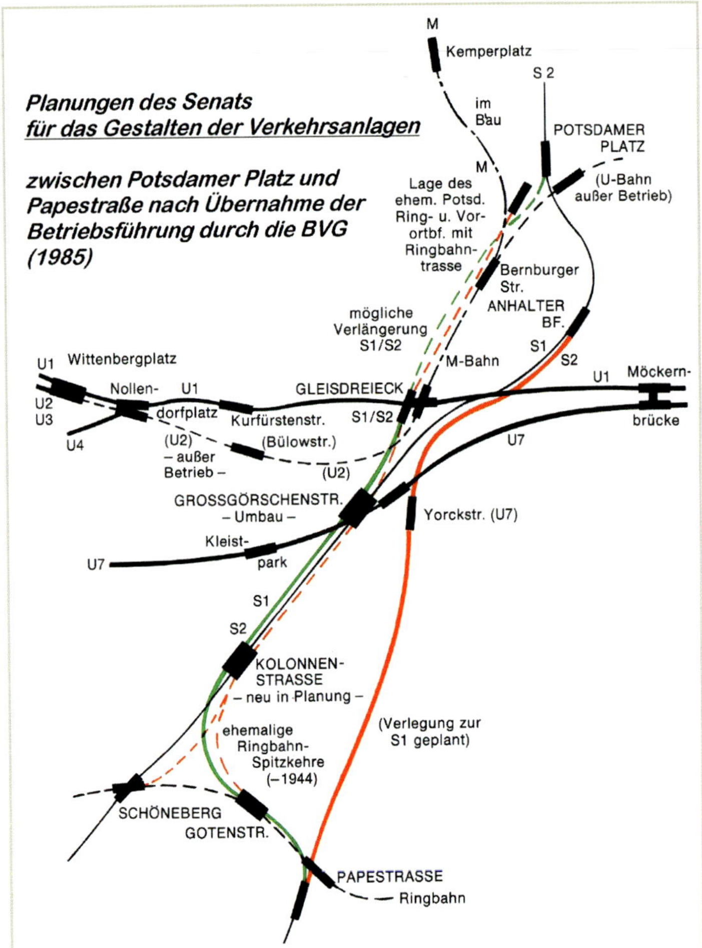

Verkehrsplanungen des Senates von 1985 zwischen Potsdamer Platz und Papestraße.
Variante 1: Die von Süden kommende S-Bahn der Anhalter Bahn sollte von Papestraße kommend über den neuen Bahnhof Gotenstraße mit der Ring-S-Bahn und weiter über die ehemalige Spitzkehre im neuen S-Bahnhof Kolonnenstraße mit der Wannseebahn verknüpft werden. Im S-Bahnhof Großgörschenstraße sollten sich beide Strecken vereinigen, aber sich auch teilen in die bestehende unterirdische Nord-Süd-S-Bahn und in eine neue, die bisherige Viaduktstrecke zum Potsdamer Bahnhof nutzend, zum Gleisdreieck führen. Später war vorgesehen, diese S-Bahn-Strecke bis zu einem neuen Potsdamer Bahnhof zu verlängern oder gar in den bestehenden unterirdischen S-Bahnhof Potsdamer Platz einzufädeln. Die S-Bahn-Trasse der Anhalter Bahn hätte zugunsten einer neuen Fernverkehrsstraße (sogenannte »Westtangente«) aufgegeben werden können, obwohl das für den Straßenbau nicht zwingend nötig war.
Variante 2: Zwar war ebenfalls das Verlegen der S-Bahn der Anhalter Bahn zur Wannseebahn vorgesehen, doch sollte am bestehenden S-Bahn-Tunnel unter der Trebbiner Straße am Landwehrkanal ein neuer S-Bahnhof entstehen, der ein Umsteigen zum U-Bahnhof Gleisdreieck ermöglicht hätte, evtl. auch zu einem neuen U-Bahnhof an der Strecke nach Spandau. Die vorhandenen Wehrkammern am S-Bahn-Tunnel verurteilten diese Variante zum Scheitern.
Der neue S-Bahnhof Kolonnenstraße sollte zunächst bis 1989 nur für die Wannseebahn entstehen, wobei offengehalten wurde, später die von Süden kommende S-Bahn der Anhalter Bahn anzuschließen. *Zeichnung: Repro aus [1.07]*

politischen Forderungen stets in den Vordergrund stellte. Gerade nach Übernahme der Betriebsführung der S-Bahn ging der Senat berechtigterweise davon aus, über die Verkehrsinfrastruktur mit der Ostseite verhandeln zu können. Im Flächennutzungsplan 1984, Stand 1986, konnte deshalb vorgeschlagen werden, die S-Bahn-Trasse der Anhalter Bahn zwischen Tunnelmund und Papestraße für eine Hauptverbindungsstraße aufzugeben und durch eine Verbindungskurve vom neu zu errichtenden S-Bahnhof Kolonnenstraße die Ringbahn kreuzend nach Papestraße zu ersetzen (entsprechend dem Vorschlag des Planungsteams Nahverkehr von 1972).

Erwogen wurde zu dieser Zeit auch, an der Wannseebahn einen neuen S-Bahnhof am Schöneberger Ufer zu errichten oder sie aber als Stichbahn zum U-Bahnhof Gleisdreieck zu führen, ohne künftig die überwiegend im Osten gelegene Nord-Süd-S-Bahn zu benutzen [1.07]

DDR-Eigennutzung der Nord-Süd-Bahnen?

Mitte der Achtzigerjahre schlug der damalige Minister für Verkehrswesen der DDR Otto Arndt vor (Minister vom 15. Dezember 1970 bis 7. November 1989), die Nord-Süd-S-Bahn für den »Binnen-«Verkehr der »Hauptstadt der DDR« zu nutzen, weil der Senat evtl. auf deren Nutzung verzichtet: Südlich vom Nordbahnhof sollte eine 4,5 km lange Neubaustrecke im respektablen Abstand zur »Staatsgrenze« über die neuen S-Bahnhöfe

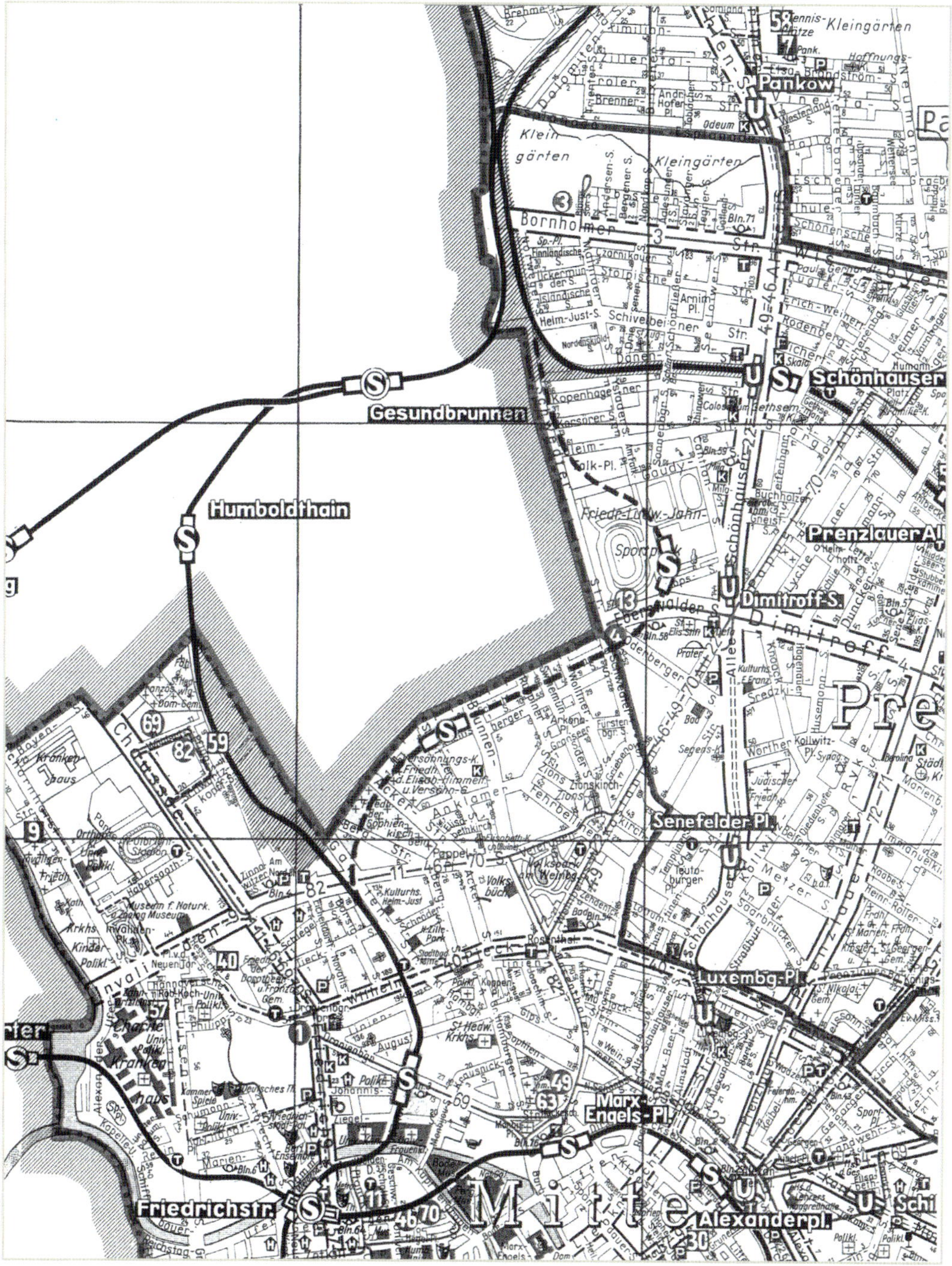

Keine Aussicht auf Erfolg hatte Mitte der Achtzigerjahre die Idee von Verkehrsminister Otto Arndt, die mit einer mitten durch das Grenzgebiet führenden Neubaustrecke die Nord-Süd-S-Bahn an das östliche S-Bahn-Netz anzuschließen und für den »Binnen-«Verkehr in der »Hauptstadt der DDR« nutzen zu wollen.

Einzeichnung: Kuhlmann, Kartengrundlage: Stadtplan von 1965

An der Mohren-/Ecke Friedrichstraße wurde im Juni 1987 das Baufeld für ein neues Gebäude beräumt. Nur wenige wussten, dass im Keller des künftigen Bauwerkes eine Verbindungskurve zwischen den U-Bahn-Linien A und C (heute 2 und 6) entstehen soll, die von den ausgelegten Bauplatten mit Kipper dokumentiert wird. Ein direkter Anschluss an die benachbarten Tunnel war erst später vorgesehen, weil die Modalitäten dieser »Grenzöffnung« noch nicht geklärt waren. *Foto: Kuhlmann*

Bernauer Straße und Friedrich-Ludwig-Jahn-Sportpark in die von Schönhauser Allee nach Berlin-Pankow führende S-Bahn-Strecke einmünden. 200 bis 250 Millionen Mark hätte der Neubau dieser Strecke mit allen Bahnhöfen gekostet, doch wären der DDR die jährlichen Valuta-Einnahmen aus den Transitgebühren verloren gegangen. Ob dieser Vorschlag ernst gemeint war?

Ein ähnlicher Vorschlag tauchte Mitte 1988 auf, nachdem der West-Berliner Senat 1985 sein Interesse bekundet hatte, von der Wannseebahn über Gleisdreieck eine Stichstrecke für die S-Bahn (oder auch U-Bahn) zu errichten, die nach Möglichkeit zum S-Bahnhof Potsdamer Platz geführt oder gar in die unterirdischen Bauten eingefädelt werden sollte. Der Senat wollte aber nicht nur die auf DDR-Gebiet befindlichen S-Bahnhöfe Potsdamer Platz und Bornholmer Straße für den öffentlichen Verkehr in West-Berlin nutzen (analog zum Modell des S-Bahnhofs Wollankstraße). Die BVG als Betreiber der S-Bahn in West-Berlin hatte Interesse, die im S-Bahnhof Potsdamer Platz vorhandene Abstellanlage zu nutzen, um den Betrieb im vorgelagerten S-Bahnhof Anhalter Bahnhof zu entlasten.

»Mit einer Wiedereröffnung der im vorgelagerten Grenzgebiet auf DDR-Territorium befindlichen S-Bahnhöfe für die Belange des Westberliner S-Bahnverkehrs entstehen bedeutsame Verbesserungen für den Westberliner öffentlichen Nahverkehr und es werden mit der Aktivierung des S-Bahnhofs Potsdamer Platz neue attraktive Möglichkeiten der Verbindung zwischen dem S- und U-Bahnnetz in Westberlin eröffnet. Diese Verkehrslösung hat einen bedeutsamen langfristigen verkehrspolitischen Stellenwert für Westberlin. Eine mögliche Verkehrslösung könnte die in der Anlage … dargestellte U-Bahnanbindung sein«, frohlockte das Ministerium für Staatssicherheit der DDR (MfS) [1.08]. Doch scheinbar hatte man dort in der Hauptabteilung XIX (Verkehrswesen) keine Ahnung, was man in West-Berlin wollte (siehe Bild Seite 18). Das MfS ging davon aus, die jetzt im U-Bahnhof Kochstraße endende U-Bahn-Linie C (heute U 6) zum U-Bahnhof oder S-Bahnhof Potsdamer Platz zu

Auf dem gut gesicherten Baugelände sind für den künftigen U-Bahn-Tunnel beiderseits die Spundwände gerammt, zwischen denen nun der Boden ausgehoben wird. Ein Volkspolizist des benachbarten Missionsschutzes für die bulgarische Botschaft in der DDR machte dem Fotografen unmissverständlich klar, hier seien Aufnahmen verboten, doch waren diese schon im »Kasten«.

Zwischen den Spundwänden ist die Wanne für den künftigen U-Bahn-Verbindungstunnel bereits betoniert. Weitere Aufnahmen waren an dem gut gesicherten Bauzaun nicht möglich, weil sich der Polier mit lautem Geschrei und einem Holzbalken als Knüppel dem Fotografen bedrohlich näherte, der deshalb Zuflucht in einem Hauseingang suchte.

Fotos: Kuhlmann

führen, ohne die Unterschiede zwischen Groß- und Kleinprofil der U-Bahn bzw. dem Profil der S-Bahn zu kennen.

Hintergrund dieser vorgeschlagenen Lösung war, dass die DDR Interesse hatte, *»die U-Bahnlinie C entlang der Friedrichstraße langfristig für den Nahverkehr der Hauptstadt der DDR zu nutzen und perspektivisch an den S-Bahnhof Pankow anzubinden. ... Bei einer Eigennutzung dieser U-Bahnlinie und einer späteren Anbindung durch einen Neubauabschnitt an den S-Bahnhof Pankow könnten spürbar die Verkehrsbedingungen in der Hauptstadt ... verbessert ... werden. Gleichzeitig würde eine attraktive Verkehrserschließung entlang der Friedrichstraße als hauptstädtischer Boulevard realisiert werden können«* [1.08].

Die U-Bahn-Linie C im Osten sollte zunächst im Pendelbetrieb mit Kleinprofil-U-Bahn-Wagen zwischen Stadtmitte und Stadion der Weltjugend (heute Schwartzkopffstraße) befahren werden. *»In den derzeit laufenden Baumaßnahmen im Bereich Friedrichstraße wird ein*

Verbindungstunnel zwischen den U-Bahnlinie A und C mit geschaffen (Bereich Stadtmitte), über den Fahrzeuge sowie Baumaschinen in diesen U-Bahnstreckenbereich vom übrigen U-Bahnnetz der Hauptstadt eingefahren werden können« [1.08]. Diese Probleme wurden im Zusammenhang mit dem Liefern von Großprofil-U-Bahn-Wagen für die verlängerte U-Bahn-Linie E (heute U 5) nach Hönow zwischen den Beauftragten beider Seiten behandelt. Die Fahrzeuge wurden zwar geliefert, aber die politische Wende in der DDR und der Fall der Mauer machte alle weiteren Überlegungen zunichte; der im Bau befindliche Verbindungstunnel A/C ist danach abgerissen worden [1.09].

Olympia 2000 in Berlin?

Die Idee, im geteilten Berlin in beiden Teilen der Stadt olympische Spiele stattfinden zu lassen, hatte 1987 US-Präsident Ronald Reagan, als er vor der Mauer am Brandenburger Tor sprach und die Welt ihm zuhörte. Er setzte darauf, dass die Menschen in Ost und West sich näherkommen würden. Zwei Jahre später hatten sich die politischen Verhältnisse in der DDR grundlegend gewandelt; die Mauer war über Nacht gefallen. Die Olympia-Idee in Berlin lebte neu auf, der Senat bewarb sich, die Spiele ausrichten zu dürfen.

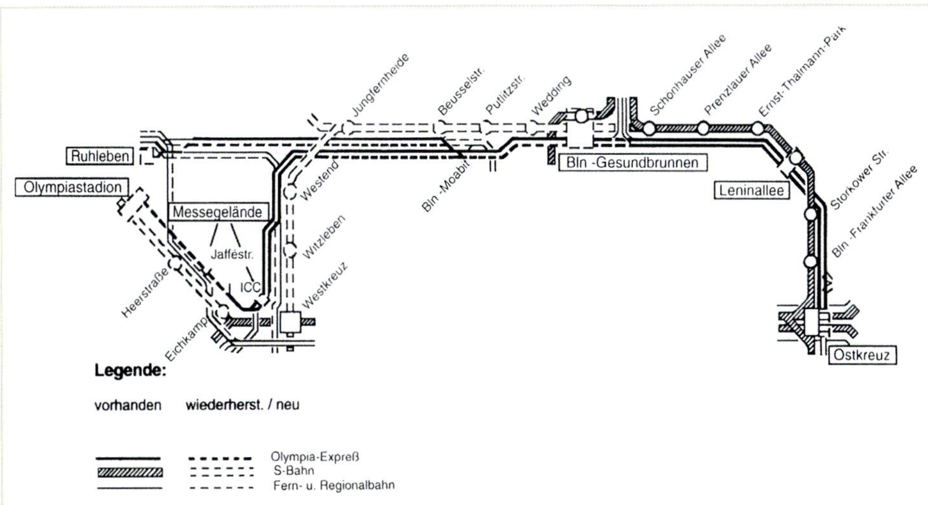

Streckenführung des geplanten Olympia-Expresses 2000 zwischen Ostkreuz und Olympiastadion bzw. Berlin-Ruhleben. Der dargestellte S-Bahn-Ausbau und die Bezeichnung der S-Bahnhöfe entsprechen dem Stand von 1991. *Zeichnung: [1.10]*

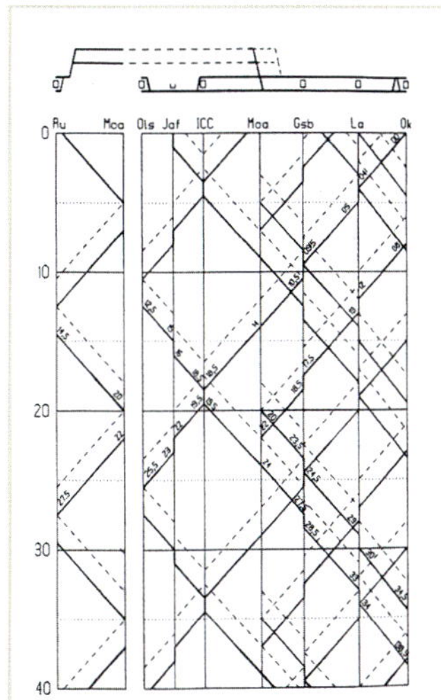

Fahrplanstudie für den Olympia-Express im 15-Minuten-Takt. *Zeichnung: [1.10]*

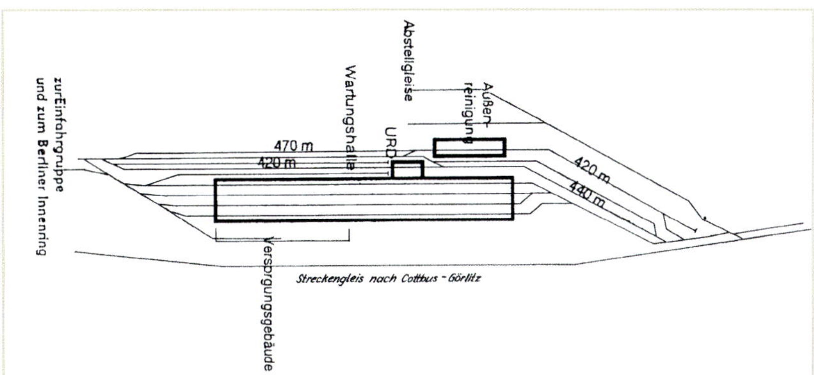

Prinzipskizze der geplanten Abstell- und Behandlungsanlage für den Olympia-Express in Berlin-Schöneweide. *Zeichnung: [1.10]*

Die senatseigene »Berlin 2000 Olympia GmbH« ließ 1991, ohne die DR zu beteiligen, eine Studie ausarbeiten, wie Teilnehmer und Sportler der Olympiade schnell und sicher zwischen den einzelnen Wettkampfstätten befördert werden könnten, eben für einen »Olympia-Express«. Dieser sollte zwischen dem Olympischen Dorf in Ruhleben bzw. zwischen dem Olympiastadion und Ostkreuz mit Zwischenhalten an der Jafféstraße, am Internationalen Congress-Centrum (ICC), in Gesundbrunnen und an der Landsberger Allee verkehren. Man rechnete mit täglich 50 000 Offiziellen des Sports, die den Olympia-Express im 15-Minuten-Takt zwischen den Bahnhöfen Ostkreuz und Olympiastadion bzw. Berlin-Ruhleben benutzen würden. Damit ergab sich zwischen Ostkreuz und Berlin-Moabit eine 7,5-Minuten-Zugfolge in jeder Richtung [1.10, 1.11].

Die vier aus drei dreiteiligen elektrischen Triebzügen bestehenden Zugumläufe für einen 15-Minuten-Takt wären in Berlin-Schöneweide gewartet und gereinigt worden. Da hier eine weitere Nutzung für den Regionalverkehr vorgesehen war, sollten hier im Bereich der Gleise 107 bis 109 und 152 bis 155 eine 230 m lange Wartungshalle mit vier Gleisen sowie eine Außenreinigungsanlage und eine Unterflur-Radsatz-Drehbank entstehen [1.10, 1.11]. Am Abend des 23. September 1993 platzte in Monaco der Berliner Olympiatraum wie eine Seifenblase, denn Sydney ging vor Peking als Sieger hervor [1.12].

Hinter dem Kontrollturm des Flughafens Tegel sollte einmal ein Bahnhof gebaut werden, entweder für die U-Bahn oder später für die S-Bahn. Dann entstand hier das Abfertigungsterminal für Air Berlin. Nun wurde der Flughafen im Oktober 2020 geschlossen. *Foto: Kuhlmann*

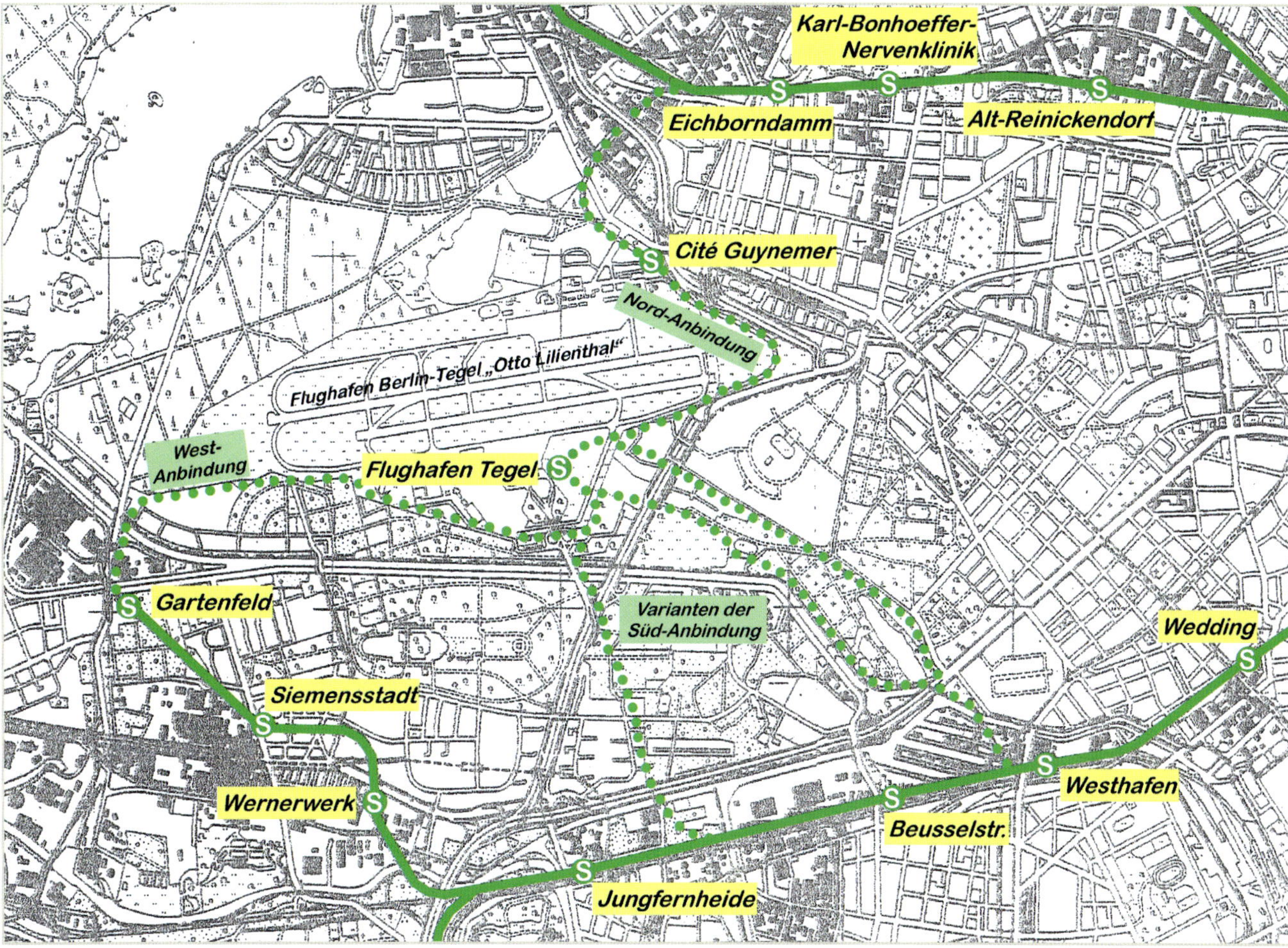

Varianten für einen möglichen S-Bahn-Anschluss des Flughafens Berlin-Tegel von Juni 1999, um zwischen den Flughäfen Berlin-Schönefeld und Berlin-Tegel S-Bahn-Verkehr einrichten zu können.

Einzeichnung: Kuhlmann; Kartengrundlage: Stadtplanungsamt

Eine S-Bahn zum Flughafen Tegel?

Der Flughafen Berlin-Tegel war ein Flughafen ohne Schienenanschluss für den öffentlichen Personenverkehr. Nur Omnibusse und Taxen bedienen diesen Standort, seit 21. März 1999 mit dem TXL genannten Schnellbus. Doch sollte der 1948 gebaute Flughafen perspektivisch mit der U-Bahn erschlossen werden: Im sogenannten 200-km-Netz für die Berliner U-Bahn von 1977 – noch abgestimmt zwischen BVG Ost und West – war vorgesehen, die U-Bahn-Linie E (heute U 5) vom Alexanderplatz über Moabit – Jungfernheide bis zum Flughafen Tegel zu verlängern. Am 1. Oktober 1980 wurde die U 7 vom Richard-Wagner-Platz bis zum Rohrdamm mit dem doppelstöckigen Bahnhof Jungfernheide für die spätere U 5 verlängert. Im Vordergrund stand zunächst, Spandau mit der U-Bahn zu erreichen (am 1. Oktober 1984 eröffnet). Doch bereits am 9. Januar 1984 hatte die BVG die Betriebsrechte der S-Bahn in West-Berlin übernommen. In der neuen Nahverkehrskonzeption des Senats vom Sommer 1984 stand eine Verlängerung von Jungfernheide zum Flughafen Tegel erst an vierter und damit letzter Stelle.

Als der Bau des neuen Flughafens Berlin-Brandenburg in Schönefeld (BER) und damit auch die Stilllegung von Tempelhof und Tegel bereits beschlossen war, legte im Juni 1999 die bahneigene DE-Consult (Deutsche Eisenbahn-Consulting GmbH) eine Denkschrift für eine S-Bahn-Verbindung zwischen den Berliner Flughäfen Tegel und Schönefeld vor [1.13]. Die Autoren nahmen an, dass der Flughafen Tegel noch für mindestens zehn Jahre der wichtigste Airport in Berlin sein wird. Denn mit dem Umzug der Bundesregierung nach Berlin und dem Ansiedeln wichtiger Konzerne und Firmen sowie von Verbänden in der neuen Bundeshauptstadt würde das Passagieraufkommen anwachsen. Weil sich trotzdem die Akzeptanz des Schönefelder Flughafens erhöhen würde, wäre eine Schnellbahn-Verbindung zwischen beiden Flughäfen notwendig.

Für die Nordanbindung sollte die etwa 1937/38 gebaute Anschlussbahn vom S-Bahnhof Eichborndamm an der Kremmener Bahn zu den Kasernen der Wehrmacht, dem späteren Quartier Napoleon der französischen Besatzungsmacht genutzt werden. Dieses Gleis diente nur dem Güterverkehr und militärischen Transporten. Der Anschluss zum Flughafen sollte vor dem Bahnübergang Kurt-Schumacher-Damm abzweigen.

Die eingleisige Strecke wäre rund 4500 Meter lang gewesen. An der Avenue Jean-Mermoz plante man einen neuen S-Bahnhof Cité Guynemer mit Seitenbahnsteig. Der unterirdische Airport-Bahnhof war als Mittelbahnsteig mit zwei Gleisen und einem östlichen Kehrgleis geplant. Als ausreichend wurde ein 20-Minuten-Betrieb mit Vollzügen erachtet (Fahrgastaufkommen 9000 Personen pro Tag bei Betriebsaufnahme, später bis auf rund 13000 erhöht). Nachteilig waren fünf technisch zu sichernde Bahnübergänge. Obwohl die Trasse zu 90 Prozent vorhanden war, hätte das Projekt rund 62,5 Millionen DM gekostet. Die Autoren der Denkschrift bevorzugten trotzdem diese Nord-Anbindung.

Mit der Westvariante wollte man die S-Bahn-Strecke nach Berlin-Gartenfeld reaktivieren, und dann über Saatwinkler Damm, den Spandauer Schifffahrts- und den Hohenzollernkanal sowie das Werkgelände als aufgeständerte Strecke überqueren, bis sich diese niveaugleich der südlichen Bebauung (Kleingärten und Siedlung) nähert. Hinter der sich anschließenden Flugplatzgrenze befinden sich zahlreiche betriebstechnische Anlagen, die bis zum geplanten Endpunkt im Passagierbereich zu umfahren wären. Von der rund 6750 Meter langen Strecke entfallen 4580 Meter auf die Siemens-Bahn.

Für die vorgesehene Südanbindung konnte keine vorhandene Strecke und keine freie Trasse ausgenutzt werden. Entweder wird eine Trasse entlang des Hohenzollernkanals gewählt oder ein Verlauf im Zuge des Dohnagestells mit Eingriffen in die Erholungsflächen rund um den Plötzensee. Kompliziert wäre es, die S-Bahn aus dem Ring auszufädeln, zumal damals die Planungen für den Nord-Süd-Fernbahn-Tunnel und dessen Anbindung an die Ringbahn sowie für die später zu bauende S 21 (heute S 15) begannen. Eine andere Variante wäre, dass die neue Strecke die Ringbahn erst westlich des Charlottenburger Verbindungskanals verlässt und dann in nördliche Richtung zum Flughafen führt. In allen drei Fällen kann das Gelände nicht ohne Viadukte und Tunnel gequert werden. Von Vorteil ist die kurze Streckenlänge von 3600 Metern, mit der der Flughafen rasch zu erreichen ist [1.14]. Über konkrete Planungen kamen diese Ideen nicht hinaus.

Vom Landwehrkanal zur Stammbahn?

Der Fall der Mauer weckte in Berlin Hoffnungen auf ein modernes Bahnnetz. Das künftige Gestalten des Eisenbahn-Fernverkehrs war von heftigen Debatten unter den Experten geprägt. Viele erinnerten sich an die seit der Jahrhundertwende vielfach geäußerten Gedanken für einen Fernbahntunnel in Nord-Süd-Richtung. Zusammen mit der Stadtbahn als langgestreckten »Zentralbahnhof« Berlins sahen viele ein Achsenkreuz-Modell als günstigste Variante an. Danach sollten die bestehenden Fern-Bahnhöfe an der Stadtbahn erhalten bleiben und am Kreuzungspunkt mit dem Nord-Süd-Tunnel ein neuer Umsteigebahnhof im zentralen Bereich entstehen, eben der Lehrter Bahnhof. Für die Nord-Süd-Relation waren in Gesundbrunnen sowie an

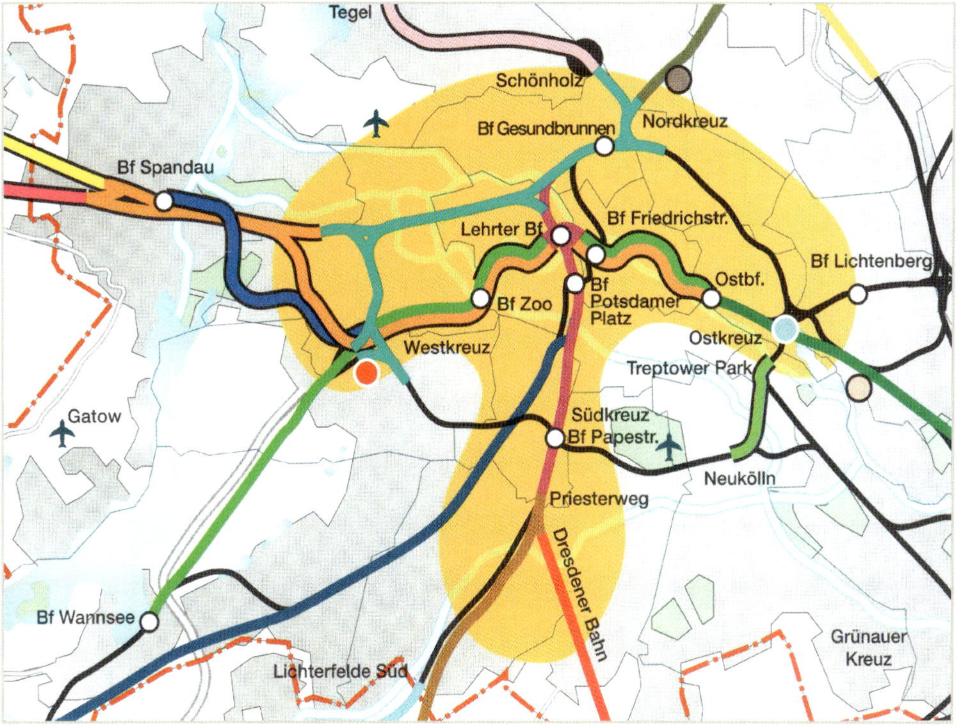

Schema des Pilzkonzeptes für den Reiseverkehr im Knoten Berlin nach dem Fertigstellen des Nord-Süd-Fernbahn-Tunnels.
Repro aus: Drehscheibe Berlin – Bahnhof Berlin Papestraße; DB Projekt Bau, April 2003

der Papestraße neue Fern-Bahnhöfe als zeitgemäßer Ersatz für die entfallenden Kopfbahnhöfe geplant.

Experten der Deutschen Reichsbahn, der Deutschen Bundesbahn sowie der Deutschen Eisenbahn-Consulting GmbH und des Senates von Berlin schlugen schließlich als optimale Synthese vieler Varianten das »Pilzkonzept« vor: Ausbau des Nordringes auch für den Fernverkehr (als den Hut des Pilzes), Neubau eines viergleisigen Nord-Süd-Fernbahn-Tunnels (als Stiel des Pilzes) und Ausbau der Stadtbahn (als Krempe des Pilzes). Damit können aus Richtung Hannover und Hamburg über Berlin-Spandau einfahrende Züge nicht nur auf die Stadtbahn übergehen, sondern wahlweise auch über den Nordring in die neue Nord-Süd-Verbindung eingefädelt werden, um nach Süden weiterzufahren. Berücksichtigt wurde der spätere Anschluss der Potsdamer Stammbahn – also von Griebnitzsee über Berlin-Zehlendorf – an den Nord-Süd-Tunnel, damit auch aus dieser Richtung zusätzliche Fahrmöglichkeiten in Richtung Norden entstehen. Deshalb wurde in weiser Voraussicht im Tunnel (Senkkastenbauweise) der künftige Abzweig (Landwehrkanal) für die Stammbahn optional eingebaut, gleich mit Weichenschwellen, obwohl nur der gerade Strang darüberführt.

Der Wiederaufbau der Stammbahn (Zehlendorf – Düppel – Griebnitzsee) gehörte jedoch nicht zum Pilzkonzept. Obwohl sich verschiedene Bürgerinitiativen dafür einsetzten und den Anschluss an den Nord-Süd-Fernbahn-Tunnel forderten, ließ sich für den Zugbetrieb kein wirtschaftliches Konzept entwickeln. Erst auf Anfrage einer Regionalzeitung erklärte Anfang 2011 ein Pressesprecher der DB AG, *»dass ein Wiederaufbau der Stammbahn nicht mehr beabsichtigt sei, weil sie nicht wirtschaftlich betrieben werden kann, auch sei dies politisch nicht gewollt«* [1.15]. Die DB AG musste deshalb 14 Millionen Euro an den Bund zurückzahlen, der diese Summe für das Einführungsbauwerk im Nord-Süd-Fernbahn-Tunnel vorgestreckt hatte. So streng sind heute die Bräuche, wenn es um zukunftsgerechtes Bauen geht... Heute wird wieder darüber nachgedacht, wie die Stammbahn reaktiviert werden kann.

Quellen:

[1.01] Moest, Walter: Der Zehlendorfer Plan – Ein Vorschlag zum Wiederaufbau Berlins; Verlag Ullstein, Berlin 1947; siehe auch: Lenke, Peter C.: Der Zehlendorfer Plan von 1946 zum Wiederaufbau der Verkehrsnetze Berlins; in: Verkehrsgeschichtliche Blätter [Berlin], 33 (2006), Heft 1, Seit 10 – 18

[1.02] Ammer, Friedrich: Gestaltung der Reichsbahnanlagen im Rahmen des Umbaus von Berlin; in: Der Verkehr, 2 (1948), Heft 1, Seite 2 – 7

[1.03] Entwurfs- und Vermessungsbüro der Deutschen Reichsbahn, Gruppe Strecken und Bahnhöfe: Entwicklung der Bahnanlagen im Raume Groß-Berlin bei Elektrifizierung der Fernstrecken (Fortsetzung des Rp 307/57 mit Rp 305/59), Mai 1959

[1.04] Ministerium für Verkehrswesen der DDR, Hauptverwaltung des Betriebs- und Verkehrsdienstes der DR (Semper, Wilhelm): Zum Generalverkehrsplan, November 1960

[1.05] Behrendt, Artur: Planspiele von 1969: S-Bahn-Verkehr ohne Mauer – West-Berliner Studie zum Ausbau des Schienennahverkehrs im Großraum Berlin; in: Verkehrsgeschichtliche Blätter [Berlin], 34 (2007), Heft 6, Seite 142 - 149

[1.06] Koschinski, Konrad: Der elektrische Betrieb auf der Berliner S-Bahn, Band 5: Auf Zeit getrennt – 1960 bis 1980; Verlag B. Neddermeyer, Berlin 2002, Seite 60, nach: Der Regierende Bürgermeister von Berlin – Senatskanzlei/Planungsleitstelle (Hrsg.): Abschlußbericht Nahverkehr; Berlin 1974, Seite 195

[1.07] Nußbaum, Uwe: Der Stand der Dinge – Von der Reichsbahn zur BVG; in: Eisenbahn-Magazin [Düsseldorf], (1987), Heft 3, Seite 23 – 29

[1.08] Der Bundesbeauftragte für die Unterlagen des Staatssicherheitsdienstes der ehemaligen DDR (BStU), Zentralarchiv, MfS-ZAIG, Nr. 23971, BStU-Seiten 0001 – 0016

[1.09] Bock, Peter: Untergründige Verkehrspolitik; in: Verkehrsgeschichtliche Blätter [Berlin], 29 (2002), Heft 6, Seite 162 – 166

[1.10] Transportconsult International Berlin GmbH (TCIB): Studie über die Anforderungen an die Eisenbahnanlagen bei der Einrichtung und dem Betrieb eines Olympia-Expresses in Berlin; 1991

[1.11] Kuhlmann, Bernd: Olympia-Express 2000 – Erste Verkehrsplanungen für eine Olympiade, die in Berlin nicht stattfand; in: Verkehrsgeschichtliche Blätter [Berlin], 27 (2000), Heft 5, Seite 141 – 142

[1.12] -: Olympia in Berlin? Nichts als Hohn und Spott; in: Berliner Morgenpost, vom 15. September 1998

[1.13] Deutsche Eisenbahn-Consulting GmbH, Regionalbereich Ost: Denkschrift – S-Bahn-Verbindung Flughäfen Berlin (Tegel – Schönefeld), Juni 1999

[1.14] Kuhlmann, Bernd: Eine S-Bahn zum Flughafen Tegel? In: Verkehrsgeschichtliche Blätter [Berlin], 40 (2013), Heft 1, Seite 20 – 22

[1.15] -: Kurzinformation; in: Verkehrsgeschichtliche Blätter [Berlin], 38 (2011). Heft 2, nach: Märkische Allgemeine Zeitung vom 23. Februar 2011

Am optionalen Abzweig Landwehrkanal sind die Weichenschwellen mit Unterlagsplatten bereits in die Feste Fahrbahn eingelassen. Soll der Abzweig befahren werden, wären lediglich die Schienen durch Backenschienen, Weichenzungen und Herzstück zu ersetzen gewesen. *Foto: DB AG/Bedeschinski*

2. Fernbahnhof Berlin-Karlshorst (1960 bis 1962)

Die beiden Bahnsteige, die ursprünglich an den Ferngleisen der Schlesischen Bahn in Berlin-Karlshorst zu finden waren, sind mit dem Ausbau dieser Strecke und auch des Ostkreuzes zum Regionalbahnhof Vergangenheit. Als Provisorium waren die beiden Karlshorster Bahnsteige gedacht, die am 12. September 1961 eröffnet und damals recht schnell durch einen repräsentativen Neubau ersetzt werden sollten ...

Als ab 1952 die Reisezüge des Binnenverkehrs der DDR die Strecken und Bahnhöfe in West-Berlin nicht befahren durften, war der Berliner Ostbahnhof für diese Züge zum Kopfbahnhof geworden. Durchgangsbahnhof blieb er nur für die wenigen internationalen Züge über West-Berlin und für die Interzonen- bzw. später Transitzüge von West-Berlin in die Bundesrepublik. Damals wechselten im Ostbahnhof auch Kurswagengruppen die Züge. Betrieblich belastend war außerdem der am Ostkopf des Ostbahnhofs befindliche Postbahnhof, der vielfältige Rangier- und Zugbildungsarbeiten bedingte und den Bahnhof zusätzlich belastete.

Ein neuer Rennbahnhof?

Unter diesen Bedingungen schlug Wilhelm Semper, seinerzeit Betriebsleiter der DR, im November 1960 in seinen Vorgaben und Empfehlungen für den Generalverkehrsplan Berlins vor, in Berlin-Karlshorst auf dem Gelände des ehemaligen Bahnhofs der Hofzüge (eigentlich Kaiser-, aber mehr als Rennbahnhof bekannt) einen Neubau zu errichten. Einen Standort in Höhe des bestehenden S-Bahnhofs in Richtung Wuhlheide an den Ferngleisen lehnte er wegen der zum Berliner Außenring erforderlichen Verbindungskurven und der vorhandenen dichten Bebauung mit besonders hohem Aufwand ab. Andererseits war er gegen das Halten von Reisezügen praktisch auf den Streckengleisen ohne Überholungsmöglichkeiten für andere Reisezüge, weil damit die Leistungsfähigkeit der schon dicht belegten Strecke erheblich eingeschränkt würde.

Deshalb favorisierte er einen Standort westlich der Treskowallee: »*Hier könnte der Bahnhof nach dem Muster des Bahnhofs Potsdam Hbf* (heute Potsdam Pirschheide) *mit entsprechender architektonischer Ausgestaltung geschaffen werden. Er bietet eine Überholungsmöglichkeit für die hier haltenden Fernzüge durch andere Fernzüge. Damit wäre der Bahnhof Karlshorst in der Lage, zur Entlastung des Ostbahnhofs in der Übergangszeit Anfangs- und Endpunkt von Fernzügen für alle Richtungen zu sein. Der S-Bahnhof müßte ebenfalls an diese Stelle, parallel zum neuen Fernbahnsteig verlegt werden. Hierzu gehören die Übergänge vom S-Bahnsteig auf die Fernbahn*« [2.01].

Entgegen kam seinen Vorstellungen, dass der Magistrat von Groß-Berlin für einige Zeit beabsichtigte, die derzeitige VnK-Strecke (Verbindung nach Kaulsdorf, zwischen Schlesischer und Ostbahn) als neue östliche Ausfallstraße aus dem Stadtzentrum zu nutzen; dafür sollten Teile des Bahnhofs Berlin-Rummelsburg weiträumig überbrückt werden. Als Ersatz für die entfallende Bahnstrecke war eine neue Verbindungskurve zwischen Karlshorst und Wuhlheide notwendig; ein neuer Bahnhof sollte jedoch erst später entstehen.

Karlshorst an der Treskowallee bot gute verkehrstechnische Voraussetzungen: Berlin-Rummelsburg sollte einschließlich Güterbahnhof zum technischen Behandlungsbahnhof für Reisezüge ausgebaut werden. In Karlshorst konnte auch zur Straßenbahn umgestiegen werden, und eine U-Bahn von Friedrichsfelde über Karlshorst nach Schöneweide war ebenfalls für die Perspektive vorgesehen.

Trotz eines neu zu bauenden Fernbahnhofs Berlin-Karlshorst erkannte Semper: »*Während der Periode des Übergangs zu der endgültigen Lösung wird der Bahnhof Lichtenberg zur Entlastung des Ostbahnhofs Fernverkehrsaufgaben erhalten müssen. Aus diesem Grunde muß er mit relativ geringem Aufwand für diese Aufgaben ergänzt werden: der Vorortbahnhof kann leicht auf die Länge der Fernzüge gebracht werden, damit zwei Bahnsteige mit vier Gleisen zur Verfügung stehen. Die Wagenbehandlungsanlage, die z.Zeit nur einseitig angeschlossen ist und nur durch zeitraubendes mehrmaliges Umsetzen der Reisezüge erreicht werden kann, ist zweiseitig anzuschließen, um sofort voll leistungsfähig entsprechend den investierten Mitteln zu sein*« [2.01].

Zwischen 1959 und 1961 ist der Damm für eine zweigleisige Verbindungskurve von Karlshorst zum noch im Bauzustand befindlichen Rangierbahnhof Wuhlheide geschüttet worden. Der Bau dieser sogenannten Karlshorster Kurve oblag der damaligen Investbauleitung 3 der Komplexbauleitung Berlin der DR.

Die Einfahrgruppe des Rangierbahnhofs Wuhlheide, der prinzipiell nach Plänen von 1941 errichtet wurde, war abweichend davon in einer provisorisch gekrümmten Lage zu errichten, weil gleichzeitig die sogenannte Stralsunder Kurve zwischen der VnK-Strecke und dem Güteraußenring (GAR) gebaut wurde. Damit war es seit 1950 möglich, Reisezüge aus dem Norden über die VnK-Strecke zum Berliner Ostbahnhof zu leiten, der seit 1952 zum betrieblichen Kopfbahnhof geworden war. Der Rangierbahnhof Wuhlheide war trotz der andauernden Bauzustände am 1. Oktober 1953 offiziell in Betrieb genommen worden, sollte aber erweitert und zum Hochleistungsbahnhof ausgebaut werden. Aus dieser Sicht konnte die Karlshorster Kurve – zumindest in den Anschlüssen bei Karlshorst und Wuhlheide, Ausfahrgruppe – nur provisorischen Charakter haben. Damit sich die Züge nicht gegenseitig behindern, waren hier Überwerfungsbauwerke vorgesehen, die den beiden Gleisen der Karlshorster Kurve deshalb unterschiedliche Höhen zuwiesen.

Beim Gestalten des künftigen Fernbahnhofs Karlshorst ging man davon aus, alle Reisezüge aus Norden und Süden über den Berliner Außenring (BAR) bis Eichgestell bzw. Wuhlheide und dann – ohne dass sie sich gegenseitig behindern – über eine viergleisige Strecke in Richtung Ostbahnhof zu führen. Auf dem neuen Fernbahnhof Karlshorst sollten dann die Züge enden und

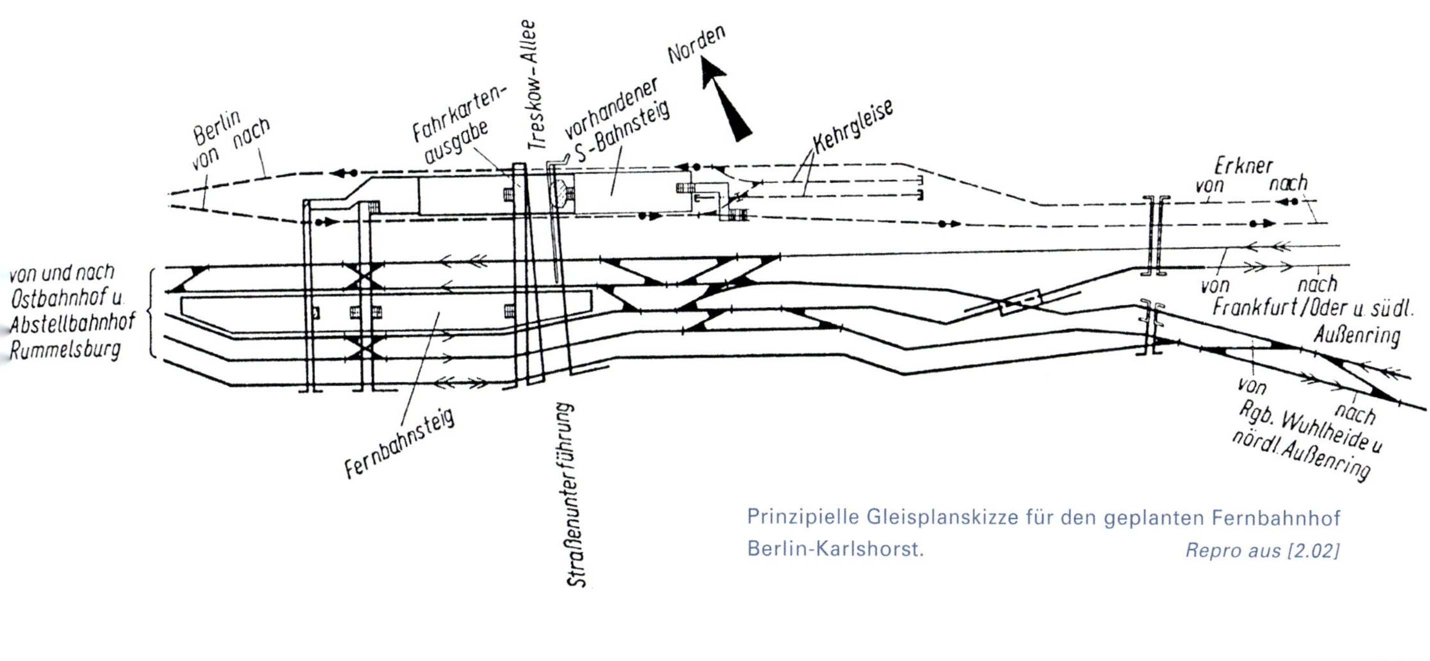

Prinzipielle Gleisplanskizze für den geplanten Fernbahnhof Berlin-Karlshorst. *Repro aus [2.02]*

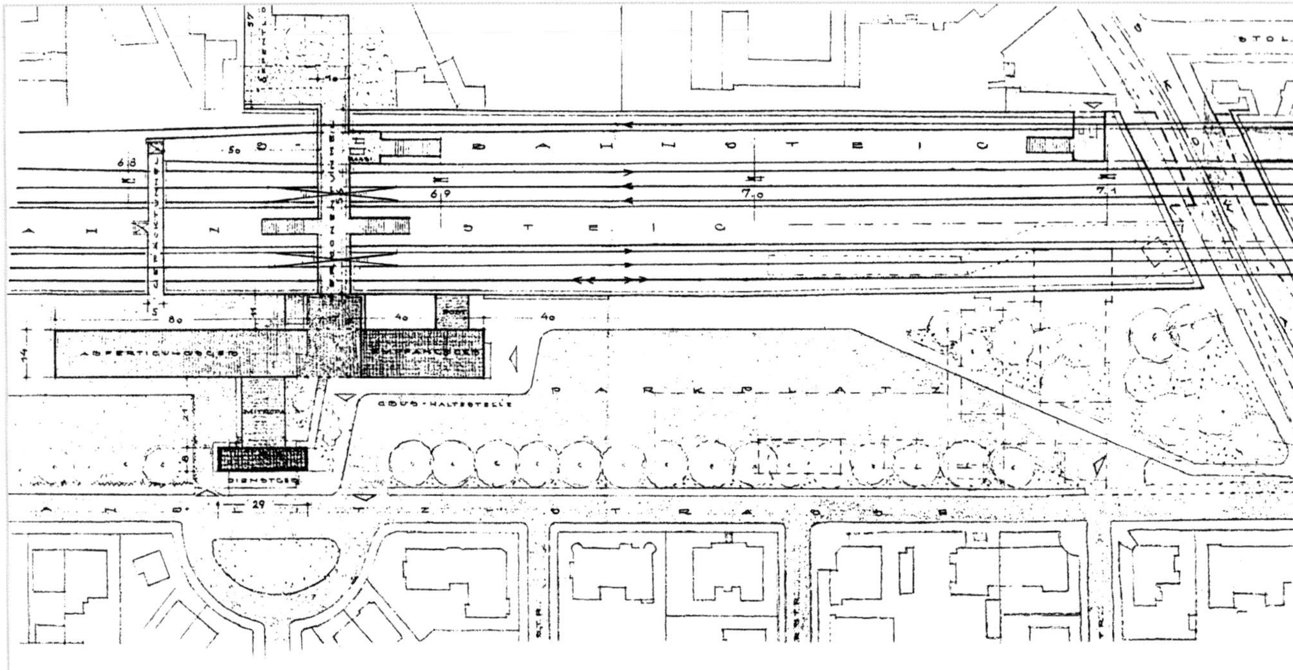

Grundriss des geplanten Fernbahnhofs Berlin-Karlshorst mit Bahnsteigen, Fußgänger- und Gepäcktunnel, Abfertigungs- und Empfangsgebäude sowie Mitropa und achtgeschossigem Dienstgebäude (Stand Februar 1962). *Zeichnung: Slg. Kuhlmann*

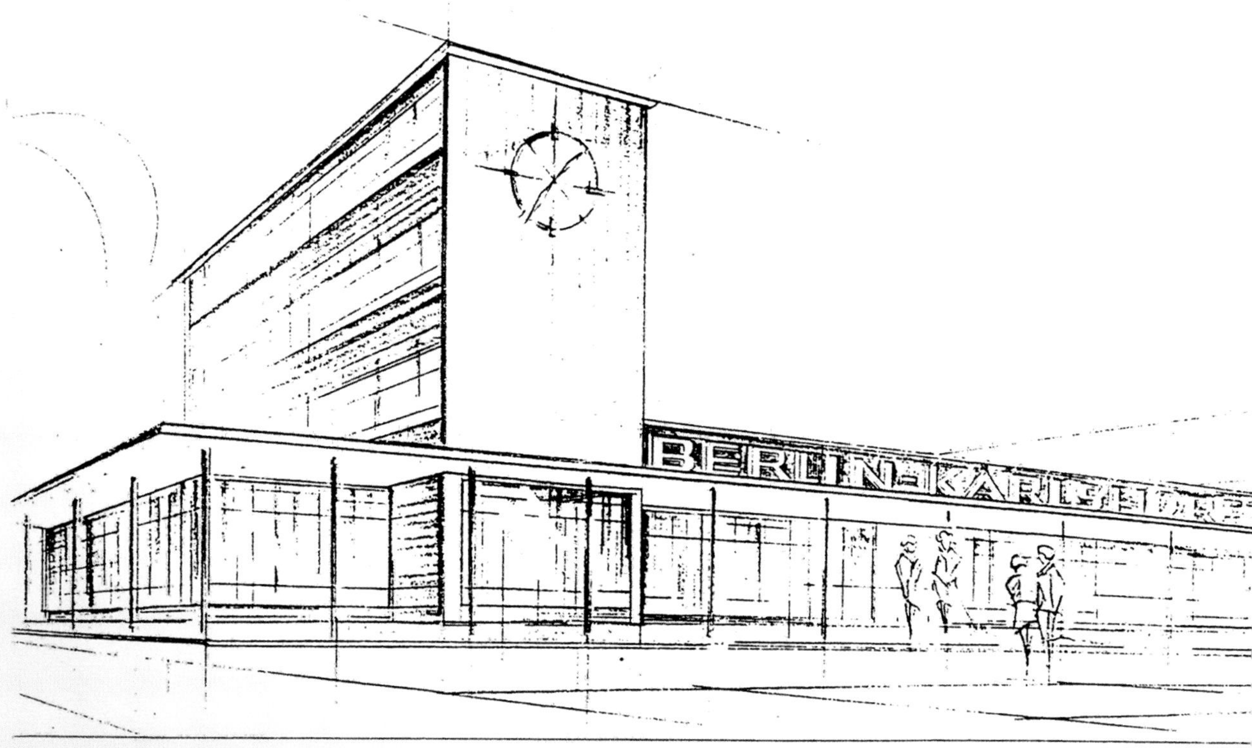

beginnen, die aus Kapazitätsgründen im Ostbahnhof nicht aufgenommen werden konnten [2.02].
An zwei zuglangen, hintereinander angeordneten Bahnsteigen mit zwei Gleisen konnten gleichzeitig vier Züge behandelt werden. In Bahnsteigmitte waren beiderseits zwischen Bahnsteiggleisen und durchgehenden Hauptgleisen jeweils doppelte Gleisverbindungen vorgesehen. Ein fünftes Gleis südlich des Bahnsteigs war nur Güterzugfahrten vom und zum BAR vorbehalten. Mit diesen doppelt langen Bahnsteigen und doppelten Gleisverbindungen waren zwar Ausfahrten unabhängig voneinander möglich. Wenn die durchgehenden Hauptgleise wegen ihrer Belastung freizuhalten waren, konnten Züge gleicher Richtung nur nacheinander fahren. Dann hätte der nachfolgende Zug in ein besetztes Gleis nur mit den betrieblichen Maßnahmen einfahren können (Halt am Einfahrsignal, Aushändigen des Befehls), weil der geforderte Durchrutschweg hinter dem Signal nicht frei war. Dieses für die Reisenden unübersichtliche Bahnsteigsystem entsprach keinesfalls modernen Prinzipien und den hohen Forderungen der Sicherungstechnik.

Für den wiederaufzubauenden Hauptbahnhof in Rotterdam plante man zwar dieses Bahnsteigsystem, sah aber wegen der vielfältigen Nachteile davon ab [2.03]. In Karlshorst war dagegen dieser Vorschlag aus der Not des zur Verfügung stehenden Geländes geboren, weil der beabsichtigte Bahnhof nur in der Länge, nicht aber in der erforderlichen Breite entwickelt werden konnte.

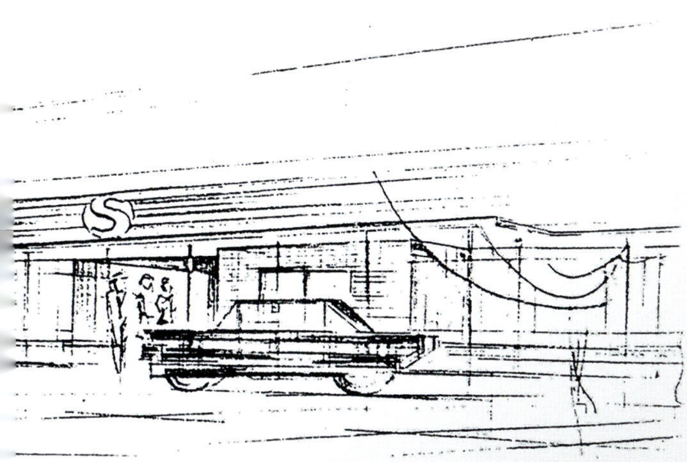

Für die erweiterten Bahnanlagen, für Empfangsgebäude und Vorplatz hätte der gesamte Rennbahnbahnhof einschließlich des historischen Baus geopfert werden müssen. Empfangsgebäude und Vorplatz sollten an der Wandlitzstraße zwischen Treskowallee und Lehndorffstraße entstehen. Unter den Bahnanlagen war ein 10 m breiter Fußgängertunnel zwischen Lehndorff- und Dönhoffstraße geplant, der S- und Fernbahnsteig miteinander verband, am westlichen Ende des neuen S-Bahnsteigs ein 5 m breiter Gepäcktunnel, von dem Aufzüge zu beiden Bahnsteigen führten. Nur der S-Bahnsteig wäre mit einem Zugang von der Treskowallee ausgestattet worden, um das Umsteigen zu Bus und Straßenbahn zu erleichtern. Auf dem Bahnhofsvorplatz war gar eine Obus-Haltestelle vorgesehen. Während für das Empfangsgebäude mit Dienstleistungen und Service-Einrichtungen zwei Geschosse vorgesehen waren, sind alle anderen Vorbauten, wie Abfertigung und Mitropa, nur eingeschossig zu ebener Erde. Dagegen sollte ein Dienstgebäude mit acht Stockwerken der Blickfang des neuen Bahnhofs werden. Darin war im 1. Stock ein Delegationsraum mit Service-Einrichtungen geplant (für Staatsempfänge?), in den anderen Etagen sollten die Bahnhofsverwaltung, die Sozial- und Unterrichtsräume, aber auch Medizinischer Dienst des Verkehrswesens, Rotes Kreuz sowie Transportpolizei und Ministerium für Staatssicherheit ihren Platz finden.

Behelfsbahnsteige – bald zu ersetzen

In diese Planungen hinein platzte der 13. August 1961, der Tag, an dem die Einwohner von West-Berlin eingemauert und alle Verkehrsverbindungen dorthin unterbrochen wurden. Nun brauchte man sehr schnell in Karlshorst an den Ferngleisen der Schlesischen Bahn zwei Seitenbahnsteige, deren Standorte wegen der betrieblichen Nachteile früher verworfen worden waren.

Architektenansicht des geplanten Empfangsgebäudes an der Wandlitzstraße für den Fernbahnhof Berlin-Karlshorst. *Zeichnung: Slg. Kuhlmann*

Die heutige Museumslokomotive 78 009 fährt 1962 mit einem aus dreiachsigen Reko-Wagen bestehenden Vorortzug vom »Behelfs«bahnhof Berlin Karlshorst in Richtung Außenring ab. *Foto: Slg. Kuhlmann*

»Eine derartige Anlage ... ist nur für einen begrenzten Zeitraum gedacht, bis eine moderne Bahnhofsanlage geschaffen ist«, heißt es in [2.04]. Die neuen Bahnsteige wurden je 280 m lang, 30 cm über Schienenoberkante (SO) hoch mit Schwellen angelegt und mit Kies abgedeckt. Während für die drei neuen hölzernen Treppen zum Bahnsteig Richtung Frankfurt (Oder) ein Weg von der Treskowallee am Böschungsfuß hergestellt wurde, konnten die Reisenden den stadtwärtigen Bahnsteig nur durch Überqueren des S-Bahn-Gleises verlassen bzw. betreten; die installierte Schrankenanlage bediente der Blockwärter vom nahen Stellwerk. In dieser Form wurden die Bahnsteige am 12. September 1961 für den Verkehr eröffnet. Später wurden auf den Bahnsteigen noch Wartehallen aufgestellt und die Fußgängerbrücke am Ende des S-Bahnsteigs montiert. *»Die 1962 vorgesehene Einbindung der Kurve von Wuhlheide nach Karlshorst ist bei den Umbauarbeiten zu berücksichtigen«* [2.04].

Für den später als »Sputnik« bezeichneten Vorortverkehr zwischen Berlin und Potsdam setzte die DR zwei vierteilige Doppelstock-Einheiten und Dampflokomotiven der Baureihe 62 (hier 62 012) ein. Ein solcher aus Potsdam kommender Zug ist gerade am Behelfsbahnsteig in Karlshorst zum Halten gekommen. *Foto: Histor. Slg. der DB AG*

1962 verband eine Fußgängerbrücke in Karlshorst den S-Bahnsteig mit dem stadtwärtigen Regionalbahnsteig. *Foto: Kuhlmann*

Ein Blick vom S-Bahnsteig auf den benachbarten Regionalbahnsteig. Wer in dieser Richtung umsteigen muss, hatte weite Wege zurückzulegen. *Foto: Kuhlmann*

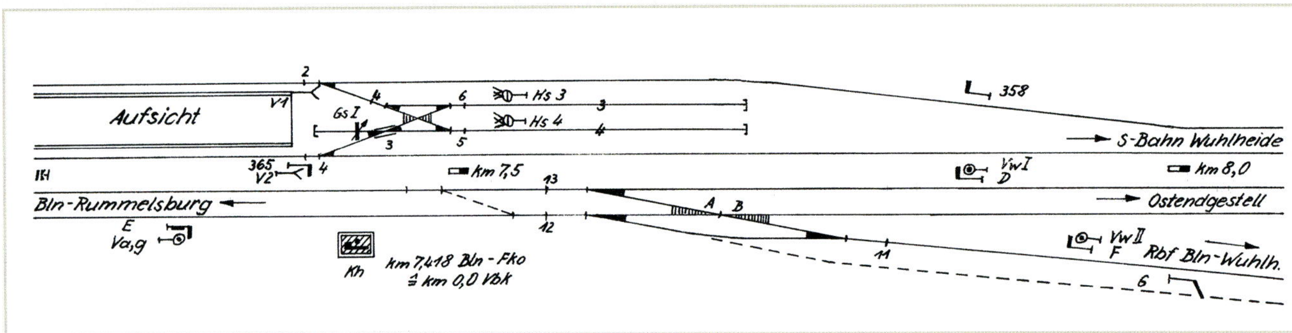

Lageskizze zur Anbindung der von Wuhlheide kommenden eingleisigen Verbindungskurve in Berlin-Karlshorst (Stand 1960). *Zeichnung: Kuhlmann*

Tatsächlich gab es dafür bereits seit Dezember 1960 konkrete Pläne. Diese Kurve sollte nur eingleisig mit 80 km/h befahren werden. Der Abzweig in Karlshorst war in Höhe der S-Bahn-Kehranlage mit drei flachen Weichen und einer Flachkreuzung mit beweglichen Herzstücken geplant; bedarfsweise war zusätzlich eine einfache Weichenverbindung zwischen den Streckengleisen vorgesehen. Sicherungstechnisch gab es ein Kuriosum: Weil in Richtung Ostendgestell am Blocksignal von Karlshorst auch das Vorsignal für das Blocksignal von Ostendgestell aufgestellt ist, aber für Fahrten in Richtung Wuhlheide der für das Einfahrsignal erforderliche Vorsignalabstand von 700 m erheblich überschritten würde, sollte im Vorsignalab-

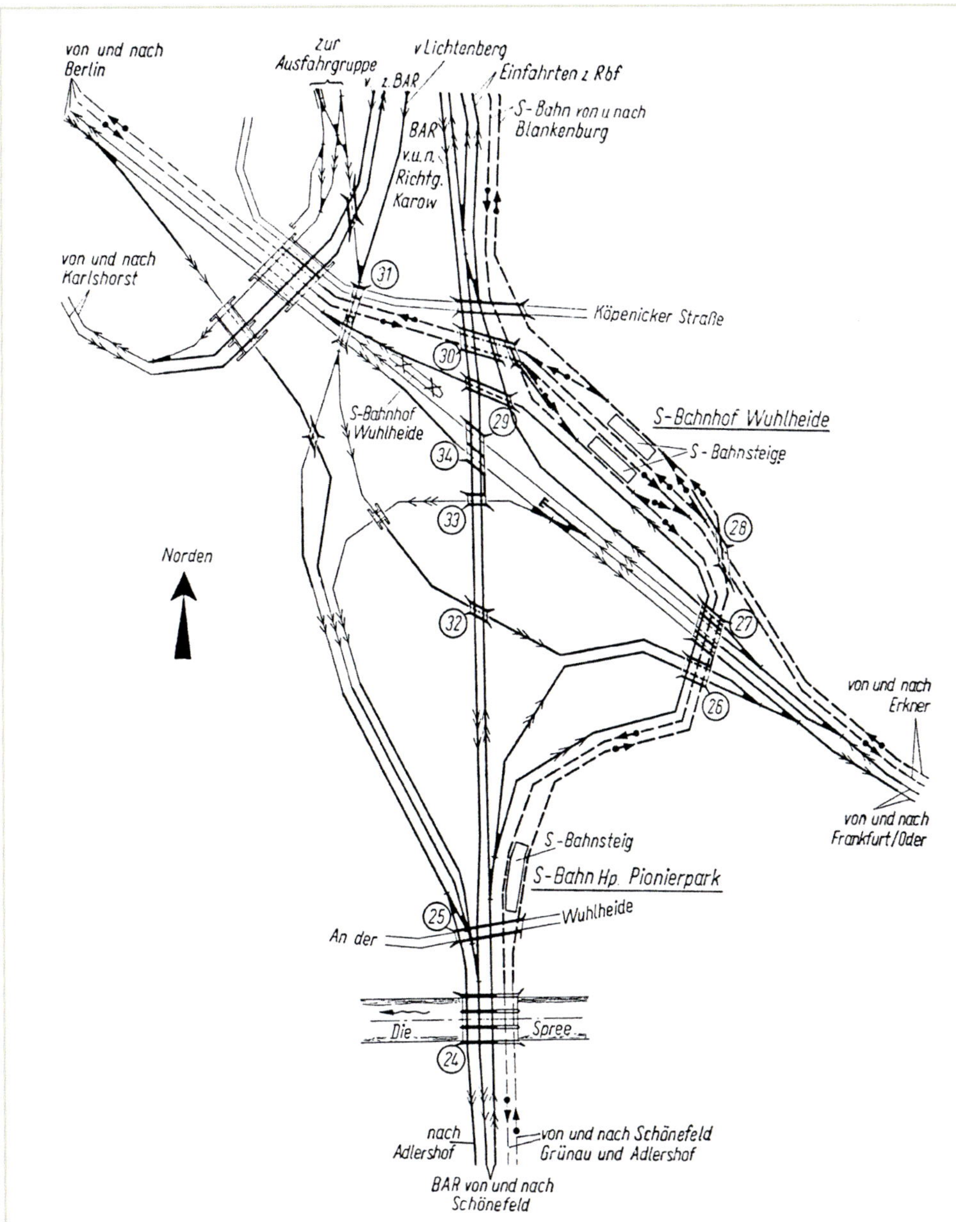

Geplanter Endzustand für ein Südkreuz Wuhlheide (Stand 1961).
Repro aus [2.02]

stand nach dem Blocksignal von Karlshorst ein sogenanntes Feststehsignal aufgestellt werden. Dieses durfte mit einer Sondergenehmigung der zuständigen Hauptverwaltung ständig den Fahrtbegriff zeigen. Reisezüge aus Richtung Wuhlheide hätten jedoch bei dieser Lösung am provisorischen Fernbahnsteig in Richtung Stadt nicht halten können, weil wegen der unterschiedlichen Höhenlage der Gleise keine frühere Einbindung möglich gewesen wäre. Dafür war der neue Fernbahnhof westlich der Treskowallee Voraussetzung.

Die gewählte provisorische Lösung mit jeweils niveaugleichen Aus- und Einfädelungen der Strecken bei der Vielzahl der Abzweigstellen – Karlshorst, Ostendgestell, Eichgestell, Stadtforst, Rbf Wuhlheide Stellwerk B 8 – ließ gegenseitige Behinderungen der Züge vorhersehen, mit denen kein leistungsfähiger und reibungsloser Betrieb garantiert werden konnte. Dies war nur möglich, wenn solche Aus- und Einfädelungen kreuzungsfrei gestaltet werden. Für diesen gigantischen Bau des sogenannten Südkreuzes Wuhlheide einschließlich Ausbau des Rangierbahnhofs zu einem Hochleistungsbahnhof, mit einer S-Bahn am Außenring entlang und einem zu verlegenden S-Bahnhof Wuhlheide fehlte zu DDR-Zeiten stets das Geld.

Während die entlang des Berliner Außenringes zu bauende Nahverkehrstrasse (S- oder Regionalbahn) heute noch im Flächennutzungsplan des Senates von Berlin enthalten und damit Gesetz für die Zukunft ist, kann ein Fernbahnhof Karlshorst an der Wandlitzstraße nicht mehr errichtet werden, weil sich dort heute eine Abstellanlage für ICE befindet. Die beiden Fernbahnsteige in Karlshorst sind nach dem Willen der DB AG aufgegeben worden, als am 10. Dezember 2017 der neue Regionalbahnhof in Ostkreuz an der Schlesischen Bahn eröffnet wurde.

Das Gelände für den geplanten Fernbahnhof in Karlshorst wird heute von der Abstellanlage des ICE-Werkes Rummelsburg genutzt. *Foto: Kuhlmann*

Quellen:

[2.01] *Ministerium für Verkehrswesen der DDR, Hauptverwaltung des Betriebs- und Verkehrsdienstes der DR (Semper, Wilhelm): Zum Generalverkehrsplan Berlin, November 1960*

[2.02] *Neumann, Karl-Heinz, u.a.: Aus der Arbeit des Entwurfs- und Vermessungsbüros Deutsche Reichsbahn im Jahre 1961; in: Deutsche Eisenbahntechnik [Berlin], 10 (1962), Heft 6, Seite 244 – 251*

[2.03] *Grau, Berthold: Bahnhofsgestaltung, Band 2; transpress-Verlag, Berlin 1968, Seite 178*

[2.04] *Deutsche Reichsbahn, Reichsbahndirektion Berlin, Verwaltung des Betriebs- und Verkehrsdienstes: Aufgabenstellung zum Bauvorhaben »Bf Karlshorst, Bahnsteige für den Berufsschnellverkehr«, vom 4. September 1961*

3. Rangierbahnhof Ahrensfelde, Abstellbahnhof Wuhlheide (1962 bis 1966)

1963, als der nach Kriegsende gebaute Rangierbahnhof Wuhlheide in seinen wichtigsten Teilen arbeitsfähig war, unterbreitete das damalige Entwurfs- und Vermessungsbüro der Deutschen Reichsbahn (EVDR) den Vorschlag, diesen zu einem Abstell- und Behandlungsbahnhof für Reisezüge sowie für den Post-, Gepäck- und Expressgutumschlag auszubauen. Der Rangierbahnhof sollte mit einer neuen Stückguthalle in den Raum Falkenberg/Lindenberg/Ahrensfelde verlegt werden.

Aus Biesenhorst wird Rangierbahnhof Berlin-Wuhlheide

Die Planung des Rangierbahnhofs Wuhlheide in Berlin stammte noch aus der Zeit, als Hitler Berlin zur »Reichshauptstadt Germania« machen wollte. Obwohl der Rangierbahnhof am 1. Mai 1941 in Betrieb genommen werden sollte, war die Studie dafür erst am 28. August 1941 abgeschlossen. Er war als einseitiger Flachbahnhof mit einer täglichen Leistung von 5000 Wagen geplant. Angeschlossen werden sollten Stückgut-Umladehalle, Ladestraßen, Wagenwerkstatt und ein Bahnbetriebswerk (Bw) für die Lokomotiven... Doch konnte bis Kriegsende in diesem Bereich nur der einstatt zweigleisige »Vorläufige Güteraußenring (VGAR)« mit dem Kreuzungsbahnhof Biesenhorst fertiggestellt werden. Auf einigen anschließenden Bau- und Abstellgleisen waren zu Kriegsende Munitions- und Lazarettzüge der Wehrmacht abgestellt [3.01, 3.02].

In Anlehnung an die Studie von 1941 begann die DR ab Januar 1951, die spätere Ausfahr- und die Richtungsgruppe aufzuschütten und Gleise zu verlegen. Mit Rücksicht auf die inzwischen entstandene »Stralsunder Kurve« – eine Verbindung zwischen VnK-Strecke und dem VGAR – entstand abweichend von dieser Studie die Einfahrgruppe in einer provisorischen gekrümmten Lage. Am 1. Oktober 1953 wurde der neue Rangierbahnhof Berlin-Wuhlheide offiziell in Betrieb genommen (Ablaufbetrieb ab 4. Oktober 1953). Bis zum Ende der fünfziger Jahre folgten provisorische Hochbauten, die Lokbehandlungsanlage und die Wagenwerkstatt. Später erleichterten am Ablaufberg die ersten von der DR entwickelten und gebauten Talgleisbremsen vom Typ »Wuhlheide« die Arbeit der Hemmschuhleger. Rangierer, Stellwerkswärter und Lokführer verständigten sich untereinander über Funk.

Zwischen 1958 und 1960 wurde begonnen, die sogenannte Karlshorster Kurve von Karlshorst zum Südkopf des Rbf Wuhlheide und eine weitere Kurve vom Nordkopf zur Ostbahn zum Abzweig Ffo zu bauen. Danach sollte die für den weiteren Ausbau des Rangierbahnhofs hinderlichen Stralsunder Kurve und die VnK-Strecke aufgelassen werden, um die Einfahrgruppe näher an den Ablaufberg verlegen zu können. Ab August 1961 hatten solche Vorhaben wegen der Grenzziehung in Berlin zurückzutreten. Diese Kurve wie auch der arbeitende Rangierbahnhof blieben zunächst Investruinen. Trotz seiner sehr bescheidenen Anlagen entwickelte er sich zu einem bedeutenden Knotenpunkt im Güterverkehr, besonders in Richtung Polen und Sowjetunion [3.01, 3.02].

Abstellbahnhof Berlin-Wuhlheide?

Welcher Anlass bestand, den inzwischen funktionsfähigen Rangierbahnhof zu verlagern? Genaue Gründe sind nicht überliefert, doch lassen sich zwei wesentliche ableiten: Der bisherige Abstellbahnhof Berlin-Rummelsburg war vom parallelen Güterbahnhof und von der Bebauung (Kraftwerk, Gaswerk und Wohngebiete) eingeengt, mit seinen kurzen Gleislängen wenig leistungsfähig und deshalb kaum ausbaufähig. Das neue Industriegebiet im Nordosten Berlins verlangte nach Gleisanschlüssen und damit nach einer Vorsortierung der Güterwagen, zweckmäßigerweise über einen mit moderner Technik ausgestatteten Ablaufberg. Initiiert wurden die Planer vielleicht auch durch die kurz währende Absicht der Stadt, die VnK-Strecke als Ausfallstraße aus dem Zentrum nach Osten zu nutzen (siehe Kapitel »Fernbahnhof Berlin-Karlshorst«).

Wie der in Betrieb befindliche Rangierbahnhof sollte der geplante Abstellbahnhof [3.03] über nördliche Einfahrgruppe und eine südliche Ausfahrgruppe verfügen. Zwischen beiden waren die Reinigungsanlagen für das Innere und Äußere der Reisezugwagen sowie die Halle des Bahnbetriebswagenwerkes (Bww) für technische Durchsichten und Reparaturen vorgesehen. Westlich des Bww sollten sich die Anlagen der Mitropa für das Ausrüsten der Schlaf- und Speisewagen, die Abstell- und Werkstatthalle eines neuen Triebwagen-Bahnbetriebswerkes (VT-Bw) für Triebwagen sowie die Behandlungsanlagen eines Bahnbetriebswerkes (Bw) für Diesel- und auch elektrische

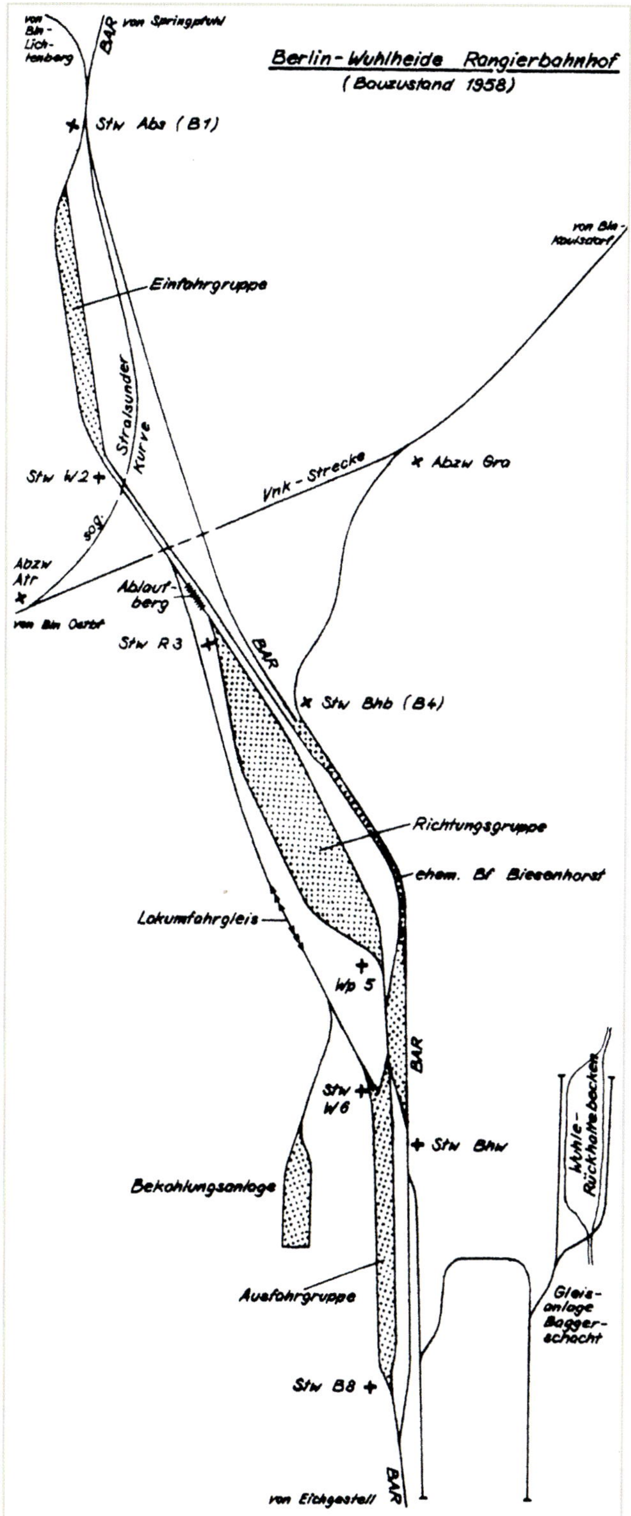

Lageplan des 1953 eröffneten Rangierbahnhofs Berlin-Wuhlheide (Stand 1958). *Zeichnung: Roland Ebert, Berlin*

1983 war noch Betrieb am Ablaufberg in Wuhlheide. Dieser Rangierbahnhof war der erste, der mit Talgleisbremsen vom Typ »Wuhlheide« ausgerüstet wurde. *Foto: Slg. Kuhlmann*

Blick auf die Dreikraft-Richtungsgleisbremsen des Rangierbahnhofs Berlin-Wuhlheide. Das Unkraut verrät, dass schon lange kein Güterwagen mehr die Gleise passiert hat. *Foto: Kuhlmann*

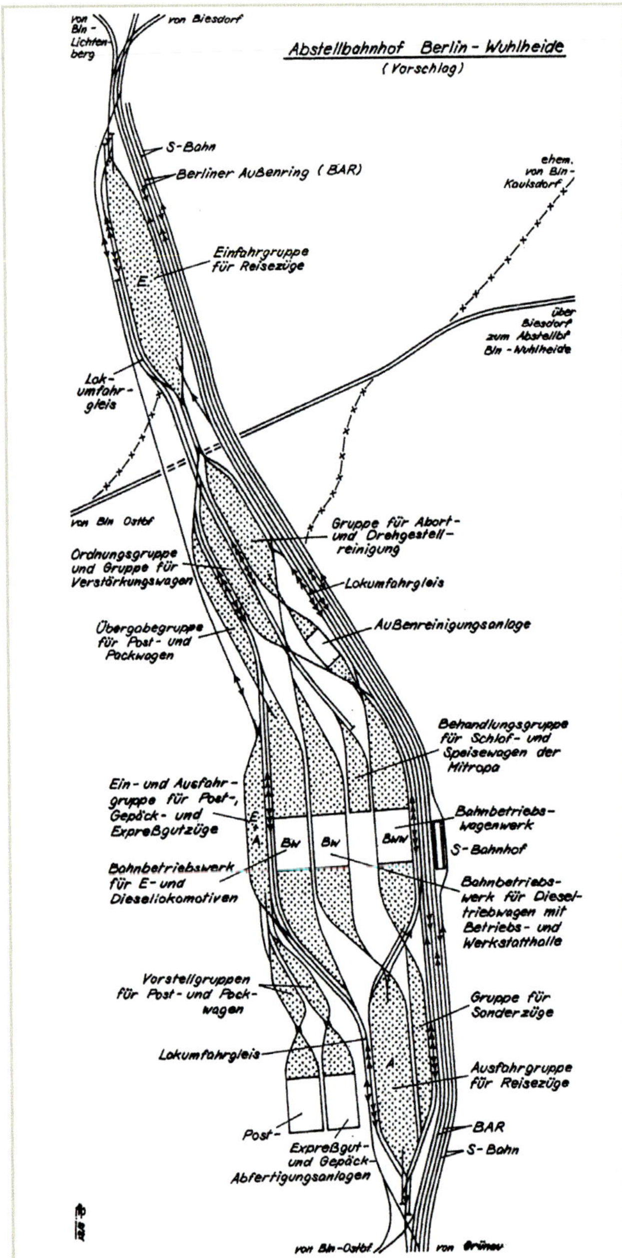

Lageplan des etwa 1963 geplanten Abstell- und Behandlungsbahnhofs Berlin-Wuhlheide mit Post-, Gepäck- und Expressgutumschlag sowie Bahnbetriebswerk auf dem Gelände des Rangierbahnhofs. Die von Berlin Ostbahnhof kommende VnK-Strecke sollte in einer ausholenden Wendeschleife über die Ostbahn zur nördlichen Einfahrgruppe führen (hier nicht dargestellt), an der auch die Strecke von Berlin-Lichtenberg einmündete. *Zeichnung: Roland Ebert, Berlin*

Zum neuen Abstell- und Behandlungsbahnhof in Berlin Wuhlheide sind 1965 zusätzlich Industrie- und Gleisanlagen nördlich des künftigen Biesdorfer Kreuzes aufgenommen worden. *Dokument: Slg. Kuhlmann*

(1963!) Lokomotiven befinden. Von der Einfahrgruppe konnten über eine Übergabegruppe Post-, Pack- und Expressgutwagen in eine neben dem Bw vorgesehene Ein- und Ausfahrgruppe für Post- und Expressgutzüge umgestellt werden, der sich südlich getrennte Ladebereiche für Post sowie Gepäck und Expressgut anschlossen.

Bestechend an diesem Vorschlag war, all diese Anlagen auf Bahngelände errichten zu können, ohne dass die vorhandene Bebauung dem Vorhaben Einschränkungen und Zwangspunkten auferlegte und dass gleichzeitig die Reisezugwagen- und Triebfahrzeug-Behandlung sowie der Post- und Expressgutverkehr hätte konzentriert werden können. Trotzdem sollten die Standorte Rummelsburg und Lichtenberg (hier war erst am 19. Juli 1960 die neue Wagenhalle übergeben worden) beibehalten werden, um die Leistungsfähigkeit in der Wagenbehandlung im Berliner Raum im gewünschten Maße anheben zu können.

Nachteilig wären die erheblichen Leerfahrten der Reisezüge gewesen, die weiterhin im Ostbahnhof, in Schöneweide und Lichtenberg enden und beginnen sollten. Anscheinend hatte der Magistrat von Berlin bereits seine Absicht aufgegeben, die vom Ostbahnhof kommende VnK-Strecke in eine Hauptverkehrsstraße umzuwandeln (siehe Kapitel »Fernbahnhof Berlin-Karlshorst«); deshalb hätte diese Strecke zur großen Wendeschleife über Biesdorf ausgebaut werden können. Damit wäre zwar im Abstellbahnhof ein flüssiger Durchlauf der Züge möglich gewesen, der aber die Leer-km erheblich gesteigert hätte. In einer Studie des Entwurfs- und Vermessungsbetriebes der DR (EVDR) von September 1963 verzichtete man auf diese Wendeschleife, spaltete westlich vor dem beabsichtigten Abstellbahnhof die VnK-Strecke nach Norden und Süden für Ein- bzw. Ausfahrten und verzichtete auf die den Abstellbahnhof störende Weiterführung der Strecke nach Berlin-Kaulsdorf. Das Übel der vielen Leer-km wurde zwar nicht beseitigt, aber gemildert. Andererseits war eine doppelte Anbindung des Abstellbahnhofs an den Berliner Ostbahnhof betrieblich günstig, weil damit im Interesse der Wagenreihung Drehfahrten des ganzen Zuges möglich waren bzw. vermieden wurden.

Im März 1965 legte das EVDR eine neuerliche Studie für den Nordost-Raum vor, die sich von ihrer Vorgängerin nur unwesentlich unterschied [3.04]: Zwischen Abstellbahnhof und neuem BAR war eine Umspanngruppe (für Güterzüge?) eingefügt worden. Außerdem hatte man versucht, die vom Rangierbahnhof vorhandenen Anlagen für den neuen Zweck nachzunutzen.

Die Lage des neuen Abstellbahnhofs in einem Gebiet nahezu ohne Infrastruktur (Straßen, Erschließung mit Wasser und Abwasser, Energie usw.), die zusätzlich zu bauen und zu finanzieren war, diente dem Vorhaben keinesfalls. Gerade diese stadtferne Lage – und damit verbunden die langen Anfahrwege aus dem Stadtgebiet im Post- und Expressgut-Verkehr – war ausschlaggebend, diesen Vorschlag nicht weiter zu verfolgen..

Ein neuer Rangierbahnhof auf freiem Feld

Der für den Berliner Raum nötige Rangierbahnhof sollte neu als einseitiger Flachbahnhof mit Nord-Süd-Arbeits-Richtung im Raum Lindenberg/Falkenberg/Ahrensfelde entstehen. Er war jeweils eingleisig an die Wriezener Bahn anzuschließen: im Norden südlich der Autobahnabfahrt Blumberg abzweigend, im Süden aus dem vorhandenen Bahnhof Berlin-Marzahn ausfädelnd, jeweils zur Einfahrgruppe führend. Die aus anderen nördlichen Richtungen kommenden Güterzüge sollten am Abzweig Karower Kreuz Ost (Ako) den Berliner Außenring (BAR) verlassen und auf eingleisiger Strecke über Lindenberg zur nördlichen Einfahrgruppe gelangen. Güterzüge aus dem Süden verließen in Malchow den BAR, um auf eingleisiger Strecke über Lindenberg zur Einfahrgruppe zu gelangen. Damit wären hier zwei parallel geführte eingleisige Strecken entstanden. Ausfahrten aus der südlichen gelege-

Lageplan des geplanten Rangierbahnhofs im Raum Lindenberg/Falkenberg/Ahrensfelde mit Anbindungen an den Berliner Außenring, an die Wriezener Bahn und an den geplanten Industrieübergabebahnhof Hohenschönhausen (1965).
Dokument: Slg. Kuhlmann

nen Ausfahrgruppe waren jeweils eingleisig möglich: nach Norden im Bahnhof Ahrensfelde einbindend, im Süden im Bahnhof Berlin-Marzahn und über eine besondere zum BAR in Richtung Norden führende Verbindungskurve, die an der Wartenberger Straße einbinden sollte.

Westlich der südlich gelegenen Ausfahrgruppe war ein Bahnbetriebswerk für die Lokomotiven geplant, östlich davon ein Stückgutknoten, mit nördlich davon vorgeschalteten Gleisgruppen. Von hier aus sollte den Empfängern im gesamten Stadtgebiet Stückgut zugestellt werden; dafür war die stadtferne Lage wiederum von großem Nachteil. Die beiden EVDR-Studien vom September 1963 und März 1965 unterschieden sich im Rangierbahnhof nicht, lediglich den geplanten S-Bahnhof Rangierbahnhof verlegte man näher an die Knoten-Güterabfertigung, so dass Ahrensfelde Friedhof in einer weitausholenden Kurve erreicht wurde.

Hintergrund des Vorschlages für einen neuen Rangierbahnhof war auch, das in Lichtenberg Nordost vorgesehene Industriegebiet von Ahrensfelde aus zu erschließen. Damit wäre Ahrensfelde nicht nur Verteilerbahnhof im Netz der DR geworden, sondern zugleich für die angrenzenden Anschlussbahnen der vorgesehenen Betriebe. Offenbar änderte sich die Konzeption für die Standorte der einzelnen Betriebe. War im September 1963 im Zwickel zwischen BAR und Wriezener Bahn noch ein Schlachthof und ein Reserve-Industriegebiet vorgesehen, die über die nördlich davon gelegene Übergabegruppe bedient werden sollten, findet sich im März 1965 westlich des BAR ein Übergabebahnhof Hohenschönhausen. Weil im neuen Rangierbahnhof Ahrensfelde Netz-Aufgaben für die DR wahrzunehmen waren, sollte die Feinsortierung für die Anschliesser jetzt über einen Ablaufberg im Übergabebahnhof vorgenommen werden. Obwohl vom Magistrat die Absicht bestand, einen VEB (Volkseigenen Betrieb) Industriebahn zu gründen, sollte sicherlich die DR im Übergabebahnhof Aufgaben für die Anschliesser übernehmen und dann die Güterwagen zuführen und abholen; damit wäre die DR überfordert gewesen.

Eigentümlicherweise sollte die Industriebahn an einen von Marzahn nach Blankenburg führenden neuen Straßenzug »4.Ring« verlegt werden, ohne dass hier erkennbare Industriebetriebe vorhanden, aber sicherlich geplant waren. Die verlegte Industriebahn war über eine weitere Verbindungskurve aus der Einfahrgruppe einmal direkt zu erreichen, zum anderen über den vorgesehenen Industrieübergabebahnhof Hohenschönhausen, der an das zum BAR führende Ausfahrgleis Anschluss haben sollte. Industriestammgleise waren zu den einzelnen Industriekomplexen vorgesehen: im Raum Magerviehhof für das Heizkraftwerk, ein Kartoffelgroßlager, für die Nationale Volksarmee (NVA), an der Landsberger Allee für die Großhandelsgesellschaft, weiterführend zum Industrieumschlagbahnhof Berlin(-Lichtenberg, genannt Roeder), zwischen Landsberger Allee, späterer Rhinstraße und Straße am Springpfuhl (heute Allee der Kosmonauten) für Elektroprojekt und Anlagenbau, Transformatorenwerk, Signalwerk (der DR?) vom Industrieübergabebahnhof Hohenschönhausen, zur Werkzeugmaschinenfabrik Marzahn und zum neuen, nördlich der Werkzeug-Maschinen-Fabrik (WMF) vorgesehenen Werk für Signal- und Sicherungstechnik Berlin (WSSB), zur geplanten Abfallverwertung und zum beabsichtigten Betonwerk östlich der Wriezener Bahn, die über eine parallel dazu gelegene Übergabegruppe bedient werden sollten.

Dieses Industriegebiet Lichtenberg Nordost war seit Anfang der sechziger Jahre im Gespräch, wurde aber erst Mitte der siebziger Jahre realisiert. Bereits Ende der sechziger Jahre entstand an der Rhinstraße statt dem Kartoffel-Großlager das Heizkraftwerk Lichtenberg, das die neu entstehenden Wohnungen auch mit Fernwärme versorgen sollte. (Zum gleismäßigen Erschließen der Betriebe und der Bedienung der Anschlussbahnen entstand schließlich der Industrieübergabebahnhof Berlin Nordost. Eine erste behelfsmäßige Ausbaustufe konnte am 4. Juli 1977 in Betrieb genommen werden, der Bahnhof mit Ablaufanlage vom 2. bis 6. Juli 1984.)

Der Bau der S-Bahn nach Marzahn bzw. die Elektrifizierung dieser Strecke war seit 1941 im Gespräch und wurde nie in Frage gestellt, allerdings blieb der Reali-

sierungszeitpunkt stets offen. Mit dem Bau des neuen Rangierbahnhofs sollte diese S-Bahn-Strecke über Berlin-Marzahn hinaus verlängert werden, mit einem neuen S-Bahnhof am Rangierbahnhof vorbeizuführen, ohne den bestehenden Bahnhof Ahrensfelde zu berühren und in Ahrensfelde Friedhof enden zu lassen. Am vorgesehenen S-Bahnhof Springpfuhl sollte eine weitere S-Bahn-Strecke in Richtung Hohenschönhausen – Blankenburg – Mühlenbeck nach Schönfließ abzweigen ...

Das Verlagern des Rangierbahnhofs von Wuhlheide nach Ahrensfelde wäre nur mit sehr großem Aufwand möglich gewesen und hätte die wenigen Baukapazitäten der DR und auch der damaligen DDR überfordert. Die bisherigen Investitionen in Wuhlheide wären weitgehend verloren gewesen, weil hier nun ein Abstellbahnhof entstehen sollte. Äußerst ungünstig war die stadtferne Lage, die weitere Fahrtkosten verursacht, sowohl im Post-, Gepäck- und Expressgut-Verkehr als

Seit 30. Dezember 1976 fuhr die S-Bahn bereits nach Berlin-Marzahn und hielt im neuen S-Bahnhof Springpfuhl. Im Hintergrund entstehen die Neubauten des künftigen Wohngebietes.

Foto: Kuhlmann

Quellen:

[3.01] *Kuhlmann, Bernd/Kulecki, Georg: Aus den Anfängen des Rbf Bln-Wuhlheide; in: Verkehrsgeschichtliche Blätter [Berlin], 9 (1982), Heft 4, Seite 86 – 90*

[3.02] *Kuhlmann, Bernd: Eisenbahn-Größenwahn – Die Planungen von 1933 bis 1945 und deren Realisierung; Verlag GVE, Berlin 1996, Seite 89 – 93*

[3.03] *Entwurfs- und Vermessungsbüro der Deutschen Reichsbahn, Außenstelle Berlin (E-S I): Verkehrsentwicklung im Raum Berlin Nord-Ost – Übersichtsplan, vom September 1963*

[3.04] *Entwurfs- und Vermessungsbüro der Deutschen Reichsbahn, Außenstelle Berlin (E-S I): Verkehrsentwicklung im Raum Berlin Nord-Ost – Übersichtsplan, vom März 1965*

auch im Stückgutumschlag, abgesehen von der schwierigen Anfahrt der Beschäftigten, denn die vorgesehenen S-Bahn-Strecken hätten aus Kapazitätsgründen sicherlich nicht gleichzeitig erbaut werden können. Der Minister für Verkehrswesen verzichtete am 21. Februar 1966 wegen zu großer Verluste an landwirtschaftlicher Nutzfläche für diesen Rangierbahnhof auf diese Variante, auch das war zu DDR-Zeiten noch zu berücksichtigen.

4. Mit der S-Bahn von Springpfuhl über Weißensee – Blankenburg – Schildow nach Schönfließ (1963 bis 1974)

Der nach dem Mauerbau vom August 1961 bis November mit Stromschiene rasch elektrifizierte Berliner Außenring (BAR) war dem Grunde nach eine Notlösung. Sollte doch hier der Fernverkehr um West-Berlin herumgeleitet werden. Und dabei störten die Vorrang genießenden S-Bahn-Züge den Fahrplan und den Betrieb der Fernbahn. Andererseits verlangten die in Birkenwerder/Oranienburg wohnenden Menschen nach dem gewohnten 20-Minuten-Takt in Richtung Berlin. Die Verkehrsplaner überlegten, wie neue S-Bahn-Strecken die nördlichen Stadtteile besser erschließen können als mit dem durch weite Rieselfelder führenden BAR.

Als am 19. November 1961 der durchgehende elektrische S-Bahn-Betrieb zwischen Oranienburg über den BAR bis Berlin-Pankow (ab 10. Dezember 1961 bis Warschauer Straße) aufgenommen wurde, verkehrte die S-Bahn nur zu jeder Stunde, in den wenigen Stunden des Berufsverkehrs aber auf 20 Minuten verdichtet. Der auf dem BAR bestehende Gemeinschaftsbetrieb ließ keinen dichteren S-Bahn-Verkehr zu. Zwischen Oranienburg und Hohen Neuendorf bestand mit zusätzlichen Zügen auch tagsüber ein 20-Minuten-Abstand.

Um diesen Gemeinschaftsbetrieb aufzuheben, hätte dieser Streckenabschnitt zwischen Abzweig Karow Ost und Schönfließ drei-, evtl. auch viergleisig ausgebaut werden müssen. Von Nachteil war, dass mit Ausnahme von Mühlenbeck jegliche dichte Bebauung am BAR fehlte, folglich der Effekt einer solchen Investition so lange gering bleibt, so lange entlang der Bahn keine ausgedehnten Wohnsiedlungen zu finden sind.

Zwei Studien mit vielen Varianten, aber ...

Die Planer des Entwurfs- und Vermessungsbüros der DR legten im September 1963 Pläne für eine S-Bahn-Strecke von Berlin-Blankenburg über Buchholz – Blankenfelde – Schildow – Schildow-Mönchmühle und weiter südlich des BAR bis nach Schönfließ in mehreren Varianten vor, die alle bestehende Wohngebiete erschlossen. Nur zwischen Schildow und Schildow-Mönchmühle sollte die Trasse der Niederbarnimer Eisenbahn (NBE) genutzt werden.

Auch im Osten Berlins führte der BAR durch ehemalige Rieselfelder, ohne direkt Wohngebiete zu berühren; eine parallel führende S-Bahn wäre nutzlos gewesen. Außerdem bestand von Seiten der Stadt die Absicht, im Nordosten Lichtenbergs ein Industriegebiet anzusiedeln, das gleismäßig für den Güter- und auch für

Im September 1963 vorgesehene S-Bahn-Strecken zwischen Friedrichsfelde Ost – Ahrensfelde Friedhof bzw. Hohenschönhausen – Weißensee weiter in Richtung Norden. Für das im Nordosten geplante Industriegebiet war vorgesehen, die ursprünglich nur bis Marzahn vorgesehene S-Bahn nördlich über den beabsichtigten Rangierbahnhof zu verlängern.

Zeichnung: Slg. Kuhlmann

den S-Bahn-Verkehr zu erschließen war (siehe Kapitel 3 »Rangierbahnhof Ahrensfelde, Abstellbahnhof Wuhlheide«).
Die DR hatte Interesse daran, den zwischen Springpfuhl – Wuhlheide – Eichgestell verlaufenden, aus dem Jahre 1941 stammenden Güteraußenring (GAR) durch eine neue Trasse des BAR mit geringen Neigungen und großen Radien zu ersetzen. Die Ostbahn in Richtung Küstrin-Kietz und die Schlesische Bahn in Richtung Frankfurt (Oder) sollten in sogenannten Betriebskreuzen mit dem BAR verbunden werden. Und die Forderung, nach Marzahn mit der elektrischen S-Bahn zu fahren, bestand seit 1941.

Unter diesen Gesichtspunkten entwarfen die Planer ihr Gesamtkonzept für die Verkehrsentwicklung in Berlin Nord-Ost. Dieses sah vom damals bestehenden S-Bahnhof Friedrichsfelde Ost eine nach Springpfuhl abzweigende S-Bahn-Strecke in Richtung Marzahn – Ahrensfelde Friedhof vor. Zwischen dem späteren Biesdorfer Kreuz und Hohenschönhausen (heute Gehrenseestraße) gab es zwei Trassenvarianten:

- **noch vor dem geplanten S-Bahnhof Springpfuhl – damals und heute an der Allee der Kosmonauten – sollte eine weitere S-Bahn-Strecke nach Hohenschönhausen abzweigen,**
- **die andere Variante sah bis zur heutigen Gehrenseestraße eine Parallellage der S-Bahn zum BAR vor, um ihn dann zu überbrücken.**

Beide Varianten vereinigten sich im vorgesehenen S-Bahnhof Hohenschönhausen, der etwa an der heutigen Kreuzung Darßer Straße/Falkenberger Chaussee geplant war. Nördlich der heutigen Darßer Straße

verlief die S-Bahn über den beabsichtigten S-Bahnhof Weißensee (etwa Höhe Malchower Chaussee) zum bestehenden S-Bahnhof Pankow-Heinersdorf, der entweder über eine südliche oder über eine nördliche Anbindung erreicht werden sollte. Die S-Bahn-Strecken dieser Studie vom September 1963 waren im Wesentlichen Neubauten, nutzen keine vorhandenen Strecken, wie vielleicht die Industriebahn Tegel-Friedrichsfelde.

Im März 1965 lag von den gleichen Verfassern eine neue leicht geänderte Studie vor. Im Süden sollte die S-Bahn nun im S-Bahnhof Springpfuhl abzweigen, parallel zum BAR bis zur heutigen Gehrenseestraße verlaufen, wobei an der Landsberger Allee noch ein S-Bahnhof (Bürknersfelde) vorgesehen war, und dann den BAR überbrückend zum bereits beschriebenen

Von allen S-Bahn-Planungen konnte sich nur der S-Bahnhof Springpfuhl behaupten, allerdings nördlich der Allee der Kosmonauten (damals Straße Am Springpfuhl), statt wie ursprünglich geplant südlich.
Foto: Kuhlmann

S-Bahnhof Hohenschönhausen führen (in den Planunterlagen als S-Bahnhof Falkenberger Straße bezeichnet, obwohl an der Falkenberger Chaussee liegend). Für den folgenden S-Bahnhof Weißensee wurden zwei Standorte vorgeschlagen: an der heutigen Darßer Straße/Malchower Chaussee (wie beschrieben), zum anderen auf dem Gelände des Güterbahnhofs an der Berliner Allee die Trasse der Industriebahn nutzend, ohne die Romain-Rolland-Straße zweimal zu kreuzen, weil die Strecke auf die Seite der Radrennbahn verlegt werden sollte.
Beide Varianten vereinigten sich auf der Industriebahn an der Blankenburger Straße. Hier gab es zwei unterschiedliche Wege zum beabsichtigten S Bahnhof Buchholz an der Industriebahn: Einmal sollte die S-Bahn auf der Trasse der Industriebahn verlaufen, ohne dass zur Stettiner Bahn umgestiegen werden konnte, zum anderen war in Berlin-Blankenburg südlich des vorhandenen S-Bahnhofs ein Turmbahnhof mit den entsprechenden Anschlüssen vorgesehen.

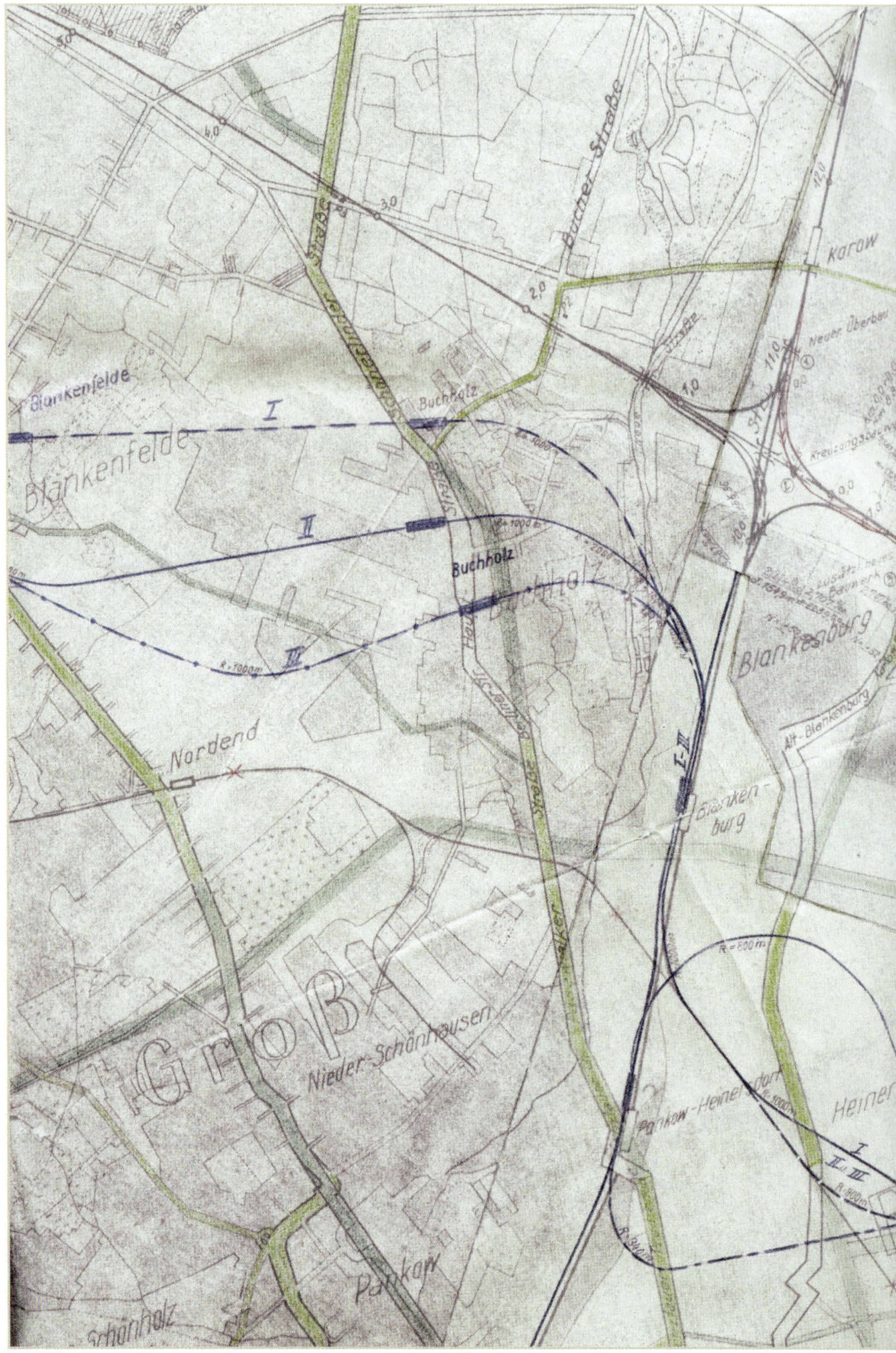

1963 war noch ein wahlweiser Anschluss der tangierenden S-Bahn in Pankow-Heinersdorf und/oder in Blankenburg vorgesehen. *Zeichnung: Slg. Kuhlmann*

In einer weiteren Variante wurde die Trasse in den bestehenden S-Bahnhof Berlin-Blankenburg eingeführt. Während vom beabsichtigten S-Bahnhof Buchholz über

Nach dem Vorschlag vom März 1965 sollte für die neuen S-Bahn-Strecken weitgehend die Industriebahntrasse genutzt werden. In einer Variante war in Berlin-Blankenburg ein Turmbahnhof zum Umsteigen zwischen den S-Bahn-Strecken vorgesehen.
Zeichnung: Slg. Kuhlmann

den geplanten S-Bahnhof Nordend weitgehend die Industriebahntrasse genutzt werden sollte, um dann bei Rosenthal auf die NBE einzuschwenken und um danach den S-Bahnhof Blankenfelde zu erreichen, sah eine kürzere Variante eine neue Strecke mit dem neuen S-Bahnhof Blankenfelde an der Blankenfelder Chaussee/Hauptstraße vor, der den bisherigen verkehrsungünstig gelegenen ersetzen sollte.

Wäre die S-Bahn in den bestehenden S-Bahnhof Berlin-Blankenburg eingeführt worden, wäre im Norden ein Neubau erforderlich gewesen. Vorgesehen war nach dem Ausfädeln ein S-Bahnhof Buchholz an der dortigen Hauptstraße zu dem bereits genannten neuen S-Bahnhof Blankenfelde. Über die bestehenden S-Bahnhöfe Schildow und Schildow-Mönchmühle wäre in einer Kurve der BAR erreicht worden, auf dessen Südseite die S-Bahn verlaufen sollte. Zugleich sollte wie auch schon 1963 die in Schildow-Mönchmühle abzweigende ehemalige Niederbarnimer Eisenbahn (NBE) damals mit Stromschiene bis Basdorf elektrifiziert werden (noch nicht bis Wandlitzsee, siehe Kapitel 11 »S-Bahn nach Wandlitzsee«).

Vorgeschlagene Streckenführungen der S-Bahn von Berlin-Blankenburg in Richtung Schildow-Mönchmühle, ebenfalls von September 1963. Vorgesehen war damals auch, die Strecke nach Basdorf mit Stromschiene auszurüsten. *Zeichnung: Slg. Kuhlmann*

Nach der Studie vom März 1965 sollten in Schönfließ beide Seitenbahnsteige zu Inselbahnsteigen für den S-Bahn-Verkehr erweitert werden, so dass auch auf östlicher Seite ein Überwerfungsbauwerk zu errichten war.

Zeichnung: Slg. Kuhlmann

War noch im September 1963 ausschließlich die Südlage der S-Bahn bis Bergfelde favorisiert worden, sollten ab März 1965 in Schönfließ wieder beide Außenbahnsteige für die S-Bahn genutzt werden; dafür war auch östlich des Bahnhofs ein Überwerfungsbauwerk erforderlich. Der Sinn dieser Investition ist nur unter dem Gesichtspunkt zu begreifen, dass – wie bereits 1954 beabsichtigt [4.01] – die Gleise des BAR bis Hennigsdorf mit Stromschiene elektrifiziert werden sollten.

… Herr Minister lehnt ab

Der damalige Minister für Verkehrswesen Erwin Kramer lehnte auf einer Beratung am 10. Oktober 1965 die vorgelegten Varianten für Neubaustrecken der S-Bahn strikt ab, obwohl noch keine Beschlüsse über das Wohnungsbauprogramm vorlagen, und orientierte auf eine neue Variante 4 mit Parallelführung zum BAR, und zwar zwischen Springpfuhl und Schönfließ [4.02]. Dafür arbeitete das EVDR eine neue Studie aus, die am 10. Januar 1966 vorlag [4.02] und als Arbeitspapier bestätigt wurde.

Doch die Zeit verging, niemand setzte sich ernstlich für den S-Bahn-Neubau ein. Dagegen wuchsen die betrieblichen Probleme auf dem BAR. Die S-Bahn-Züge mussten jetzt am Tage überwiegend im 40-Minuten-

Ein Blick von der Fußgängerbrücke auf den neuen Inselbahnsteig der S-Bahn in Schönfließ. Vor Eröffnung der separaten S-Bahn-Strecke hielten die S-Bahn-Züge an den Seitenbahnsteigen der Fernbahn, von denen der nördliche am oberen Bildrand erkennbar ist.

Foto: Kuhlmann

Fahrgastwechsel auf dem S-Bahnhof Mühlenbeck-Mönchmühle am Berliner Außenring.
Foto: Kuhlmann

Abstand fahren. Die Stromschienen waren auf dem BAR auf der Außen- statt auf der Innenseite angeordnet, so dass der kontrollierende Streckenläufer nicht seitlich aus dem Gleis heraustreten konnte, sondern in das Nachbargleis zu wechseln hatte. Sicherheitshalber war deshalb täglich ein Gleis für rund 45 Minuten zu sperren, die Streckenkapazität wurde weiter eingeschränkt. Erst am 12. September 1971 konnte zwischen Abzweig Karow West und Schönfließ automatischer Streckenblock der Bauform AB 2 WGLPS 66 in Betrieb genommen werden, mit dem die Streckenkapazität erhöht werden konnte [4.03].

Erstaunlicherweise war das kein Ruhekissen: Am 10. April 1972 lag von der Reichsbahndirektion Berlin das Forderungsprogramm für den Bau einer parallelen S-Bahn-Strecke in diesem Bereich vor [4.04]. Danach sollte in Schönfließ der südliche Außenbahnsteig zu einem Inselbahnsteig für die S-Bahn erweitert werden. Doch die sonst so sparsamen staatlichen Gutachter setzten sich durch [4.05]: Wegen der galvanischen Trennung von Gleich- und Wechselstrom – 1972 dachte noch niemand an eine wiederauflebende Fernbahn-Elektrifizierung – hatte ein eigener S-Bahnsteig zu entstehen. Obwohl die Erdarbeiten 1974 für eine eigene S-Bahn-Strecke zwischen Abzweig Karow West und Schönfließ begannen, kamen sie nur schleppend voran, weil es entweder an Geld oder meistens an Baukapazität mangelte. Die Planung für diese S-Bahn wurde 1978 geändert: In km 2,1 sollte der spätere Bau eines S-Bahnhof Buchholz und in km 4,13 ein S-Bahnhof Blankenfelde Ost berücksichtigt werden. Hintergrund war die Absicht der Stadt, 1986/90 das Wohngebiet Buchholz Nord nördlich des BAR zwischen Bucher und Schönwalder Straße (B 109) sowie südlich des Autobahn-Zubringers zu errichten [4.06].

Als die Fernbahn-Elektrifizierung sich Berlin näherte, beschleunigte man die Bauarbeiten. Am 2. September 1984 konnte endlich die neue Strecke eröffnet werden. Sie ist zwischen Abzweig Karow West und dem neuen Abzweig Arkenberge für fliegende Kreuzungen im 20-Minuten-Takt zwei-, sonst eingleisig. Am eingleisigen Abschnitt liegt der neue S-Bahnhof Mühlenbeck-Mönchmühle. Statt durch Hohenschönhausen und Weißensee eine S-Bahn fahren zu lassen, sollte diese wiederum parallel zum BAR verlaufen. Die von Springpfuhl aus am 20. Dezember 1984 eröffnete S-Bahn-Strecke nach Hohenschönhausen wurde genau ein Jahr später bis Wartenberg weitergeführt. Die geplante Verlängerung in Richtung Karow – Schönfließ wurde zwar begonnen, aber mangels fehlender Wohnbebauung nicht vollendet.

Wartenberg sollte nur vorläufiger Endpunkt der am Berliner Außenring verlaufenden S-Bahn sein, doch die Wohnbebauung lässt auf sich warten … *Foto: Kuhlmann*

Quellen:

[4.01] Dr. Braun, Michael: S-Bahn-Tangente am Außenring; in: Berliner Verkehrsblätter [Berlin], 41 (1994), Heft 2, Seite 19 – 25, Heft 3, Seite 51 – 58, Heft 4, Seite 69 – 74

[4.02] Entwurfs- und Vermessungsbüro der Deutschen Reichsbahn, Brigade ES I Berlin: Studie für die Verkehrsentwicklung im Raum Berlin-Nordost, Trennung S-Bahn/Fernbahn Schönfließ – Karow, Variante 4, vom 10. Januar 1966

[4.03] Kuhlmann, Bernd: Der Berliner Außenring; Verlag Kenning, Nordhorn 1997, Seite 79 – 81

[4.04] Deutsche Reichsbahn, Reichsbahndirektion Berlin, Verwaltung des Betriebs- und Verkehrsdienstes: Forderungsprogramm zum Bauvorhaben »Trennung S-Bahn/Fernbahn Karow West – Schönfließ« vom 10. April 1972

[4.05] Gutachterstelle für Investitionen des Verkehrswesens: Gutachten zur Vorbereitungsunterlage für das Investitionsvorhaben »Trennung S-Bahn/Fernbahn Karow – Schönfließ«, vom 6. Oktober 1972

[4.06] Hauptauftraggeber für Investitionen im Reichsbahndirektionsbezirk Berlin, Abteilung Vorbereitung: Arbeitshinweise zur Kurzstudie »Haltepunkte im Raum Buchholz« beim Bauvorhaben Trennung S-Bahn/Fernbahn Karow – Schönfließ, vom 15. November 1978

5. Begradigen der Stadtbahn (1952/66 bis 1969)

Um 1960 begannen auf zentrale Weisung alle großen Städte der DDR, sogenannte Generalbebauungs- und Generalverkehrspläne auszuarbeiten. Auch die »Hauptstadt der DDR – Berlin« entwickelte solche bis in unsere Zeit zukunftsträchtige Vorhaben. Trotz Mauerbau dachte man im Magistrat von (Ost-)Berlin und bei der DR noch im Sinne von Groß-Berlin. Die Hauptverwaltung des Betriebs- und Verkehrsdienstes der DR schlug im November 1960 unter Federführung des anerkannten Bahnspezialisten Wilhelm Semper u.a. wiederum vor, die kurvenreiche Stadtbahn zu begradigen, weil nach Kriegsende deren Bauwerke überwiegend zu sanieren waren.

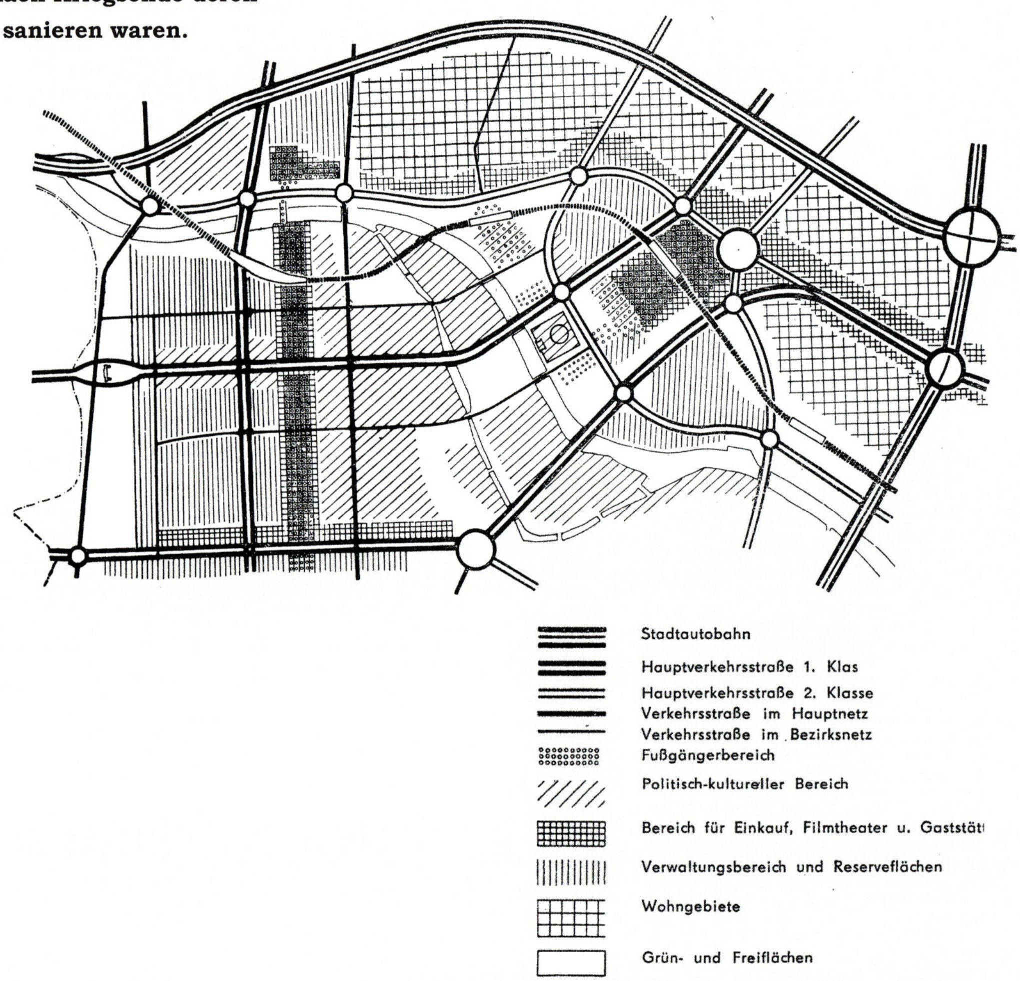

Geplante Stadtstruktur zwischen Ostbahnhof und »Staatsgrenze« (um 1960). Ins Auge fällt die geplante Stadtautobahn, doch ist die Stadtbahn-Trasse – zumindest auf dem Papier – von engen Radien befreit worden.
Repro aus: Weigel, Wolfgang: Verkehr in der modernen Stadt; transpress-Verlag, Berlin 1962, Seite 41

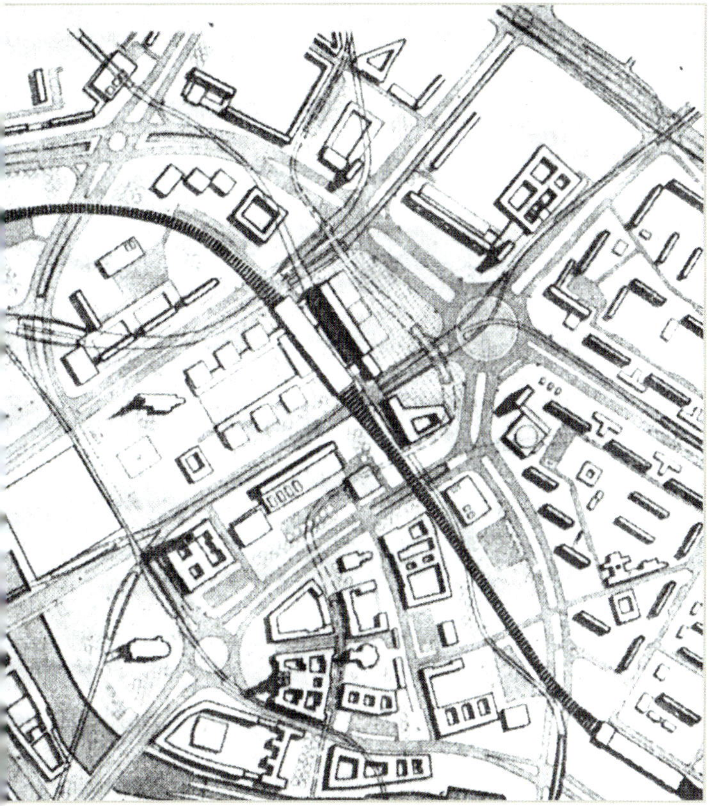

Um 1960 vorgesehene Bauplanung rund um den Alexanderplatz. Ins Auge fällt die begradigte Trasse der Stadtbahn zwischen Ostbahnhof (nicht dargestellt) und Hackescher Markt. Der S-Bahnhof Jannowitzbrücke hätte nach diesem Modell eine völlig neue Lage weitab der Spree erhalten. Beim genauen Hinsehen fallen die U-Bahn-Planungen um den Alexanderplatz auf.

Repro aus: Weigel, Wolfgang: Verkehr in der modernen Stadt; transpress-Verlag, Berlin 1962, Seite 75

Offenbar war das Begradigen der Stadtbahn gleich nach Kriegsende von Verkehrsplanern und Bahnexperten als Chance für einen schnelleren Zugbetrieb durch Berlins City erkannt worden. Denn nach den überlieferten Unterlagen datieren erste Vorschläge spätestens von 1952 für den Bereich zwischen Ostbahnhof und Alexanderplatz. Diese Trasse war zwischen dem Magistrat von Groß-Berlin und der DR als Planungsgrundlage vereinbart und zunächst von jeder Bebauung freigehalten worden.

Die DR hatte nach dem Mauerbau in Berlin aus zwei Gründen Interesse, die Stadtbahn umzubauen: Der Interzonen- bzw. spätere Transitverkehr, aber auch der übrige Zugverkehr aus und in das östliche Ausland verlangten in Berlin Ostbahnhof und Berlin Friedrichstraße Bahnsteiglängen von 400 m für bis zu 15 Reisezugwagen. Diese konnten mit den alten Bahnanlagen nicht ohne weiteres angeboten werden, und die DR fürchtete, ins internationale Abseits zu geraten. Auf der anderen Seite gab es auf der Stadtbahn noch etliche Bögen und Brücken, die bis 1932 nicht für höhere Verkehrslasten verstärkt worden waren (1967 allein 41 unverstärkte Stadtbahnbögen zwischen Alexanderplatz und Friedrichstraße). Nach Kriegsende unterblieb das umfassende Sanieren ebenfalls, so dass ein überwiegender Neubau der Stadtbahn kostengünstiger erschien.

Magistrat schiebt Stadtbahn hin und her

Der 1952 zwischen dem Magistrat und der DR vereinbarte Entwurf über das Begradigen der Stadtbahn sah deren künftigen Verlauf nördlich der Holzmarktstraße vor und war für beide Seiten verbindlich. Doch plötzlich am 9. September 1964 überraschte der Ost-Berliner Chefarchitekt Dipl.-Ing. Joachim Näther die Reichsbahndirektion (Rbd) Berlin: Auf einem (leider nicht überlieferten) Lageplan 1:2000 war neben der roten Trasse des EVDR-Studienentwurfs von 1952 (bezeichnenderweise vom Magistrat in 1962 geändert) eine grüne Variante der Abt. Städtebau und Architektur des Magistrats südlich der Holzmarktstraße eingezeichnet. *»Die Trassierung der in grün eingetragenen Variante geht von der städtebaulichen Abrundung des Wohngebietes«* (an der Karl-Marx-Allee, d.A.) *»nach Süden aus«* [5.01], um 900 Wohnungseinheiten in diesem Bereich errichten zu können. Das Entwurfs- und Vermessungsbüro der Deutschen Reichsbahn (EVDR), von der Rbd Berlin mit dem Prüfen des Vorschlages beauftragt, lehnt diese grüne Variante des Magistrats kategorisch ab und stellt fest: *»Wenn man ... Beträge ... von 100 Millionen Mark verausgabt, nur um diesen Trassenabschnitt zu begradigen, dann sollte man alles daran setzen, Bögen zu vermeiden bzw. – wo dies nicht zu erreichen ist – mit möglichst großen Halbmessern auszukommen«* [5.02], und das bedeutete Radien von über 500 m.

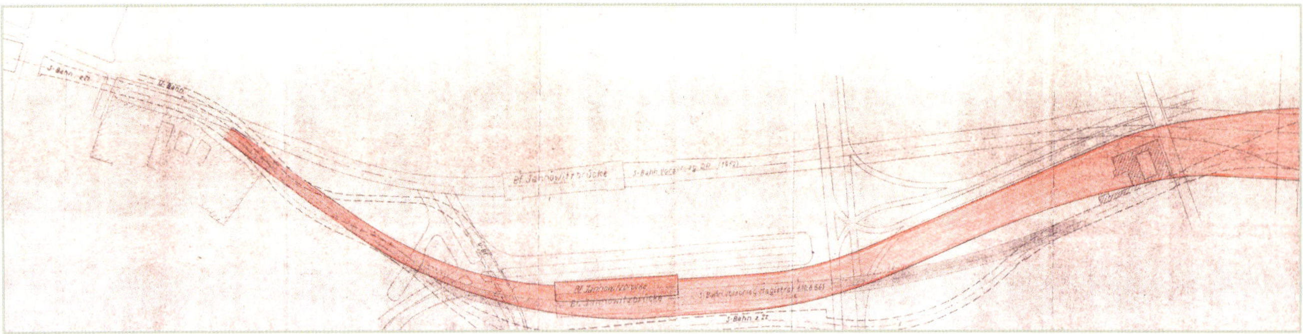

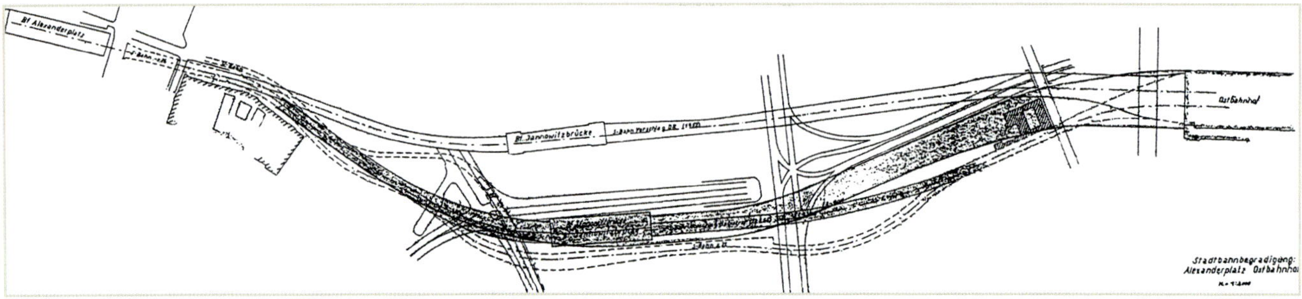

Trassenvorschläge der DR und des Magistrats von Berlin zwischen Ostbahnhof und Alexanderplatz von 1967/68. Weil der obere Vorschlag bereits aus dem Jahre 1952 stammt, war dieses Problem sicherlich ein Dauerbrenner der Stadtplanung. Offenbar sollte trotz Spreenähe vor dem Empfangsgebäude des Ostbahnhofs ein Straßentunnel verlaufen, der östlich des neuen S-Bahnhofs wieder nach oben führt. *Zeichnung: Repro aus [5.04]*

Anscheinend akzeptierte der Magistrat diesen ablehnenden Bescheid der Bahn, obwohl sich am 19. Januar 1965 der Chefarchitekt und Vertreter der Rbd Berlin sowie des EVDR zu diesem Thema trafen und die Bahn bei ihrer harten Ablehnung blieb. Erst am 30. August 1965 lud Chefarchitekt Näther wieder ein, um erneut über das Begradigen der Stadtbahn zwischen Ostbahnhof und Alexanderplatz zu beraten. Die DR versprach, den Vorschlag des Magistrats erneut zu prüfen. Doch das Ergebnis fiel wiederum aus folgenden Gründen negativ aus [5.03]:

- **Die »begradigte« Trasse des Magistrats weist Radien von 420 m auf, in den verbleibenden Reststücken gar herunter bis 271,5 m. Deshalb sinkt die Ausbau-Geschwindigkeit von den 1952 geplanten 130 km/h (!) auf unter 80 km/h. *»Eine solch niedrige Ausbaugeschwindigkeit ist undiskutabel für einen Streckenbau, der so hohe spezifische Investitionskosten verursacht«* [5.03] (= 120 Millionen Mark).**
- **Die Magistrats-Strecke verkürzt sich lediglich um 43 Meter statt um 120 Meter wie beim EVDR-Entwurf von 1952 und wird damit teurer als bisher geplant.**
- **Die Bogenwiderstandsarbeit der Magistrats-Variante ist etwa zweieinhalb Mal höher als beim EVDR-Entwurf (1180 kpm/Mp statt 480 kpm/Mp) und bedingt deshalb weiterhin einen hohen Verschleiß am Oberbau und an Radreifen.**
- **Auf 180 m wird die damalige U-Bahn-Linie D (heute U 8) geschnitten und außerdem dreimal im flachen Winkel gekreuzt, statt nur einmal wie beim EVDR-Entwurf. Für den Bau der neuen Stadtbahn sind deshalb 200 m provisorische Umleitungsstrecke zu errichten, die erhebliche Mehrkosten, empfindliche Betriebseinschränkungen und Langsamfahrstellen verursachen.**

→ Fazit: keine nennenswerte betriebliche Qualitätsverbesserung mit dem Magistrats-Vorschlag!

Trotzdem musste das Institut für Verkehrsforschung (IfV) im Auftrag des Ministers für Verkehrswesen ein Forderungsprogramm zum Begradigen der Stadtbahn und zum Erweitern der Bahnhöfe Berlin Ostbahnhof und Berlin Friedrichstraße ausarbeiten. Dieses am 16. Juli 1966 vorgelegte Forderungsprogramm berücksichtigte sowohl Trassenmöglichkeiten der DR als auch des Magistrats von Berlin, die von den städtebaulichen Planungen eingeschränkt wurden. Zu berücksichtigen waren folgende Prämissen [5.04]:

- **durchgehend zweigleisiger Ausbau zwischen Ostbahnhof und Friedrichstraße; falls in Alexanderplatz nicht auf eines der drei S-Bahn-Gleise verzichtet werden kann, ist ein fünftes Gleis außerhalb der Halle anzuordnen;**
- **Radien größer als 500 m, um Geschwindigkeiten von mindestens 100 km/h zu ermöglichen, in Ausnahmefällen auch 80 km/h; 21 bzw. 25 t Radsatzlast und 10,2 t/m Meterlast; spätere Elektrifizierung mit 25 kV ist zu berücksichtigen;**
- **in Friedrichstraße und Ostbahnhof sind die Bahnsteige auf 400, besser 410 m zu verlängern, so dass Gleisnutzlängen von 460 m entstehen; in Ostbahnhof ist westlich eine Vorstellgruppe mit vier 500 m langen Gleisen plus einem Lokverkehrsgleis vorzusehen, um derzeitige Leistungen mit entsprechenden Zeitpuffern pünktlich abzuwickeln;**
- **die vorhandenen Studien für einen Regierungsbahnhof bzw. einen Regierungsbahnsteig in Alexanderplatz sind zu berücksichtigen.**

Ein Bahnhof für rote Prominenz?

Standorte für Empfangsgebäude der Regierung waren bereits 1963 gesucht worden. Unterlagen sind jedoch nur vom Alexanderplatz überliefert, aber unvollständig; weitere, unbekannte Standorte sind ebenfalls betrachtet worden. Zu dieser Zeit war die Umgestaltung des Stadtzentrums mit dem großzügigen Alexanderplatz, dem Haus des Lehrers, dem damaligen Berolina-Hotel, dem späteren Centrum-Kaufhaus, dem Fernsehturm usw. sowie mit den Straßendurchbrüchen Grunerstraße mit Straßentunnel und Karl-Liebknecht-Straße von der Staatspartei noch nicht beschlossen worden.
Von der Studie vom August 1963 sind nur vier der fünf Pläne, der zwischen westlicher Hallenschürze des S-Bahnhofs und Rochstraße mit der immer noch genutzten Zentralmarkthalle vorhandenen Bahnanlagen erhalten geblieben. Vorgesehen war ein viergleisiger S-Bahnhof Alexanderplatz in der vorhandenen Bahn-

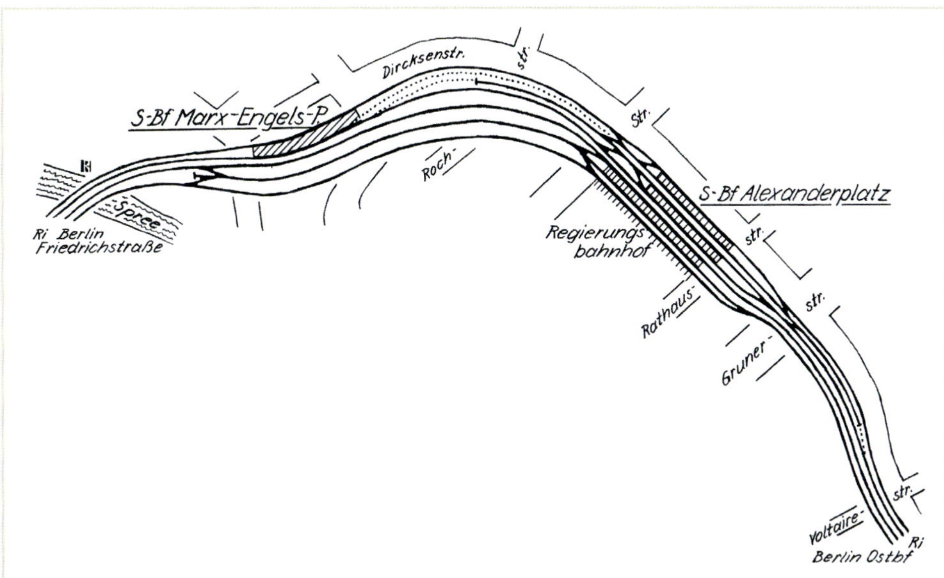

Geplante Anlage eines Regierungsbahnhofs am Alexanderplatz von August 1963 vor der späteren Umgestaltung des Stadtzentrums. Alexanderplatz war nur einer der für einen Regierungsbahnhof vorgesehenen Standorte. Zur besseren Orientierung sind die heutigen Straßenzüge im Plan angedeutet.
Zeichnung: Kuhlmann

Auch östlich der Halle des Bahnhofs Alexanderplatz sollte für die S-Bahn ein Kehrgleis angelegt werden; allerdings war der Nutzen zu DDR-Zeiten fraglich.

Blick auf den ehemaligen Grenzbahnhof in der Berliner Friedrichstraße aus der Perspektive des Reichstages. Obwohl die Stadtbahn zwischen 1994 und 1998 saniert wurde, verlängerte man die Bahnsteige nicht, denn ICE halten hier nicht.

Fotos: Kuhlmann

hofshalle. Südlich der Halle direkt über der Gonthardstraße sollte ein Inselbahnsteig mit zwei Gleisen sowie ein weiteres Gleis mit Seitenbahnsteig für den Fernverkehr entstehen. (Die Gleisanlagen im fehlenden Bereich sind den betrieblichen Bedürfnissen nachgestaltet worden.) In den Plänen nicht enthalten war das geplante Umfeld des Regierungsbahnhofs, wie Empfangshalle, Paradeplatz und andere Einrichtungen für Staatsempfänge sowie das diesen Anlässen anzupassende Gelände der Zentralmarkthalle.

Diese Studie berücksichtigte noch nicht das beabsichtigte Begradigen der Stadtbahn und sah westlich des Bahnhofs Alexanderplatz zwischen der zweigleisigen Strecke ein zweiseitig angeschlossenes Aufstellgleis vor, das in Höhe der Präsidentenstraße endete. Der große Gleisabstand in diesem Bereich ist der notwendigen Bewachung und Sicherung der Regierungsfahrzeuge geschuldet. Für die gesamte Anlage sollte die Stadtbahn zwischen Voltairestraße und der Spreebrücke an der Museumsinsel auf der Südseite verbreitert werden. Für die S-Bahn ergab sich damit ein westliches Kehrgleis, ein zweites war wegen des geringen Gleisabstandes und des erforderlichen Dienstweges nicht möglich. Mit der Gleisverziehung der Fernbahn konnte auch östlich des S-Bahnhofs ein Kehrgleis angelegt werden, das wegen des fehlenden Dienstweges nur mit zusätzlichem Kehrpersonal befahren werden durfte, falls in dieser Richtung überhaupt nötig.

Am 21. Oktober 1966 fand eine Anlaufberatung für die vom EVDR anzufertigenden Perspektivstudien statt. Hintergrund war ein offensichtlich unbekannter Beschluss des Ministerrates, der jetzt den Beteiligten bekannt gegeben wurde und Leitschnur für die weiteren Arbeiten sein sollte:

- **der Bebauungsplan für den Bereich Jannowitzbrücke ist bestätigt worden, ohne dass die DR Einspruch erhob (oder erheben konnte?), die Bauarbeiten würden nach ersten Vorarbeiten 1967 bereits 1968 beginnen; somit ist keine Bahntrasse nördlich der Holzmarktstraße mehr möglich,**
- **Variantenuntersuchungen für ein fünftes und sechstes Gleis für eine Fern-S-Bahn (F-S-Bahn) auf der Stadtbahn entfallen, wie überhaupt dafür keine Untersuchungen zu führen sind,**
- **die Arbeitsgruppe Verkehrsplanung hatte entschieden, im Bereich des Bahnhofs Alexanderplatz auf ein fünftes Gleis außerhalb der Halle zu verzichten, ebenso auf einen Regierungsbahnhof Alexanderplatz (die Aufgaben sind vom Berliner Ostbahnhof zu übernehmen), deshalb berücksichtigt die Technisch-Ökonomische Zielstellung (TÖZ) für die Verkehrslösung Alexanderplatz keine Erweiterungen von Bahnanlagen.**

Offenbar sind diese Vorgaben kurze Zeit später geändert worden. In [5.05] heißt es dazu: *»Im Laufe der Studienbearbeitung mußten wir feststellen, daß eine*

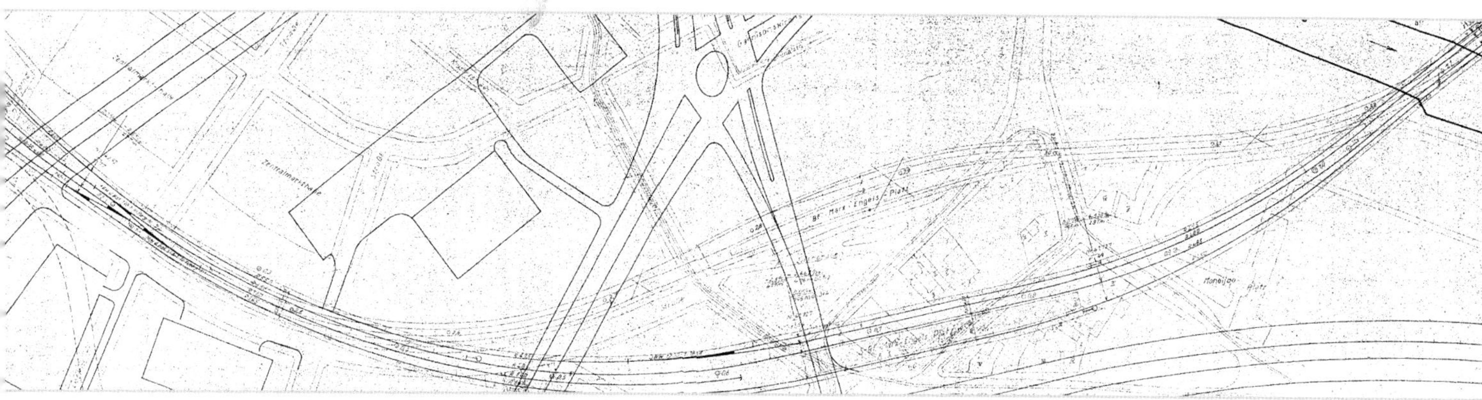

Vorgesehene Stadtbahn-Begradigung zwischen Alexanderplatz und Friedrichstraße im Entwurf vom Januar 1967.

Zeichnung: Repro aus [5.05]

Ein Blick vom Fernsehturm auf die kurvenreiche Strecke der Berliner Stadtbahn, die begradigt werden sollte. Im Hintergrund die beiden Hallen des Ostbahnhofs. Foto: Sabine Domes

Trasse südlich der Holzmarktstraße für den Brückenbau wie auch für ein neues Empfangsgebäude Jannowitzbrücke äußerst ungünstige, teilweise kritische Bedingungen ergibt, die eine vernünftige technische Lösung sowie gute Einordnung in das Stadtbild nahezu ausschließen. Nach Vorlage erster Arbeitsergebnisse bei der Arbeitsgruppe Verkehrsplanung und anschließend beim Minister für Verkehrswesen wurden wir beauftragt, ‚nördliche' Varianten in unsere Untersuchungen einzubeziehen.«

Das geschah im Abschnitt I (Ostbahnhof – Alexanderplatz) für eine Nord- und eine Südvariante (N bzw. S) mit bzw. ohne einer westlichen Vorstellgruppe für den Ostbahnhof (m bzw. o). Für den Abschnitt II (Alexanderplatz – Friedrichstraße) gab es nur eine Möglichkeit zum Begradigen der Stadtbahn. Eine sogenannte Minimal-Variante, bei der nur die Bahnsteige A und B des Ostbahnhofs auf 400 m verlängert werden sollten, war für später vorgesehen.

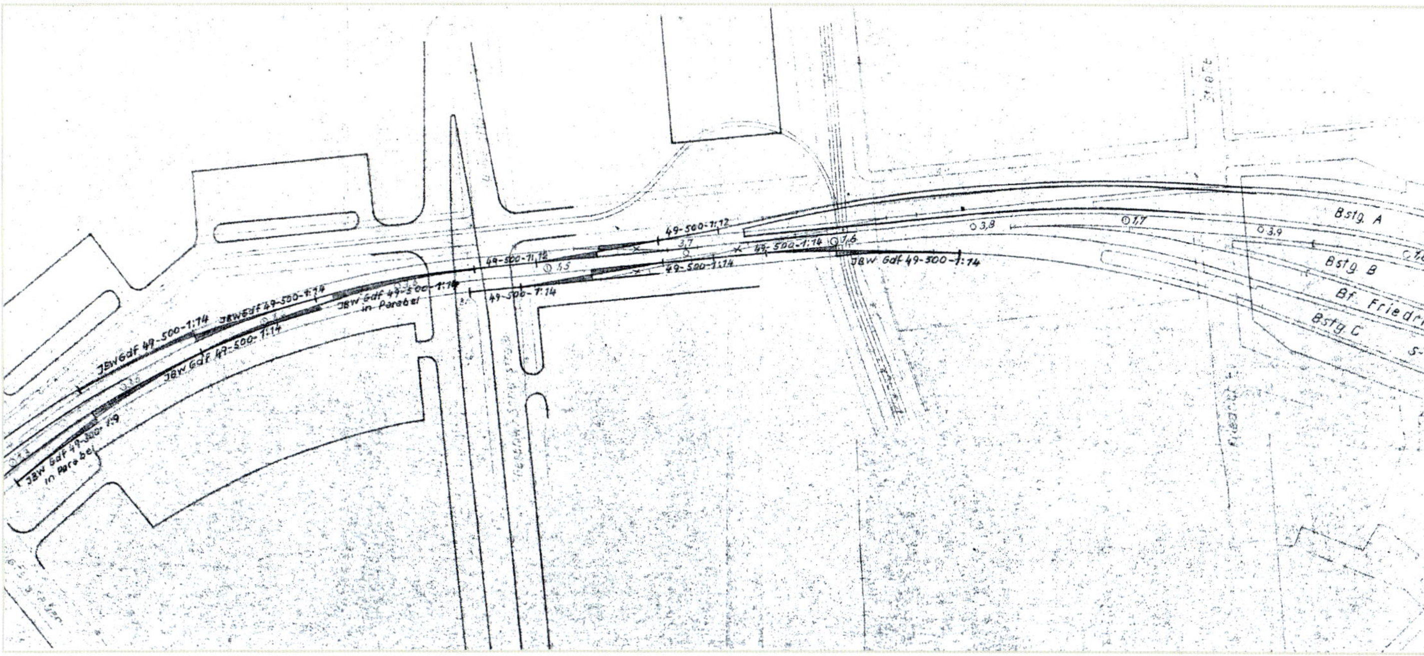

1967 vorgesehene Verlängerung des Fernbahnsteiges A in Berlin Friedrichstraße auf 400 m auf der Ostseite, Variante 4. Die anderen drei Varianten unterschieden sich nur in der Gestaltung der Weichenzonen auf der Stadtbahn. *Zeichnung: Repro aus [5.05]*

Der Fernbahnsteig A des Bahnhofs Friedrichstraße sollte nach Osten auf insgesamt 400 Meter verlängert werden (Variante 4 mit gegebenen Verhältnissen ohne Stadtbahnbegradigung). Die Stadtbahn-Viadukte waren mit Betonkonstruktionen bzw. Arkaden über die parallele Georgenstraße zu erweitern. Die anderen drei Varianten sahen für den Bahnsteig den gleichen Entwurf vor, unterschieden sich aber in den unterschiedlich ausgebildeten Weichenzonen mit Stadtbahnbegradigung. *Foto: Kuhlmann*

Probleme für die neue Trassenführung bereiteten vor allem

- **die Bohrpfahlgründungen für alle Brücken, z.T. gemeinsam mit den Straßentunneln,**
- **das Beachten der setzungsfreien Lage der U-Bahn-Tunnel forderte stärkere Stützen,**
- **die Binnenschifffahrt forderte größere Durchfahrtshöhen unter den Straßenbrücken, so dass diese und in der Folge auch die Stadtbahnbrücken angehoben werden müssen; dies ließ sich mit der Spree-fernen Lage einer Trasse nördlich der Holzmarktstraße besser realisieren als mit einer Südvariante,**
- **durch die verschiedenen Konstruktionshöhen der verschiedensten Überbauten (zwischen 1,1 und 2,1 m) ergab sich kein einheitliches Brückenband, weshalb mit Steigungen und Neigungen zu rechnen war,**
- **bei der Südvariante gab es unübersehbare Bauzustände, die bei der Nordvariante besser beherrschbar waren.**

Auch die Baukosten sprachen eindeutig für eine Nordvariante zwischen Ostbahnhof und Alexanderplatz:

Kosten für (in Millionen Mark)

Variante	Bahn	Fremde	gesamt
I S m + II	224	127	**351**
I S o + II	192	127	**319**
I N m + II	216	67	**283**
I N o + II	181	67	**248**

Mit der Südvariante konnte die Geschwindigkeit auf der Stadtbahn nur stellenweise von derzeit 50 auf 80 km/h angehoben werden. Das brachte nur geringe betriebliche Vorteile, obwohl die Stadtbahn dringend saniert werden musste. Das Begradigen dieser Strecke wurde noch am 15. Februar 1968 mit dem Generalverkehrsplan für Berlin vom Ministerrat der DDR bestätigt, obwohl zu dieser Zeit nur auf eine Minimal-Variante hingearbeitet wurde.

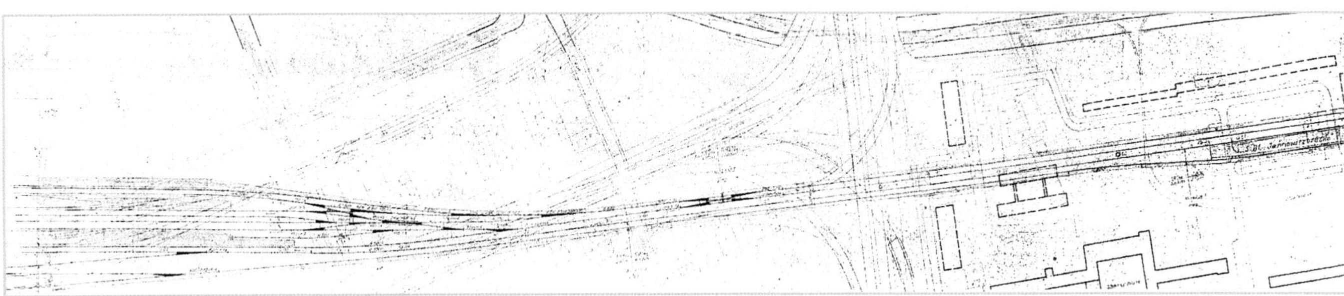

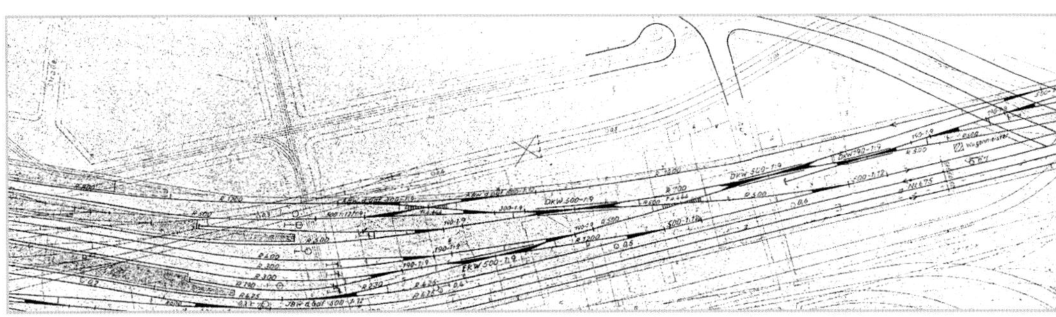

Die nicht realisierte Minimal-Variante

Bereits mit den ersten Konzepten wurde deutlich, wie kostenintensiv ein derartiges Vorhaben werden wird, weil im Baubereich städtische Leitungen zu sichern und zu verlegen sind. (Symptomatisch war gleichfalls, dass die bei der Zentralen Abteilung Planung beim Ministerium für Verkehrswesen bestehende Arbeitsgruppe »Prognose des Verkehrswesens und Generalverkehrspläne« zum 30. Juni 1967 aufgelöst wurde, wahrscheinlich, weil man auf zentraler Ebene erkannt hatte, dass die vielen in den Generalverkehrsplänen zu verankernden Vorhaben aller Städte der DDR die Wirtschaftskraft des Staates wesentlich überforderten.) Sparen war auch in der »Hauptstadt der DDR« angesagt, und das Institut für Verkehrsforschung, Arbeitsgruppe Verkehrsplan, orientierte am 10. Mai 1967 darauf, *»unabhängig von den kostenaufwendigen Begradigungstrassen für den Ostbahnhof eine ,Minimal-Variante' zu erarbeiten, in der lediglich die beiden Fernbahnsteige A und B auf je 400 m Nutzlänge«* [5.06] zu bringen sind, ohne die Brücke Holzmarktstraße zu verändern. *»Analog dieser Minimallösung Ostbahnhof soll auch für den Bf Friedrichstraße ein Entwurf erarbeitet werden, der gestattet, den Fernbahnsteig auf 400 m Nutzlänge zu erweitern«* [5.06]. Im Grunde genommen bedeutete das bereits die Bankrotterklärung für das Begradigen der Stadtbahn, aber am Verlängern der Fernbahnsteige auf beiden Bahnhöfen hielt man (noch) fest.

Mit der Vorgabe, am Ostbahnhof die Brücke über die Holzmarktstraße unverändert zu belassen, ließen sich zwei betrieblich nur unvollkommene Varianten auf der Westseite planen:
Lösung A – für Gleise 1 und 2 je 400 m Bahnsteiglänge, für alle anderen nur 300 bis 370 m, betrieblich sehr variabel nutzbar (siehe Seite 78 im Kapitel 6 »Verladeanlage für ,Auto-im-Reisezug' im Osten Berlins«), Lösung B – Bahnsteige A und B mit drei Gleisen 400 m lang,

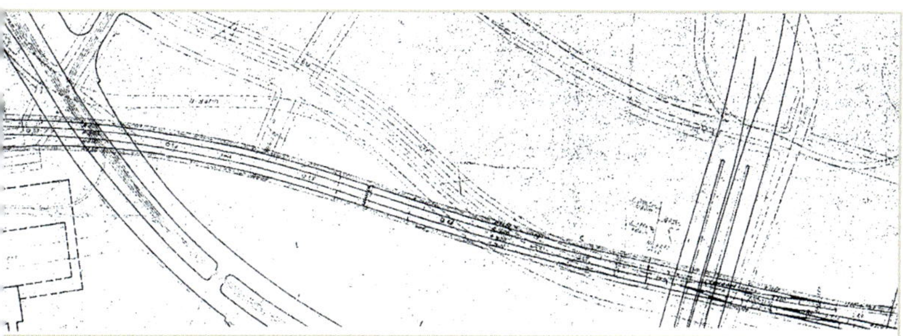

Vorgesehene Stadtbahn-Begradigung zwischen Ostbahnhof und Alexanderplatz mit einer Trasse nördlich der Holzmarktstraße ohne Vorstellgruppe (Variante I N o) im Entwurf vom Januar 1967.
Zeichnung: Repro aus [5.05]

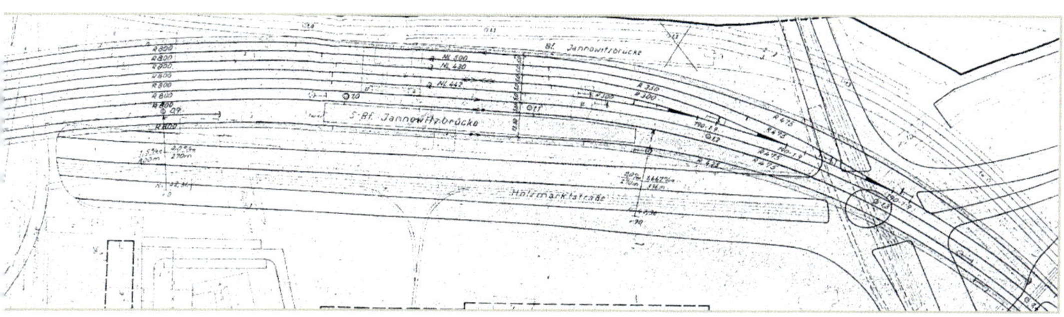

Variante I S m für das Begradigen der Stadtbahn zwischen Ostbahnhof und Alexanderplatz vom Januar 1967.
Zeichnung: Repro aus [5.05]

Erst mit dem Sanieren der Stadtbahn vom 25. September 1994 bis 23. Mai 1998 wurden die Bahnsteige des Ostbahnhofs in gewünschtem Maße verlängert. Pläne dafür bestanden bereits seit 1967/68, gar mit einer westlich gelegenen, bis zum neuen S-Bahnhof Jannowitzbrücke reichenden Aufstellgruppe für Reisezüge. *Foto: DB AG*

Architekten-Schaubild für einen neuen S-Bahnhof Jannowitzbrücke vom August 1967. *Zeichnung: Repro aus [5.05]*

Architekten-Schaubild für einen neuen S-Bahnhof Marx-Engels-Platz (heute Hackescher Markt) vom August 1967. *Zeichnung: Repro aus [5.05]*

Blick vom Fernsehturm auf die windungsreiche Stadtbahn in Richtung Friedrichstraße mit dem S-Bahnhof Hackjescher Markt im Vordergrund. Die historischen Bauten lassen keine Begradigung zu. *Foto: Kuhlmann*

eingeschränkte Weichenzone im Westkopf, deshalb kein direktes Umsetzen zwischen den Gleisen 1/2 und 6/7. Zusätzlich war eine Verladeanlage »Auto im Reisezug« zu berücksichtigen (siehe Kapitel 6 »Verladeanlage für ‚Auto-im-Reisezug' im Osten Berlins«) [5.06].
Der Fernbahnsteig des Bahnhofs Friedrichstraße sollte wegen der auf der Westseite anschließenden Spreebrücke auf der Ostseite in der Art verlängert werden, dass die parallele Georgenstraße mit Betonkonstruktionen teilweise mit Arkaden überbaut/überbrückt wird, um eine Bahnsteiglänge von 400 m zu erreichen. Bauliche und betriebliche Probleme bereitete dagegen die östlich anschließenden Weichenverbindungen, sowohl zwischen den Gleisen der Fernbahn als auch für die Überleitverbindung von den S-Bahn-Gleisen zum Fernbahnsteig A zum Überführen von S-Bahn-Zügen zwischen Ost und West und umgekehrt. Alle drei Varianten setzten das Begradigen der Stadtbahn zwischen den S-Bahnhöfen Hackescher Markt (damals Marx-Engels-Platz) und Friedrichstraße voraus, weil die Weichenzone weit nach Osten verschoben werden musste, und verteuerten die Minimalvariante erheblich. Eine vierte Variante ging von den damaligen Verhältnissen aus, ohne das größere Lichtraumprofil 1-SM/DR und damit größere Gleisabstände zu fordern [5.06].
Dennoch musste der Verkehrsminister im November 1969 das Begradigen der Stadtbahn zurückziehen [5.07], weil es alle finanziellen und technischen Mög-

Abschrift

ZGVP/454/69

Magistrat von Groß-Berlin
Leiter der Abteilung Verkehr,
Straßenwesen und Wasserwirtschaft
Genossen Dr. Jung

102 Berlin
Klosterstraße 59

nachrichtlich

Stellv.d.Min. Genosse Arndt
Präsident der Rbd Berlin,
Genosse S t u h r

– je besonders –

Betr: Stadtbahnbegradigung zwischen den Bahnhöfen Alexanderplatz und Friedrichstraße

Werter Genosse Dr. Jung !

Die in Ihrem Schreiben dargelegten Fakten:

- aus dem Aufbau des Stadtzentrums besteht keine zwingende Notwendigkeit zur Stadtbahnbegradigung,
- die Kosten eines Neubaues der begradigten Trasse zwischen Liebknechtstraße und Museumsinsel mit ca. 110 Mill M liegen wesentlich über denen einer Rekonstruktion des Abschnitts einschließlich Rekonstruktion des S-Bahnhofs Marx-Engels-Platz und des Neubaues des Straßendurchbruchs Spandauer Straße mit ca. 68 Mill M
- die Reichsbahndirektion Berlin, die die Ansicht teilt, daß die zu erwartenden geringen betriebs- und verkehrstechnischen Verbesserungen die erheblichen Mehrkosten eines Neubaues nicht rechtfertigen,

veranlassen mich, Ihnen meine Zustimmung zur Herausnahme des Vorhabens Stadtbahnbegradigung Alexanderplatz-Friedrichstraße aus dem bestätigten Generalverkehrsplan zu geben. Die Rekonstruktion ist auf Grund des Zustandes der Anlagen von der Deutschen Reichsbahn im Perspektivplanzeitraum 1976 – 1980 (Beginn 1976) vorzusehen.

Mit sozialistischem Gruß

gez: Kramer

F.d.R.d.A:

Die Stadtbahn-Begradigung wird im November 1969 endgültig begraben. *Slg. Kuhlmann*

lichkeiten überstieg. Eine Rekonstruktion der Stadtbahn in alter Trassierung war billiger und sollte ab 1976 beginnen, doch zu DDR-Zeiten ist nichts verwirklicht worden. (Tatsächlich wurde die Stadtbahn erst vom 25. September 1994 bis 23. Mai 1998 saniert und auf dem Ostbahnhof wurden die zu kurzen Bahnsteige verlängert.)

Die Berliner Stadtbahn gilt heute beim Eisenbahn-Bundesamt (EBA), sowohl im Regional- und Fernverkehr als auch im S-Bahn-Verkehr, als überlasteter Schienenweg und bedarf des Ausbaus. Die sie umgebende Bebauung lässt einen mehrgleisigen Ausbau nicht zu.

Quellen:

[5.01] Schreiben des Magistrats von Groß-Berlin, Bereich Bauwesen und Investitionen, Abt. Städtebau und Architektur, UA Verkehrsplanung und Stadttechnik, vom 9. September 1964 an die Reichsbahndirektion Berlin, Abteilung Planung

[5.02] Schreiben des Entwurfs- und Vermessungsbüros der Deutschen Reichsbahn (EVDR), Außenstelle Berlin, E-S I, vom 21. Oktober 1964 an den Vizepräsidenten für Bahnanlagen der Reichsbahndirektion Berlin

[5.03] Schreiben des Entwurfs- und Vermessungsbüros der Deutschen Reichsbahn (EVDR), Außenstelle Berlin, E-S I, vom 10. September 1965, an die Reichsbahndirektion Berlin, Abteilung Planung

[5.04] Institut für Verkehrsforschung, Arbeitsgruppe Verkehrsplan Berlin: Forderungsprogramm für die Veränderung der Reisezuganlagen im Raum Berlin, Teil 1: Stadtbahn, Abschnitt 1a: Stadtbahn Berlin Friedrichstraße – Berlin Ostbahnhof (ausschließlich), Abschnitt 1b: Berlin Ostbahnhof, vom 16. Juli 1966

[5.05] Entwurfs- und Vermessungsbüro der Deutschen Reichsbahn, Außenstelle Berlin, E-S I: Studie Stadtbahn Berlin Ostbahnhof – Friedrichstraße, vom 31. Januar 1967

[5.06] Entwurfs- und Vermessungsbüro der Deutschen Reichsbahn, Außenstelle Berlin, E-S I: Nachtrag zur Studie Stadtbahn Berlin Ostbahnhof – Friedrichstraße, vom 13. Oktober 1967

[5.07] Schreiben des Ministers für Verkehrswesen vom 24. November 1969 an den Magistrat von Groß-Berlin, Leiter der Abteilung Verkehr, Straßenwesen und Wasserwirtschaft

6. Verladeanlage »Auto im Reisezug« im Osten Berlins

Die Beförderungsart »Auto im Reisezug« hatte für die DDR und die anderen Ostblockländer niemals die Bedeutung erreicht, die sie in westlichen Ländern erlangte. Dennoch richtete die Deutsche Reichsbahn (DR) als Monopolträger des Bahnverkehrs in der DDR in Berlin-Wannsee im damaligen West-Berlin eine zunächst provisorische Autoverladeanlage ein. Erst sehr spät suchte man auch in Ost-Berlin nach einem geeigneten Standort.

Die bisherigen DR-Angebote

Wilhelm Semper, seinerzeit Betriebsleiter der DR, ahnte mit seinen Vorgaben und Empfehlungen zum Ausarbeiten des Generalverkehrsplanes für Berlin, dass der individuelle Verkehr in Zukunft zunehmen und es in Schnellzügen sogenannte »Garagenwagen« zur Mitnahme des eigenen Pkw geben werde, falls nicht auf Mietwagen zurückgegriffen werden könne. Und das war im November 1960, als noch keine Mauer die Stadt teilte!

Die erste Autoverladeanlage wurde schließlich etwa 1966 in der Studie »Technischer Behandlungsbahnhof Berlin-Rummelsburg« vom Entwurfs- und Vermessungsbüro der DR (EVDR), Außenstelle Berlin, vorgeschlagen. Das Institut für Verkehrsforschung (IfV) lehnte diesen Standort ab: *»Diese Anlage ist unbefriedigend, da ein zu großer Aufwand an Rangierbewegungen für das Ein- und Aussetzen der Wagen erforderlich ist und die Reisenden unter unbefriedigenden Bedingungen zu den Fahrzeugen gelangen. Außerdem lassen sich durch die Lage von Rummelsburg zum Zuganfangs- bzw. Endbahnhof Berlin Ostbahnhof die international üblichen Zeiten für die Be- und Entladung der Kraftfahrzeuge im Verhältnis zur Ankunft bzw. Abfahrt nicht erreichen.«*

Die Autoverladeanlage in Berlin-Wannsee ist die älteste im Bereich der DR. Aus den einstigen Provisorien entstand eine moderne Anlage, die heute nicht mehr genutzt wird. *Foto: Kuhlmann*

8 B
REGIO

Die Autoverladeanlage in Berlin-Wannsee ist die älteste im Bereich der DR. Aus den einstigen Provisorien entstand eine moderne Anlage, die heute nicht mehr genutzt wird. *Foto: Kuhlmann*

Das IfV schlug deshalb Berlin Ostbahnhof vor und empfahl in Abstimmung mit der Bezirksplankommission (BPK) zum Verladen eine Rampenanlage oder einen Auto-Aufzug, schloss aber eine seitliche Verladung kategorisch aus [6.01].

In einem Nachtrag zur sogenannten Stadtbahn-Studie legte das EVDR zwei Varianten vor, die beide sowohl eine Auffahrrampe als auch einen Aufzug enthielten, sich aber in den nutzbaren Gleislängen deutlich unterschieden. Unabhängig von jeder Variante galt, dass die Autotransportwagen jeweils westlich in die Züge eingestellt werden und deshalb die Pkw die Wagen nach Westen verlassen bzw. von dort auffahren. Das kurze Aufstellgleis zweigte jeweils aus einem Bahnsteiggleis ab, so dass die Pkw-Fahrer über den Bahnsteig auf kurzem Weg ihr Abteil fanden. Nach Einfahrt eines Autotransportzuges brauchte nach dem Abkuppeln der Lokomotive der Wagenpark lediglich in das Aufstellgleis gedrückt werden. Kurze Be- und Entladezeiten waren mit dieser wohl einmaligen Technologie **garantiert** [6.02]. Von Nachteil war, dass von den sozialistischen Ländern kein Auto-Aufzug dieser Größe produziert wurde und dass die unter dem Ostbahnhof durchführende Koppenstraße hätte gesperrt werden müssen, was aber vom Magistrat akzeptiert wurde.

Von Berlin-Wannsee verkehrte nach Versuchen für eine Westberliner Reisebüro-Gruppe im Sommer 1967 seit 23. Mai 1969 saisonal der »Spree-Alpen-Express« zwischen Berlin und Innsbruck – Villach mit Autotransportwagen der DR. Später folgten nächtliche Autotransportzüge nach Karlsruhe-Durlach – Lörrach und München Ost sowie am Tag nach Westerland (Sylt). Für britische Reiseunternehmen vercharterte die DR ferner Autotransportwagen für TUI-Gruppenreisen zwischen (London –) Hoek van Holland und Poznań; dieses Zugpaar verkehrte über den Berliner Außenring (BAR) im Durchlauf [6.03].

Seit Sommer 1972 war es möglich, bei einer im Reisebüro für den »Touristen-Express (Tourex)« von Dresden-Neustadt nach Varna gebuchten Reise das eigene Auto im gleichen Zug befördern zu lassen. Damit war bei der DR der Service »Auto im Reisezug (ARz)« geboren. Besonders gefragt war die Relation DDR – Ungarn. Deshalb richtete die DR zum Sommer 1973 einen speziellen Auto-Reise-Zug Dresden-Neustadt – Budapest keleti pu. ein, der einmal, in der Saison dagegen dreimal wöchentlich verkehrte (D 1479/1478). Während dem »Tourex« zweistöckige jeweils zweiachsige Doppel-Güterwagen als Einheit (Gattung LeLeq, früher Ogllw) mit 23,5 m Länge über Puffer für 100 km/h eingesetzt wurden, verwendete man für den Auto-Reise-Zug nach Ungarn aus Frankreich importierte 26,4 m lange ebenfalls doppelstöckige vierachsige Autotransportwagen der Gattung DDm für eine Höchstgeschwindigkeit von bis zu 160 km/h mit Dampf- und elektrischer Heizleitung. Auf den Güterwagen konnten nur acht Mittelklassewagen befördert werden, auf den französischen dagegen zwölf [6.04]. Da bei ihnen die obere Laderampe zum Beladen nicht abgesenkt werden kann, nutzte man für die Auffahrt einen Doppel-Güterwagen, bei dem sich jeweils eine obere Ladefläche absenken ließ. Dieses Provisorium bestand nicht nur in Dresden-Neustadt, sondern auch in Berlin-Wannsee. Der Auto-Reise-Verkehr nach Ungarn nahm von Jahr zu Jahr zu: Jedes Jahr verkehrten weitere Zugpaare (1973: 37 Zugpaare, 1987: 78 Zugpaare, Spitzenwerte 1978 und 1979 mit je 85 Zugpaaren), die Auslastung pro Zug stieg von anfangs 26,6 Pkw im Jahre 1973 auf 32,5 Pkw im Jahre 1987 [6.05].

1974, als die Ölkrise die Welt erschütterte und auch der »große Bruder« Sowjetunion die Hände mehr als offenhielt, schätzte ein Mitarbeiter der Abteilung Reiseverkehr der HV BV der DR im MfV öffentlich ein: *»Der Autoreisezugverkehr der DR erschließt noch nicht alle Abgangs- und Zielgebiete und ist daher noch stark ausbaufähig. Im Verkehr mit den sozialistischen Staaten gibt es Überlegungen, den Autoreisezugverkehr mit der Sowjetunion, der VR Bulgarien (zusätzlich zum Angebot im »Tourex«) und der SR Rumänien aufzunehmen. Ihre Realisierung ist weitgehend vom Beschaffungsprogramm an Autotransportwagen sowie Schlaf- und Liegewagen abhängig. Sie wird weiterhin von den Möglichkeiten der beteiligten Bahnverwaltungen beeinflußt, Be- und Entladeanlagen für Pkw zu errichten. In der Perspektive ist in der DDR mindestens ein weiterer Bahnhof für diese Verkehrsart zu erschließen. Aus kundendienstlicher und betriebsökonomischer Sicht wäre hierfür ein geeigneter Bahnhof im Raum Berlin vorrangig einzurichten«* [6.03].

Standortsuche im Osten Berlins

Pläne für eine derartige Verladeanlage bestanden auch für Berlin Wriezener Güterbahnhof und Berlin-Köpenick, doch sind davon keine Einzelheiten überliefert.

Die DR ließ zwischen 1978 und 1980 mit Diplomarbeiten untersuchen, welche weitere Standorte dafür in Frage kämen:
Berlin Ostgüterbahnhof (dafür hätte der Kohleumschlag an der Mühlenstraße aufgegeben werden müssen), nochmals am Westkopf von **Berlin Ostbahnhof** (ungenügender Stauraum für die Pkw-Verladung, mit Tankstelle verkehrsgünstig an einer Hauptstraße gelegen, auch beim Umbau zum späteren Hauptbahnhof nicht berücksichtigt) sowie in **Flughafen Berlin-Schönefeld**. Eine mit viel Lob bedachte Diplomarbeit von Horst Krötzsch wies im September 1980 nördlich des Bahnhofs Flughafen Berlin-Schönefeld ein nahezu ideales Gelände für eine Autoverladeanlage aus. Hier hatte sich in der Zwischenzeit die Zentrale Baustelleneinrichtung (ZBE) für den mehrgleisigen Ausbau des Berliner Außenringes (BAR) etabliert, deren Gelände nachzunutzen wäre. Weil die ZBE noch bis 1990 für den viergleisigen Ausbau zwischen Flughafen Berlin-Schönefeld (heute BER Terminal 5) und Grünauer Kreuz benötigt werden sollte und die Verladeanlage neu zu errichten war, suchte die DR ein billiges Provisorium [6.06].

Sie fand es in **Berlin-Lichtenberg** an der Buchberger Straße an der etwa in den Siebzigerjahren entstandenen Kopf- und Seitenrampe für den Militärverkehr.

Bahnhof Flughafen Berlin-Schönefeld im Umbau (1981): Auf dem Gelände der Zentralen Baustelleneinrichtung (ZBE, links) sollte, abgestimmt zwischen Magistrat und MfV, die Autoverladeablage für Berlin entstehen. *Foto: Kuhlmann*

Grenznähe nach Norden geschlossene Fußgängertunnel war bis in das neue Wohngebiet so zu verlängern, damit er später auch dem Verkehr »Auto im Reisezug« dienen konnte.

Am 14. März 1990 bestätigten die Hauptverwaltung für den Betriebs- und Verkehrsdienstes der DR und am 31. Oktober 1990 der Magistrat von (noch Ost-) Berlin den Standort der Verladeanlage in Flughafen Berlin-Schönefeld. Er wurde im Vergleich zu den provisorischen Anlagen in Berlin-Wannsee auch für ein vereintes Berlin als günstig angesehen. Die letzte bautechnische Studie entstand im August 1990, schloss aber mit dem Hinweis, dass die Anlagen gegenüber denen in Hannover und Hamburg-Altona zu aufwendig und zu großzügig geplant seien. Immerhin waren die Grenzkontrollen der DDR viel intensiver als zwischen EG-Staaten. Schließlich verzichtete die Hauptabteilung Personenverkehr der DR am 24. April 1992 auf eine solche Anlage in Flughafen Berlin-Schönefeld [6.06]. Zwar wurde am 10. April 1995 eine Auto-Express-Verbindung als »Rollende Raststätte« zwischen Berlin-Grunewald und Lehrte parallel zur überlasteten A 2 aufgenommen, doch war der Standort Berlin-Grunewald nur vorübergehend. Deshalb gab es nur in Berlin-Wannsee eine inzwischen aus den Provisorien entwachsende Autoverladeanlage, die heute verwaist ist.

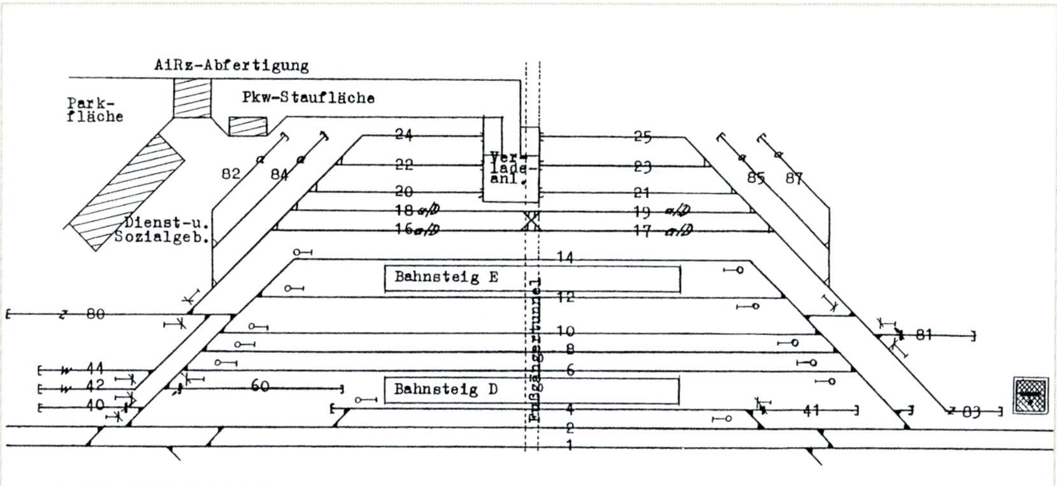

Prinzipskizze der im Bahnhof Flughafen Berlin-Schönefeld geplanten zweiseitigen Verladeanlage »Auto im Reisezug« von 1990. Der zusätzliche Bahnsteig E sollte nicht nur Auto-Reise-Zügen dienen, sondern auch Sonderverkehren.

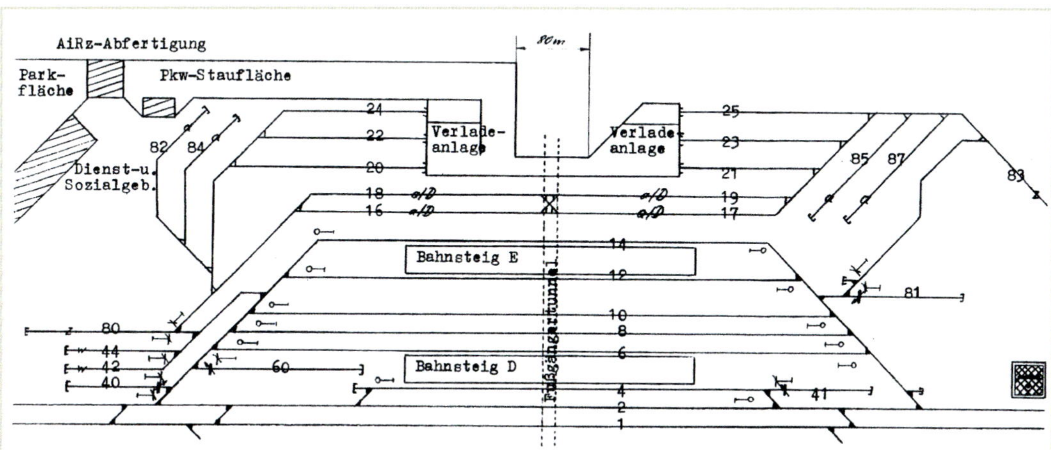

Ferner gab es für den Bahnhof Flughafen Berlin-Schönefeld eine Variante mit geteilten Verladeanlagen für Autos, die jedoch teurer war.

Zeichnungen: Slg. Kuhlmann

Quellen:

[6.01] *Institut für Verkehrsforschung, Arbeitsgruppe Verkehrsplan Berlin: Stellungnahme zur Studie »Stadtbahn Berlin Ostbahnhof – Friedrichstraße« vom 10. Mai 1967*

[6.02] *Entwurfs- und Vermessungsbüro der Deutschen Reichsbahn, Außenstelle Berlin: Nachtrag zur Studie Stadtbahn Berlin Ostbahnhof – Friedrichstraße, vom 13. Oktober 1967*

[6.03] *Koch, Peter: Auto im Reisezug; in. Eisenbahnpraxis [Berlin], 18 (1974), Heft 7, Seite 238 – 239*

[6.04] *Wiezorek, Manfred: Auto im Reisezug auf der Strecke Dresden – Budapest; in: Eisenbahnpraxis [Berlin], 17 (1973), Heft 11, Seite 372 – 375*

[6.05] *Ministerium für Verkehrswesen, Staatssekretär Deutsche Reichsbahn und Erster Stellvertreter des Generaldirektors der DR: Vorlage für die Beratung der Ständigen Arbeitsgruppe »Staatlicher Leiter« des Ministers für Verkehrswesen zur weiteren Entwicklung der Verkehrsanlagen in der Hauptstadt der DDR, Berlin, am 16.12.1988*

[6.06] *Kuhlmann, Bernd: Der Berliner Außenring; Verlag Kenning, Nordhorn 1994, Seite 73/74*

[6.07] *Reichsbahndirektion Berlin, Verwaltung des Betriebs- und Verkehrsdienstes: Forderungsprogramm »Autoreisezuganlage Bf Berlin-Lichtenberg« vom 7. Januar 1985*

7. Direkt von Rummelsburg nach Lichtenberg (1967 bis 1990)

Seit 1952 durften Reisezüge des Binnenverkehrs der DDR nicht mehr über Bahnhöfe und Strecken in West-Berlin fahren. Für den Ostteil der Stadt wurde der Berliner Ostbahnhof, der nach Kriegsende bereits Aufgaben des Potsdamer und des Görlitzer Bahnhofs übernommen hatte, zum betrieblichen Kopfbahnhof; nur wenige Züge des internationalen Verkehrs sowie von und nach Westdeutschland fuhren noch über die Stadtbahn.

Als Vorboten und als Folge des genannten Verbotes entstanden kurzfristig Teilabschnitte des Berliner Außenringes (BAR) mit entsprechenden Verbindungskurven zu vorhandenen Strecken. Außerdem wurde der Rangierbahnhof Berlin-Lichtenberg *»als Personenbahnhof ausgebaut ..., ... denn kein anderer leistungsfähiger Personenbahnhof stand zur Verfügung«*. Er erhielt (bis 2.Oktober 1952) »einen Bahnsteig mit zwei Gleisen für den Fernverkehr«, stellt Wilhelm Semper als Betriebsleiter der DR im November 1960 rückblickend fest [7.01], schätzt aber zugleich ein: *»Er kann jedoch nur als Übergangslösung betrachtet werden, weil die Anlagen für die Zwecke des Fernreiseverkehrs vollkommen unzureichend sind. Der Bahnhof Berlin-Lichtenberg mußte Aufgaben vom Lehrter und vom Stettiner Bahnhof übernehmen, darüber hinaus noch bestimmte Aufgaben des Ostbahnhofs, da dieser durch die umfangreichen Rangierarbeiten mit seiner Leistungsfähigkeit stark beansprucht ist«* [7.01].

Trotzdem war die neue Wagenhalle des Bahnbetriebswagenwerkes (Bww) Berlin-Lichtenberg am 19. Juli 1960 in Betrieb genommen worden. *»Die Wagenbehandlungsanlage, die z. Zeit nur einseitig angeschlossen ist und nur durch zeitraubendes mehrmaliges Umsetzen der Reisezüge erreicht werden kann, ist zweiseitig anzuschließen«* [7.01], forderte Semper. Daneben »werde auch Schöneweide Pbf zur Übernahme von Leistungen der Relationen Cottbus und Görlitz und teilweise der anderen Richtungen herangezogen« [7.01]. *»Eine Aufgabenteilung, nach der Lichtenberg den Verkehr nach Norden, Schöneweide den nach Süden und Ostbahnhof den nach Westen und Südwesten übernimmt, wäre denkbar«* [7.01]. Gleichzeitig schränkt Semper ein: *»Diese Regelung kann aber nicht eingehalten werden, da im Interesse des internationalen Reiseverkehrs unabhängig von der Richtung in jedem Fall die zentrale Lage und die Repräsentation des Ostbahnhofs ausschlaggebend ist«* [7.01].

Zugleich warnt Semper: *»Eine Erweiterung des Bahnhofs (Berlin-Lichtenberg) und die Umgestaltung in einen modernen Fernreisebahnhof wäre bei der dichten Bebauung und den beschränkten Geländeverhältnissen außerordentlich aufwendig. Ein repräsentatives Empfangsgebäude mit entsprechendem Bahnhofsvor-*

Blick auf die im Juli 1960 eingeweihte Wagenhalle des neuen Bahnbetriebswagenwerkes (Bww) Lichtenberg. Im Hintergrund das Verwaltungsgebäude, das heute von DB Regio genutzt wird.

Das im Dezember 1982 eröffnete Empfangsgebäude des Bahnhofs Berlin-Lichtenberg, nachdem bis 1980 drei neue Fernbahnsteige errichtet worden waren.

Fotos: Kuhlmann

platz für den Zubringerverkehr könnte nur unter großem Kostenaufwand errichtet werden. Weiterhin ist die Lage des Bahnhofs im Streckennetz ungünstig. Die Einrichtung des Bahnhofs Berlin-Lichtenberg kann daher nur eine Übergangslösung sein« [7.01]. Diese Aussage vom November 1960 galt für ein ungeteiltes Berlin, die heutige Zeit nach der Einheit Deutschlands zeigt die ungünstige Lage wiederum. Das hielt die DDR nicht davon ab, später hier trotzdem mit enormem Kostenaufwand einen leistungsfähigen Bahnhof für den Binnen-Reiseverkehr mit drei Fernbahnsteigen aufzubauen, dessen grundlegendes Übel auch heute noch besteht: In der Wagenbehandlung ist kein Fließverfahren möglich, mit viel Rangieraufwand müssen die Züge mehrmals zum Behandeln umgesetzt werden. Außerdem lag seit etwa 1966 eine Studie des Entwurfs- und Vermessungsbüros

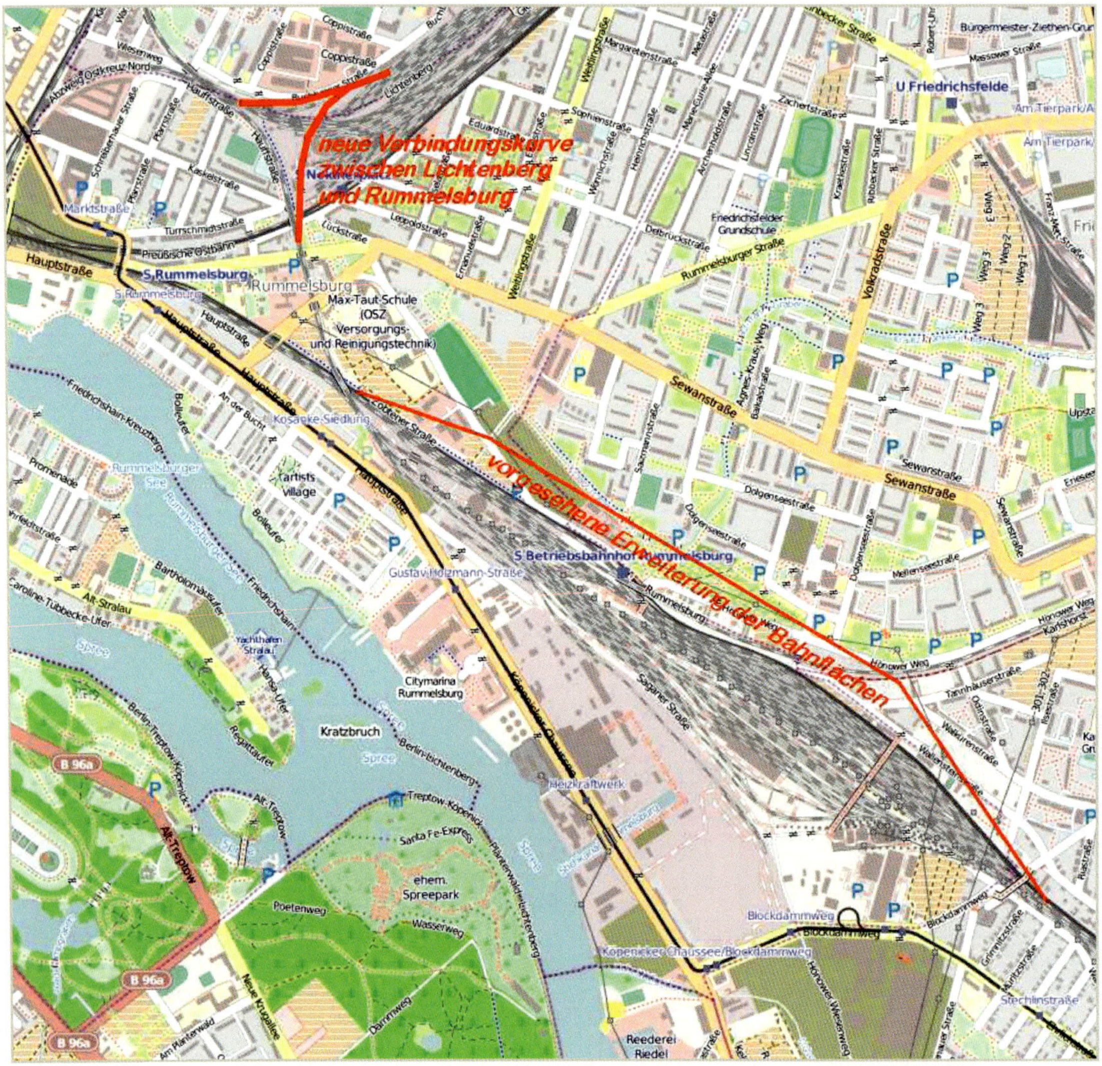

Übersichtsskizze der geplanten Bahnanlagen in Berlin-Lichtenberg und Berlin-Rummelsburg: Zum Ausfädeln der nach Berlin-Rummelsburg führenden Verbindungskurve mussten die Gleise in Richtung Ostkreuz verdrückt werden. In Rummelsburg sollte das Bahngelände für weitere Behandlungsanlagen erweitert werden. *Einzeichnung: Kuhlmann, Kartengrundlage: www.openstreetmap.de*

Ausschnitt aus einem Zerrplan zum Umbau des Bahnhofs Berlin-Lichtenberg mit drei Fernbahnsteigen anlässlich des Neubaus der Brücke Frankfurter Allee über die Bahnanlagen vom April 1968 mit neuer Kurve nach Rummelsburg.
Zeichnung: Slg. Kuhlmann

der DR (EVDR) für einen »Technischen Behandlungsbahnhof Berlin-Rummelsburg« vor [7.02], der ausgebaut und in Etappen sogar erweitert werden sollte. Beabsichtigt war, auf der Nordseite etwa zwischen Blockdammbrücke und Verbindungskurve nach Gabelung eine zweite Wagenbehandlungsanlage aufzubauen. Dazu waren die S-Bahn entsprechend zu verschwenken und die neuen S-Bahnhöfe Betriebsbahnhof Rummelsburg und Blockdammweg zu errichten. Gelände auf der Seite des damals im Bau befindlichen Hans-Loch-Viertels sollte dafür in Anspruch genommen werden.

Eine direkte Schienenverbindung zwischen beiden großen Bahnbetriebswerken im Ostteil der Stadt war durchaus wünschenswert. Beispielsweise fuhren alle für Berlin bestimmten internationalen Züge aus der damaligen ČSSR, aus der VR Polen, aus der Sowjetunion und aus den nordischen Ländern in der Regel zum Berliner Ostbahnhof (und damit nach Berlin-Rummelsburg). Sonder- und Entlastungszüge der gleichen Relationen mussten eben aus Kapazitätsgründen Berlin-Lichtenberg anfahren, waren aber evtl. im Umlauf mit Regelzügen verknüpft. Das bedeutete Fahrten von ganzen Wagenparks oder Gruppen zwischen Lichtenberg und Rummelsburg und umgekehrt, die nur mit Kopfmachen in Berlin-Köpenick oder Berlin Ostgüterbahnhof möglich waren. Zugleich war es notwendig, das Bww Lichtenberg als Puffer für Rummelsburg zu nutzen.

Besonders prekär verhielten sich Binnen- und internationale Züge mit deren Verstärkerwagen aus und in Richtung Dresden: Die einen endeten und began-

Am S-Bahnhof Nöldnerplatz fährt unten die S-Bahn neben dem Gleis der Ostbahn, oben die Verbindungskurve zwischen Ringbahn und Rummelsburg, auf der IC und ICE zum tief gelegenen Hauptbahnhof überführt werden. Ein weiterer Gleisanschluss von Lichtenberg würde die betrieblichen Probleme nur verschärfen. Die Bahnbrücken werden z. Zt. erneuert. *Foto: Kuhlmann*

nen in Lichtenberg oder Schöneweide, die anderen im Ostbahnhof, und das war für die Reisenden äußerst verwirrend. Erschwert wurde die Situation mit den im Ostbahnhof zuzustellenden oder abzusetzenden Postwagen für die nächtliche Brief- und Zeitungsbeförderung, die zwischen Ostbahnhof und Lichtenberg auszutauschen waren. Das änderte sich erst, als ab etwa 1982/83 in Berlin-Lichtenberg die Abfertigung aller Post-, Gepäck- und Expressgutzüge konzentriert wurde, ohne jetzt solche Wagen den Reisezügen beizustellen.

Eine Verbindungskurve zwischen Rummelsburg und Lichtenberg taucht konkret erstmalig im Februar 1967 auf, als die Studie für den Umbau des Bahnhofs Lichtenberg als Folge des Brückenneubaus der Frankfurter Allee ausgearbeitet wurde. Die Gleisradien von 300 m sind an der Grenze des für Zugfahrten Zulässigen. Obwohl 1973 der Umbau des Bahnhofs wegen der neuen Brücke beginnt, scheint es ruhig um diese Trasse zu sein.

Doch im Sommer 1983 ist diese Kurve plötzlich wieder aktuell. Unscheinbarer Anlass war die Baracke im Gelände des Regierungszuges am S-Bahnhof Nöldnerplatz, die zusammenzubrechen drohte und durch einen Neubau an einem anderen Standort ersetzt werden sollte, genau in der bisher freigehaltenen Trasse der Verbindungskurve. Deshalb wurde diese Trasse überarbeitet und durch einen westlicheren ausholenden Bogen ersetzt, trotzdem konnte wiederum nur ein Gleisradius von 310 m erzielt werden. Dadurch rückte das geplante Mehrzweckgebäude auch nicht aus der vorgesehenen Trasse. Salomonisch entschied man sich für den Abriss des Gebäudes, falls diese Verbindungskurve – die jetzt durch nichts zu begründen war – einmal realisiert werden sollte.

Dass eine Verbindungskurve zwischen beiden großen Abstellbahnhöfen Berlins in Rummelsburg und Lichtenberg doch nicht gebaut wurde, hatte mehrere Gründe:

- **Solange ein Traktionswechsel – egal, ob auf Diesel- oder elektrische Lokomotiven – noch nicht abgeschlossen war, brauchte die DR ein funktionsfähiges Bahnbetriebswerk (Bw) in Lichtenberg, selbst wenn es nur Einsatzstelle eines Bw (Groß-)Berlin war. Mit einer derartigen Kurve waren die vorhandenen Anlagen aufzugeben, ohne dass woanders geeigneter Ersatz bestand.**
- **Für den Bahnhof Lichtenberg wurde seit vielen Jahren vergeblich ein Gleisbildstellwerk als Ersatz für die alten, nicht erweiterungsfähigen, damals überwiegend mechanischen Stellwerke gefordert. Erst damit hätte diese Verbindungskurve an die Stellwerke angeschlossen und damit betrieblich genutzt werden können.**
- **Seit Anfang 1961 nutzte man die alte Güterwagenwäsche (mit Untersuchungsgruben) am S-Bahnhof Nöldnerplatz zum Abstellen des DDR-Regierungszuges, der zu dieser Zeit noch weitgehend aus Fahrzeugen von vor 1945 bestand. 1969 ließ die Regierung sich einen neuen Salonwagenzug bauen, und damit wurde jeder Meter Gleis in dem umzäunten und bewachten Freigelände zum Abstellen benötigt. Mit einer solchen Kurve – in welcher Form auch immer – wären die Gleise verkürzt worden. Und seit 1983 forderte das MfS, die Regierungsfahrzeuge hier geschützt in einer Halle abzustellen. Das wäre mit einer solchen Verbindungskurve unterbunden worden.**
- **Völlig unklar war die Betriebsführung auf diesen Strecken mit den vielen Abzweigstellen: Deren Abstände wären untereinander nicht einmal zuglang gewesen; bei einem unvorhergesehenen Halt hätte der Zugschluss den letzten Abzweig gesperrt, und damit den Betrieb im gesamten Knoten lahmgelegt.**

Als in den Siebzigerjahren das Wohngebiet des damaligen Hans-Loch-Viertels mit Neubauten in Richtung Bahn erweitert wurde, musste Abstand eingehalten werden. Denn die DR bestand noch immer auf ihren aus den Sechzigerjahren stammenden Erweiterungsplänen für die Reisezugwagenbehandlung in Rummelsburg. Deshalb hatte eine nördlich verlaufende 110-kV-Hochspannungsleitung zu Anfang der Achtzigerjahre einen solchen Verlauf zur Bahn nehmen, um deren Ausbau nicht zu gefährden (heute abgebaut). Nur für das kurz darauf errichtete Gebäude des Transportpolizeireviers an der Wallensteinstraße fand sich kein anderer geeigneter Standort. Dieses sollte später in den beabsichtigten Ausbau integriert werden. Das sind zugleich die letzten Zeugen für das geplante Groß-Bahnbetriebswagenwerk in Rummelsburg, das Aufgaben für das gesamte Stadtgebiet übernehmen sollte.

Auch nachdem mit Finanzmitteln der BRD das LVO-Objekt 8032 (Modernisierung des Bahnbetriebswagenwerkes Rummelsburg für den Transitverkehr) vollendet war, galt noch immer der aus den Sechzigerjahren stammende Plan für die Flächenfreihaltung.

Das frühere Revier der Transportpolizei in der Wallensteinstraße ist – heute als Wohnhaus umgebaut – einer der letzten Zeugen für die geplante Erweiterung der Behandlungsanlagen in Rummelsburg. *Foto: Kuhlmann*

Mit finanzieller Unterstützung der Bundesrepublik wurde bis 1983 die Wagenhalle des Bww Rummelsburg modernisiert, um im Transitverkehr saubere Züge anbieten zu können. *Foto: Kuhlmann*

Erst mit der deutschen Einheit, mit der Berlin-Grunewald aus Richtung Osten wieder für das Behandeln von Reisezügen genutzt werden kann, änderte die DR ihre Absichten. Als das Pilzkonzept ausgearbeitet und für weitere Planungen bestätigt war, konnte die DR auf eine direkte Verbindungskurve zwischen beiden Abstell- und Behandlungsbahnhöfen, aber auch auf die in Rummelsburg seit 1966 vorgesehenen Erweiterungen verzichten. Auf dem Gelände des früheren Güterbahnhofs entstand schließlich die erste Stufe des ICE-Bahnbetriebswerkes.

Eine direkte Verbindung zwischen beiden Bahnhöfen ist zwar noch immer betrieblich wünschenswert, aber nicht mit einer Regelmäßigkeit zu begründen, gleich gar nicht mit dem aufwendigen Bau einer solchen Verbindungskurve. Die Einheit Berlins drängte das ehemalige Bww Berlin-Lichtenberg ins Abseits, und heute ist das von DB Reise & Touristik zu DB Regio gewechselte Werk für den Regionalverkehr zuständig, doch Ausnahmen bestätigen auch hier die Regel.

Quellen:

[7.01] *Ministerium für Verkehrswesen der DDR, Hauptverwaltung des Betriebs- und Verkehrsdienstes der DR (Wilhelm Semper): Zum Generalverkehrsplan Berlin, November 1960*

[7.02] *Institut für Verkehrsforschung, Arbeitsgruppe Verkehrsplan Berlin: Forderungsprogramm für die Veränderung der Reisezuganlagen im Raum Berlin, Teil 2: Technischer Behandlungsbahnhof Berlin-Rummelsburg, vom 16. Juli 1966 (nicht mehr auffindbar)*

8. Containerzentrum Berlin Nordost (1970 bis 1993)

Um 1960 begannen auf zentrale Weisung alle großen Städte in der DDR, sogenannte Generalbebauungs- und Generalverkehrspläne auszuarbeiten. Auch die »Hauptstadt der DDR« entwickelte solche Unterlagen. In ihnen schlug sich die Idee für ein Industrie- und Gewerbegebiet im Nordosten des Stadtbezirks Lichtenberg nieder. Um dieses Gebiet verkehrstechnisch zu erschließen, wurde ein Anschlussbahnsystem geplant, zu dem neben einem Industrieübergabebahnhof auch ein Containerzentrum gehören sollte.

Industrieübergabebahnhof und Containerzentrum

Die Lage des künftigen Industrieübergabebahnhofs und des Containerzentrums war vom Berliner Magistrat vorgegeben: westlich des Berliner Außenringes (BAR) zwischen Landsberger Allee und Falkenberger Straße; zusätzlich konnten sogenannte Vorstellgruppen nördlich und südlich vorgesehen werden. Um den Flächenbedarf beider Anlagen aufeinander abzustimmen – sie sollten betrieblich voneinander unabhängig sein –, legte das Entwurfs- und Vermessungsbüro der DR (EVDR) Anfang 1970 Ideenskizzen für das zweckmäßige und funktionelle Anordnen der einzelnen Gleisgruppen vor. Aus sieben Varianten wählte man eine aus, die stets den weiteren Planungen zugrunde gelegt wurde. Danach ermittelte man einen Abstand von 139,0 m zwischen äußerstem BAR-Gleis und dem ersten Gleis des Industrieübergabebahnhofs; damit war die Breite des Containerzentrums festgeschrieben.
Am 1. August 1970 legte der VEB Kombinat Autotrans die Grundsatzkonzeption für den künftigen Industrieübergabebahnhof vor, der sich mit weiteren 89,0 m Breite bis zum parallelen unterirdischen Regenüberlaufkanal anschloss. Obwohl im September 1972 noch einmal das Verkehrsaufkommen für diesen künftigen Bahnhof ermittelt wurde, war nach einer erneuten Ermittlung im Herbst 1977 die kombinierte Ein- und Ausfahrgruppe von sieben auf acht Gleise zu erweitern. Nachdem am 29. September 1975 die Erdarbeiten, Ende November 1976 das Verlegen der Gleise begannen, konnte am 4. Juli 1977 eine erste behelfsmäßige Ausbaustufe mit fünf Gleisen in Betrieb genommen werden. Nachdem am 6. Februar 1984 das automatische Ablaufstellwerk der Bauform GS II A 68 installiert war, folgte am 6. Juli 1984 das Gleisbildstellwerk der Bauform GS II Sp 64 b; damit war der Industrieübergabebahnhof voll funktionsfähig. Das Funktionsgebäude für beide Stellwerke wurde weitsichtig so großzügig ausgelegt, dass darin auch die Sicherungstechnik für das beabsichtigte Containerzentrum seinen Platz gefunden hätte.

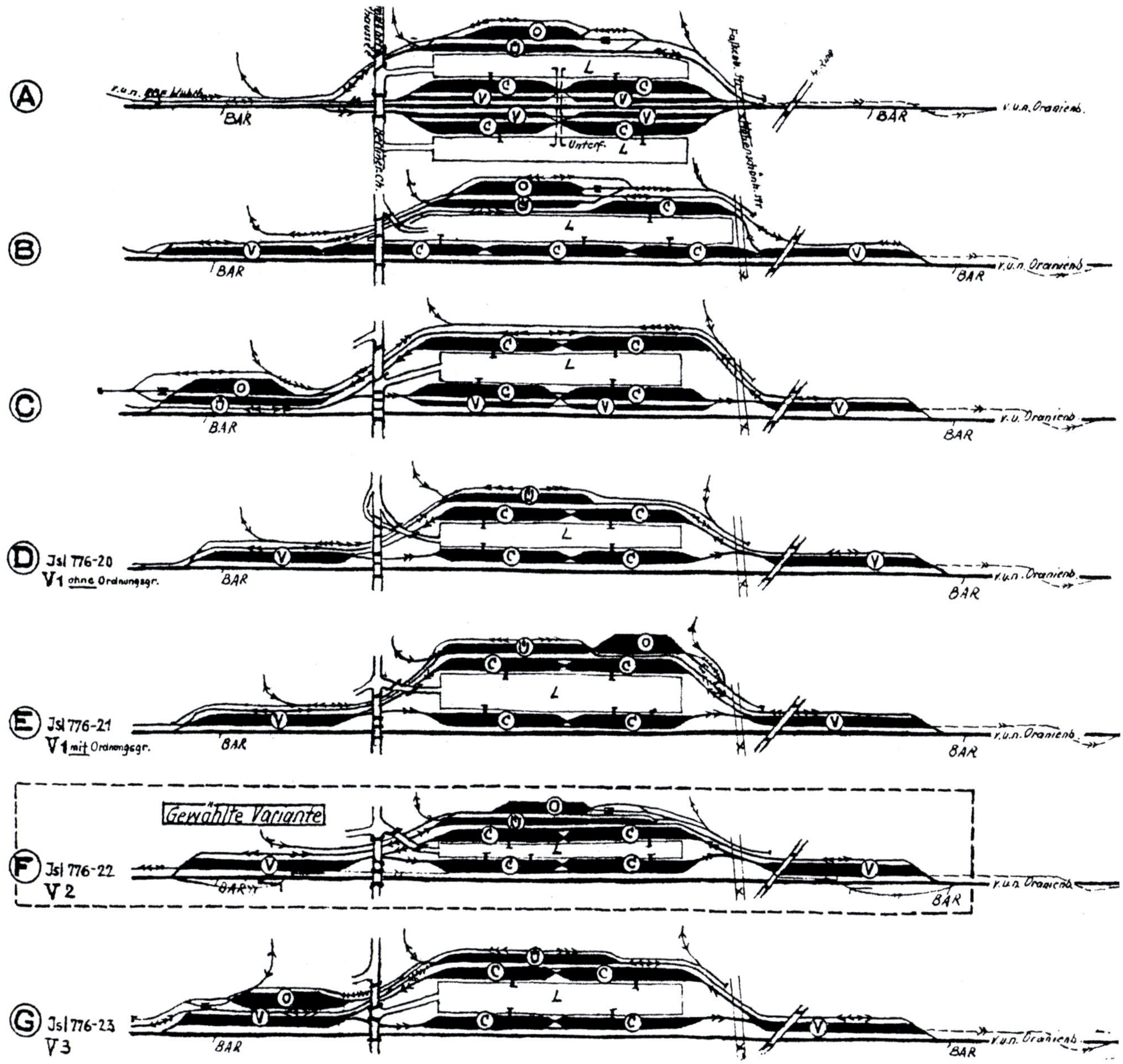

Ideenskizzen zum künftigen Gestalten des Industrieübergabebahnhofs und des Containerzentrums Berlin Nordost vom Januar 1970 (Planungstitel war damals noch Industriezentrum Lichtenberg-Nordost) *Slg. Kuhlmann*

Das Stellwerk des Bahnhofs Berlin Nordost kurz nach der Inbetriebnahme mit Talbremsen am Ablaufberg.

Die alten Dreikraftbremsen in den Richtungsgleisen wurden gegen neue Richtungsgleisbremsen ausgetauscht. Das im Hintergrund sichtbare Stellwerksgebäude war so groß, auch die Sicherungstechnik für das geplante Containerzentrum aufzunehmen. *Fotos: Kuhlmann*

Für das Containerzentrum reicht der Platz nicht

Als im März 1974 von der Fachabteilung Reise- und Güterverkehr der Reichsbahndirektion Berlin eine Grobtechnologie für das künftige Containerzentrum vorgelegt wurde, zeigte sich bereits, dass der konzipierte Flächenbedarf nicht ausreichen würde. Man rechnete täglich mit je 64 Containerzügen im Ein- und Ausgang mit einem Umschlag von 2420 Containern pro Tag (Empfang, Versand, Übergang). Zwei der vier vorgesehenen Containerumschlaganlagen (CUA) sollten neben den notwendigen Fahr- und Stapelspuren für die Container fünf statt vier Umschlaggleise im Kranbereich sowie ein Verkehrsgleis erhalten. Im Norden war eine aus zwölf Gleisen bestehende Vorgruppe für die Ein- und Ausfahrt der Containerzüge vorgesehen, für die Abdrück- und Ausfahrgleis des Industrieübergabebahnhofs zu verschwenken waren. Mit der im Dezember 1975 vorgelegten Studie ließen sich auf dem zugewiesenen Gelände nur begrenzte Container-Stapelflächen realisieren. Ein nördlicher Straßenanschluss von der heutigen Gehrenseestraße war zwar wünschenswert, aber deshalb nicht möglich. Parallel zur Landsberger Allee wurde inzwischen eine Straßenbahnstrecke nach Marzahn geplant, die bei einem südlichen Straßenanschluss bei Ein- und Ausfahrten vom Containerzentrum zu kreuzen war.

Im November 1977 schätzte man das Aufkommen an Containern im Berliner Raum erneut ein (West-Berlin blieb stets unberücksichtigt). Auf dem seit 1968 bestehenden Containerumschlagplatz (CUP) Berlin Frankfurter Allee erwartete man eine Steigerung von bisher jährlich 18 000 Containern auf 25.000 ... 27.000 Container im Jahre 1985. Das bedeutete gleichzeitig, ab 1978 wäre Berlin Frankfurter Allee wegen Erreichens der Kapazitätsgrenze (2350 Container pro Woche) um wöchentlich 150 Container auf anderen Bahnhöfen zu entlasten. Für das Containerzentrum Berlin Nordost sah man in einer 1985 fertigzustellenden ersten Ausbaustufe eine Leistung von 36.000 ... 40.000 Container pro Jahr vor, während die Kapazität für alle vier CUA auf 100.000 ... 300.000 Container jährlich eingeschätzt wurde. Diese Leistung konnte nur realisiert werden, wenn mehr Platz für das Containerzentrum durch Verlegen des BAR um weitere 55,0 m nach Osten gewonnen wird (bereits im Januar 1974 vorgeschlagen). Der VEB Bau- und Montagekombinat Ost, Betrieb Forschung und Projektierung, Betriebsteil Berlin, erarbeitete bis Januar 1978 einen entsprechenden Entwurf, der neben den vier CUA eine südliche Ausfahrgruppe mit sieben Gleisen und eine nördliche Einfahrgruppe mit zehn Gleisen vorsah. Noch nicht gelöst in diesem Vorschlag war der mehrgleisige Ausbau des BAR zwischen Biesdorfer und Karower Kreuz sowie der Verlauf der S-Bahn nördlich der Gehrenseestraße, denn nach einem Beschluss vom März 1973 sollten jetzt in Hohenschönhausen neue Wohngebiete entstehen.

Im August 1978 überlegte man, ob man diese große Umschlagskapazität in Berlin Nordost durch das Zusammenlegen des CUP Berlin Frankfurter Allee und des im Aufbau befindlichen CUP Oranienburg sinnvoller nutzen kann, obwohl sich die Zustellentfernungen auf der Straße erhöhen. Zu beachten war, dass in Berlin Frankfurter Allee nun ab 1987 (statt 1978) die Kapazität erschöpft sein sollte, die technischen Anlagen zu dieser Zeit technisch und moralisch verschlissen waren und evtl. an neuer Stelle zu ersetzen waren. Berlin Frankfurter Allee wäre für den öffentlichen Verkehr zu schließen, könne aber für innerbetriebliche Zwecke noch genutzt werden, z.B. Umladen von Containern zwischen Zügen.

Die Zwischenzeit nutzte man zum Konkretisieren der vorliegenden Erkenntnisse: Räumlich getrennte Ein- und Ausfahrgruppen benötigten einen höheren Personaleinsatz und begünstigten die gefürchtete Trennung von Frachtbrief und Container. Im Bereich des Containerzentrums war das dritte und vierte BAR-Gleis zu berücksichtigen, allerdings nur für 100 km/h Geschwindigkeit, da dort vorwiegend Güterzüge verkehren

Prinzipskizze von Januar 1978 für das Containerzentrum Berlin Nordost mit getrennten Ein- und Ausfahrgruppen und bestehendem Industrieübergabebahnhof. Beide Bahnhofsteile sollten sowohl südlich als auch nördlich niveaufrei an den Berliner Außenring (BAR) angebunden werden. Diese Variante wurde nicht akzeptiert. *Slg. Kuhlmann*

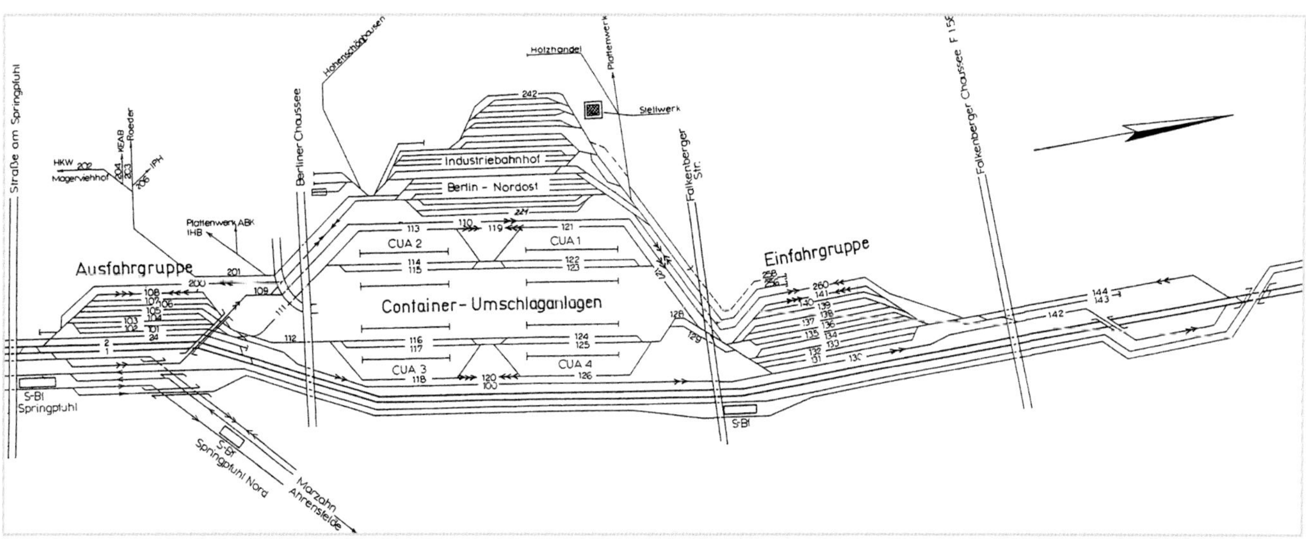

sollten. Eine niveaufreie Einfahrt vom südlichen BAR in den Containerbahnhof war zwar bautechnisch möglich, bescherte aber hier einen Linksverkehr auf den beiden die CUA umfahrenden dritten und vierten Streckengleisen des BAR. Im Norden war wiederum eine niveaufreie Ausfädelung vom Containerbahnhof vorgesehen. Auf diese konnte nach entsprechenden Untersuchungen verzichtet werden, und das kam der künftigen Wohnbebauung in Hohenschönhausen zugute. Trotzdem waren unter der neuen Straßenbrücke für die F 158 (Falkenberger Chaussee) drei zusätzliche Gleise für das Containerzentrum zu berücksichtigen. Überhaupt war hier nicht nur die künftige Führung der S-Bahn nördlich oder südlich des BAR, sondern auch die Fahrordnung auf vier BAR-Gleisen in Abhängigkeit vom geplanten Fernbahnhof Berlin-Malchow und vom auszubauenden Karower Kreuz mit seinen vielen Streckenverzweigungen einschließlich Durchbindung der S-Bahn in Richtung Schönfließ südlich des BAR festzulegen.

Während man im Oktober 1979 einschätzte, in Berlin Nordost 1987 eine erste Ausbaustufe in Betrieb zu nehmen und ab 1995 eine zweite zu beginnen, änderte sich die Situation vier Jahre später völlig. Inzwischen war die sogenannte Blockzugbildung im Containerverkehr (feste Umlaufgruppen zwischen Containerbahnhöfen) aufgegeben worden, weil zu viele bahn- und werkeigene Umschlagstellen entstanden waren, die mit diesen Blockzügen und deren Vor- und Nachläufen nicht zeitgerecht zu bedienen waren. Künftig beförderten deshalb gewöhnliche Güterzüge Containergruppen, die den Containerbahnhöfen bzw. den Ladestellen zugeführt bzw. von dort abgeholt wurden. Es bestand deshalb kein geballter Ein- oder Ausgang mehr, sondern das Verkehrsaufkommen verteilte sich gleichmäßiger über den Tag (im Widerspruch zu einem Grundsatz des Containerverkehrs: bis abends geladen, morgens am Ziel).

1983 war man deshalb der Ansicht, trotz steigenden Containerverkehrs erreiche Berlin Frankfurter Allee frühestens 1990 seine Kapazitätsgrenze, und wenn der Übergangsverkehr verlagert werde, sei erst später an eine erste Baustufe in Berlin Nordost zu denken.

Deshalb orientierte man für diese spätere Zeit auf eine Aufgabenteilung zwischen Berlin Frankfurter Allee und Berlin Nordost: Zuerst sollte in Berlin Frankfurter Allee weiterhin der Ortsverkehr abgewickelt werden und Berlin Nordost den Übergangsverkehr übernehmen, bei weiteren Leistungssteigerungen dann umgekehrt. Noch im Februar 1989 hielt man an dieser Aufgabenteilung fest, verlegte aber den Baubeginn auf »nach 1995«.

Nach der Einheit Deutschlands verzichtete die Hauptabteilung Güterverkehr der DR am 13. Dezember 1993 in einer Stellungnahme zum vom Senat im Entwurf vorgelegten Flächennutzungsplan (FNP) auf ein Containerzentrum Berlin Nordost und damit auf

Der Containerbahnhof Hamburger und Lehrter Bahnhof in Berlins Mitte übernahm den Umschlag für das wiedervereinigte Berlin, bis auch er 2003 geschlossen wurde
Foto: Kuhlmann

die Option der Flächen. Allerdings war 1982/84 die S-Bahn nach Hohenschönhausen/Wartenberg im Abstand von 55,0 m vom BAR gebaut worden, um nach Verschwenken des BAR Platz für das Containerzentrum zu gewinnen ... Am 1. Januar 2000 ist der Containerbahnhof Berlin Frankfurter Allee geschlossen worden, Container wurden ausschließlich im Hamburg und Lehrter Bahnhof umgeschlagen, bis auch dieser 2003 aufgegeben wurde. Außerhalb des Stadtgebietes entstand schließlich das Güterverkehrszentrum (GVZ) Großbeeren und später auch in Wustermark Nord.

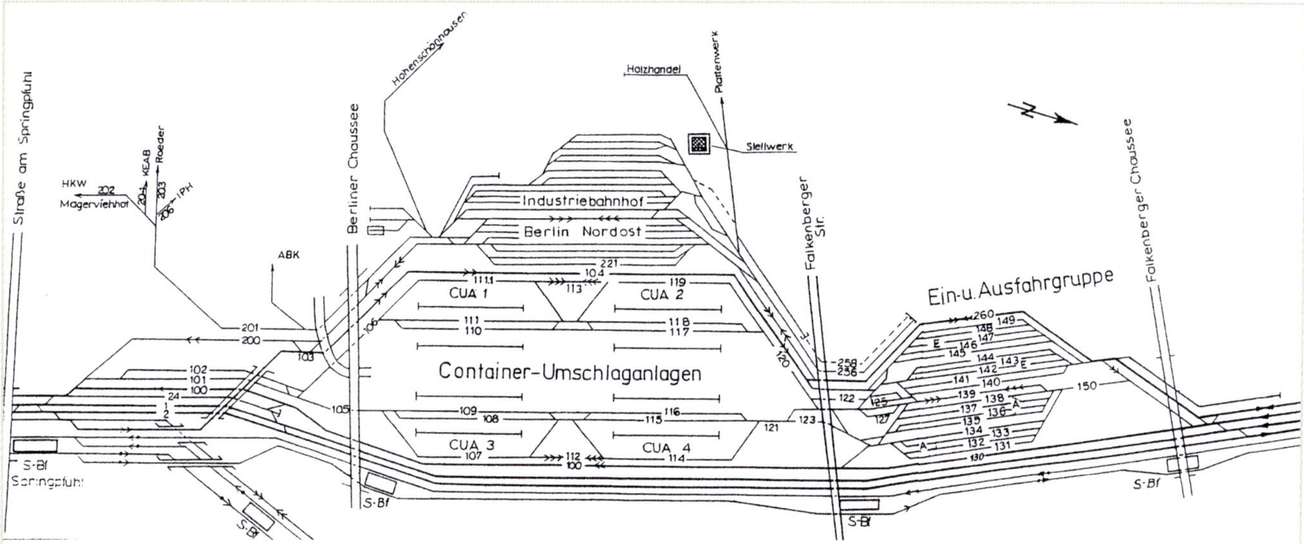

Entsprechend den Planungen fortgeschriebene Prinzipskizze für das Containerzentrum Berlin Nordost etwa von 1988 (ursprünglich Variante vom Januar 1978). Die Fahrordnung in Richtung Malchow/Karower Kreuz ist nun eindeutig fixiert und berücksichtigt weitgehend Güterzugfahrten westlich/südlich des Berliner Außenringes zwischen Rangierbahnhof Berlin-Wuhlheide/Biesdorfer Kreuz und Karower Kreuz/Rangierbahnhof Berlin-Pankow. Damit konnte auf das nördliche Überwerfungsbauwerk verzichtet werden. *Slg. Kuhlmann*

Quellen:

[8.01] *Entwurfs- und Vermessungsbetrieb der DR, Außenstelle Berlin – Entwurf (Brigade ES II): Container-Zentrum Berlin, Ideenskizzen, vom 19. Januar 1970*

[8.02] *Reichsbahndirektion Berlin, Verwaltung des Betriebs- und Verkehrsdienstes, Fachabteilung Reise- und Güterverkehr: Grobtechnologie Containerzentrum Berlin Lichtenberg Nord-Ost, vom März 1974*

[8.03] *VEB Bau- und Montagekombinat Ost, Betrieb Forschung und Projektierung, Betriebsteil Berlin, vom 30. Januar 1978*

[80.4] *Reichsbahndirektion Berlin, Vizepräsident Transportorganisation und Fahrzeuge: Zusammenlegung des CUP Bln Frankfurter Allee und des CUP Oranienburg nach Berlin Nordost, vom 4. August 1978*

[8.05] *VEB Bau- und Montagekombinat Ost, Betrieb Forschung und Projektierung, Betriebsteil Berlin: Protokoll über die Beratung am 1. April 1980 – Containerbahnhof Berlin-Nordost, Änderung nördliche Anbindung BAR*

[8.06] *Deutsche Reichsbahn, Ingenieurbüro für Rationalisierung des Eisenbahntransports (Ibr-ET): Betriebstechnologische Studie (BTS) Gestaltung des Großcontainerumschlagplatzes Berlin Nordost in der 1. Ausbaustufe, vom 29. Dezember 1983*

9. Anschlussbahn für das Heizkraftwerk Nord in Ahrensfelde (1973 bis 1990)

Warum sollte zu DDR-Zeiten ausgerechnet im Norden noch im Stadtgebiet der »Hauptstadt der DDR Berlin« gelegen ein Heizkraftwerk mit Kohlefeuerung entstehen? Das war der damaligen Wohnungsbaupolitik der DDR geschuldet, ohne Rücksicht auf die Umweltverschmutzung. Doch änderten sich die politische Lage im Nachbarland Polen und selbst die Standorte der Neubaugebiete.

Standorte für ein Heizkraftwerk

Der Anlass für ein derartiges Vorhaben lag in dem zu realisierenden Wohnungsbauprogramm. Die geplanten Neubaugebiete im Norden der Stadt (siehe hierzu Kapitel »Fernbahnhof Malchow«) waren mit Fernwärme und Warmwasser zu versorgen. Die Bezirksplankommission (BPK) Berlins wählte für ein derartiges Heizkraftwerk (Hkw) 1973/74 drei Standorte aus, die bahntechnisch zu erschließen waren:

- **Buchholz (I) nördlich des Berliner Außenringes (BAR) zwischen Fernverkehrsstraße (F) 109 und Hobrechtsfelder Chaussee, mit möglichen Bahnanschlüssen vom vorhandenen Autobahn-Bauhof Schönerlinde (Variante I/1), von einem neu zu bauenden Übergabebahnhof westlich der Hobrechtsfelder Chaussee zwischen Berlin-Karow und Schönerlinde (Variante I/2) oder mit direkter östlicher Einfahrt in das Hkw abzweigend von der Strecke Berlin-Karow – Schönerlinde (Variante I/3),**
- **Malchow Nord (II) nördlich des BAR westlich der F 2, mit möglichen Bahnanschlüssen vom damals noch in Planung befindlichen Industrieübergabebahnhof Berlin Nordost (Variante II/1), von einem von der DR geplanten neu zu bauenden Betriebs- und Übergabebahnhof westlich vom Abzweig Karow Ost (Ako, daraus entstand später der Vorschlag für den Fernbahnhof Malchow; Variante II/2), von Berlin-Blankenburg aus über ein besonderes, über den BAR führendes Anschlussgleis (Variante II/3), vom Bahnhof Berlin-Karow aus nach Norden, dann entlang der im Bau befindlichen Autobahn führend (Variante II/4), vom Bahnhof Berlin-Karow aus entlang des BAR führend (Variante II/5), vom Bahnhof Berlin-Buch aus die Autobahn querend und parallel zu ihr bis zum Hkw,**
- **Malchow Ost (III) nördlich des BAR östlich der F 2 mit den gleichen möglichen Anschlüssen wie bei Variante II [9.01].**

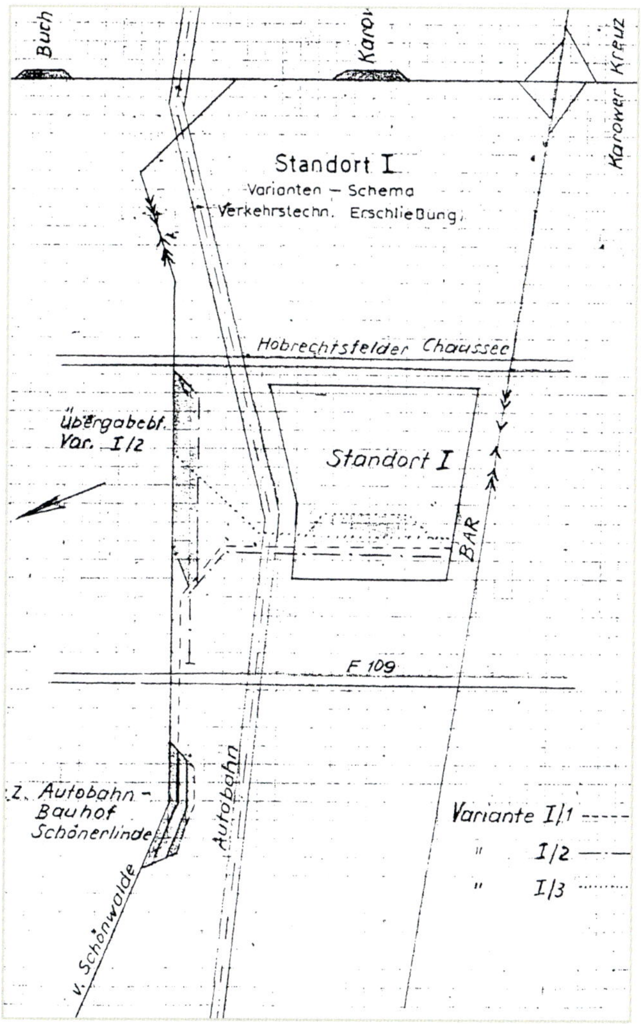

Prinzipskizze zum Erschließen des Standortes I (Buchholz) am Berliner Außenring (BAR) für das Heizkraftwerk.

Repro aus [9.01]

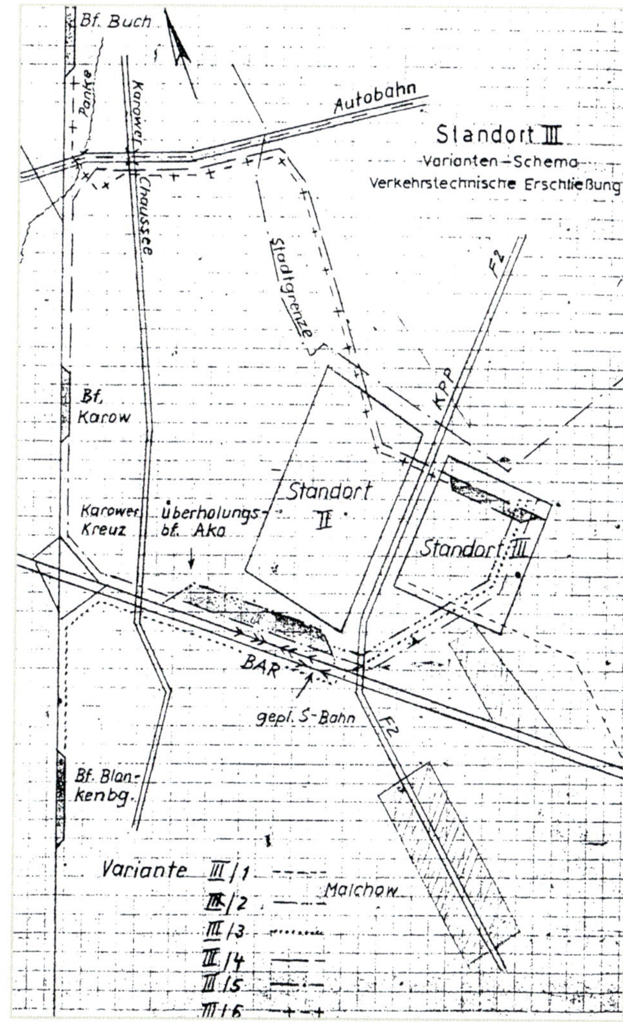

Prinzipskizze zum Erschließen der Standorte II (Malchow Nord) und III (Malchow Ost) für das Heizkraftwerk.

Repro aus [9.01]

Nicht ohne Grund wurden die Gleisanlagen des Bahnhofs Ahrensfelde großzügig ausgebaut, denn zum und vom Heizkraftwerk erwartete man einen regen Zugverkehr. Das am 30. Dezember 1982 in Betrieb genommene Gleisbildstellwerk bietet Platz, weitere Sicherungsanlagen aufnehmen zu können. Ein Blick in den Bedienraum mit abgesetzter Meldetafel und mit dem Bedienpult, an dem Fahrdienstleiter Frank Borschke die Fahrstraßen einstellt.

Foto: Kuhlmann

Blick auf das (heute zu) große Gebäude des Gleisbildstellwerkes in Ahrensfelde.

Foto: Lutz Neve

Anschlussgleis. Dieses war noch südlich des Bahnüberganges gegenüber den Anlagen der DR mit einer Gleissperre abgeriegelt, obwohl für Fahrzeuge keinerlei Aufstellplatz vorhanden war, alles Vorleistungen für das künftige Heizwerk. Der umgebaute Bahnhof Ahrensfelde ging zusammen mit dem Gleisbildstellwerk der Bauform GS II Sp 64 b und mit der S-Bahn am 30. Dezember 1982 in Betrieb.

Auch für die künftige Werkbahn schmiedete man große Pläne, denn mit der vorgesehenen Braunkohlefeuerung waren noch mehr Züge und Wagen zu bewegen. Nach rund 2 km Fahrt vom Bahnhof Ahrensfelde (für Züge 40 km/h, sonst Rangiergeschwindigkeit) wurde die neue Übergabegruppe im Werk erreicht. Entsprechend den ermittelten Behandlungszeiten für Ganzzüge sollten fünf bis sechs Gleise ausreichend sein. Die aus 40 Fal-Wagen bestehenden Kohlezüge waren in vier Gruppen zu teilen und über das Ausziehgleis zum Kohlebunker zu drücken, auf dem gleichzeitig fünf Wagen entladen werden konnten. Für die Frostperiode war ein Umweg über eine ungünstig im Werk gelegene Auftauhalle nötig, und die Gefahr des erneuten Anfrierens bestand. An der Entladestelle für Kalksteinmehl konnten zwar bis zu zehn Behälterwagen (damalige Gattung Uce) aufgestellt werden, aber nur zwei gleichzeitig entladen werden; um keine Lok zu binden, war hier eine Seilzugrangieranlage (SRA) vorgesehen. Die Filterasche sollte aus drei Bunkern pneumatisch in Behälterwagen verladen werden; an der Beladestelle konnten gleichzeitig zehn bis zwölf Wagen bereitgestellt werden. Noch war nicht klar, ob die Asche mit der Bahn abgefahren oder ob sie auf einer Deponie nördlich des Werkes abgelagert werden sollte. Die wenigen Materialien für die chemische Wasseraufbereitung (CWA) sollten auf einem Stumpfgleis entladen

Ansicht des GTHKW in Ahrensfelde. *Foto: Kuhlmann*

werden. Für den Aufbau des Werkes sah man mehrere Baugleise vor. Die Staatliche Bahnaufsicht forderte, diese evtl. später für die Reparatur von Güterwagen nachzunutzen. Ganzzüge sollten mit der Zuglok grundsätzlich bis in die Übergabegruppe im Werk fahren. Dagegen waren Einzelwagen (aus Nahgüterzügen) von eigenen Betriebsmitteln des Anschließers im Bahnhof Ahrensfelde abzuholen und dorthin wieder zurückzubringen.

Am 10. Juli 1986 schrieb das Energiekombinat Berlin an die Reichsbahndirektion Berlin: »*Infolge aufgetretener Probleme bei der Entwicklung und Bereitstellung der Hauptanlagen durch den Kraftwerksanlagenbau wurde durch Beschluß des Ministerrates Nr. 01-142/6/86 vom 3.4.1986 sowie durch die zur Realisierung des Beschlusses erfolgten Festlegungen des Ministeriums für Kohle und Energie die Unterbrechung der Bautätigkeit am Standort des Heizwerkes angeordnet.*« Trotzdem war damit noch nicht das Ende des Heizwerkes besiegelt.

1988/89 legte das Ministerium für Kohle und Energie das Konzept eines Gasturbinen-Heizkraftwerkes (GTHKW) in Berlin Nord vor, das westlich des Friedhofs Ahrensfelde im Bezirk Frankfurt (Oder) angedacht war. Der benötigte Dieselkraftstoff für die Turbinen sollte über eine Pipeline vom nahen Großtanklager (GTL) Seefeld herangeführt werden. Unter diesen Bedingungen war kein Bahnanschluss erforderlich. Im Mai 1989 orientierte das Ministerium plötzlich wieder auf einen Gleisanschluss, denn man wollte Dieselkraftstoff lediglich als Havarievariante verwenden. Dafür sollte ein 5000 m³ fassender Tank entstehen, der drei- bis viermal im Jahr mit einem von Seefeld oder Stendell kommenden Ganz- oder Halbzug aufgefüllt werden sollte. Als Baubeginn war der 1. März 1992 vorgesehen. Gleichzeitig schloss das Ministerium ein weiteres Kraftwerk auf Steinkohlenbasis nicht aus, das wiederum über den Bahnhof Ahrensfelde bedient werden sollte.
Das GTHKW wurde trotz der inzwischen eingetretenen politischen Wende in der vorgesehenen Form gebaut, selbst die Pipeline nach Seefeld. Es dient heute der VEAG als Spitzenlastwerk vornehmlich für die Wärmeversorgung. Berliner Wohngebiete sind allerdings nicht angeschlossen worden.

Im Dezember 1993 wurden die jetzt überflüssigen Gleise 29 und 30 des Bahnhofs Ahrensfelde stillgelegt und kurz darauf abgebaut. Die Gleise 27 und 28 dürfen betrieblich nicht mehr genutzt werden.

Das Gasturbinen-Heizkraftwerk in Ahrensfelde am Stadtrand von Berlin versorgt heute Wohnungen im Umland. *Foto: Kuhlmann*

Quellen:

[9.01] VEB Bau- und Montagekombinat Ost, Betrieb Forschung und Projektierung, BT Berlin: Heizkraftwerk Berlin Nord, Standortvarianten zur verkehrstechnischen Erschließung (DR), vom 12.März 1974

[9.02] VEB Bau- und Montagekombinat Ost, Betrieb Forschung und Projektierung, BT Berlin: Aufgabenstellung Heizwerk Berlin Nord – Gleisanlagen, Dokumentation vom 15. Januar 1985

[9.03] Deutsche Reichsbahn, Reichsbahndirektion Berlin, Verwaltung des Betriebs- und Verkehrsdienstes: Forderungsprogramm zum Bauvorhaben »Erweiterung der Fernbahnanlagen des Bahnhofs Ahrensfelde« als Folge der Errichtung des Heizkraftwerkes Nord im Raum Ahrensfelde, vom 12. April 1978, bestätigt am 23. Juli 1978

10. Ein Südgüterbahnhof für West-Berlin (1974 bis 1989)

In den Siebzigerjahren plante der Senat in (West-) Berlin, über das wenig genutzte Gelände des Potsdamer und des Anhalter Güterbahnhofs eine Stadtautobahn zu führen und städtebaulich aufzuwerten. Die Flächen nutzte jedoch die in Ost-Berlin ansässige Deutsche Reichsbahn (DR), die nach dem Krieg die Betriebsführung in ganz Berlin wahrnahm. Der Senat von (West-) Berlin und das Ministerium für Verkehrswesen der DDR, dem die DR unterstand, kamen überein, für diese entfallenden Bahnanlagen einen für das südliche Stadtgebiet zentralen Rangier- und Ortsgüterbahnhof auf dem sogenannten Schöneberger Südgelände zu bauen.

Der Rangierbahnhof Berlin-Tempelhof Ende der Achtzigerjahre. Das Grün erobert sich die Bahnanlagen.

Beide Seiten griffen damit auf ein seit 1933 mit der Umgestaltung Berlins zur Reichshauptstadt Germania geplantes Vorhaben zurück: Dieser Ortsgüterbahnhof Süd war als Ersatz für die entfallenden Potsdamer und Anhalter Güterbahnhöfe sowie für den Spreeuferbahnhof für den Sammelgutverkehr der Spediteure gedacht. Die Bauarbeiten begannen bereits 1939, mussten kriegsbedingt eingestellt werden. Der Ortsgüterbahnhof Süd war von städtebaulichen Zwangspunkten eingeengt und litt deshalb unter betrieblichen Unzulänglichkeiten [10.01, 10.02].

Die Reste der einstigen Bekohlungsanlage im Bahnbetriebswerk Berlin-Tempelhof.
Fotos: Reinhard Roggenbuck

Alte Idee neu belebt

Die zwischen dem Senat von Berlin und dem Ministerium für Verkehrswesen der DDR (MfV) als vertraulich vereinbarten Planungen begannen mit alliierter Zustimmung bereits im Mai 1969. Anfangs ist noch vom Südbahnhof die Rede, der neben einem

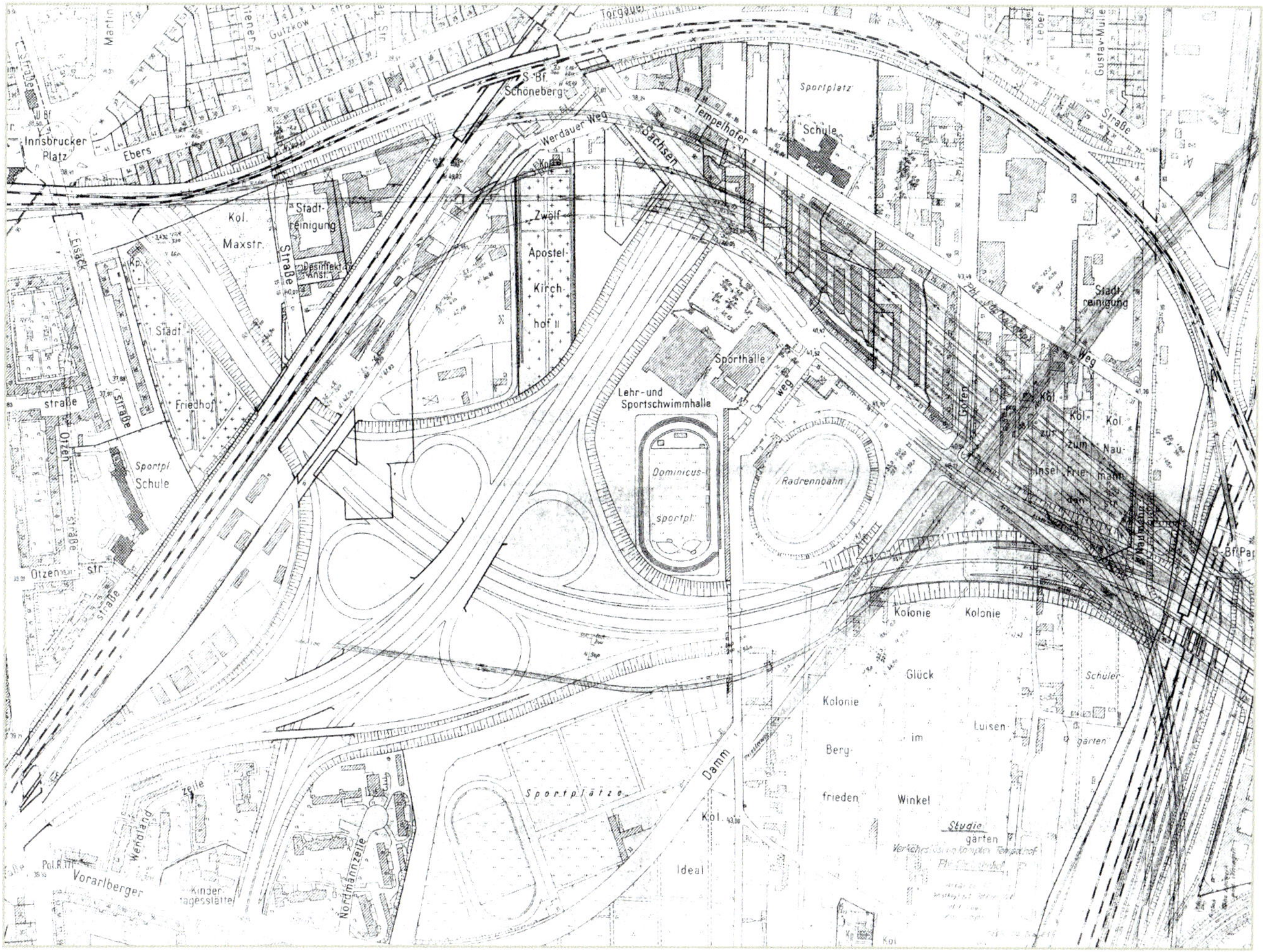

Lageplan eines geplanten Südpersonenbahnhofs parallel zum Innenring zwischen den aufzulassenden S-Bahnhöfen Schöneberg und Papestraße. Der Südpersonenbahnhof sollte für den Fernverkehr drei 400 m lange Bahnsteige mit sechs Gleisen sowie zwei Umfahrungsgleise für Güterzüge besitzen, zusätzlich für die S-Bahn einen 180 m langen Ringbahnsteig und darunter zwei ebenfalls 180 m lange S-Bahnsteige im Richtungsbetrieb für die Wannsee- und Anhalter Bahn. *Repro aus [10.03]*

Rangier- und Ortsgüterbahnhof auch einen Personenbahnhof umfassen sollte. Dieser war in einer Geraden zwischen den S-Bahnhöfen Schöneberg und Papestraße der Ringbahn mit drei 400 m langen Fernbahnsteigen sowie einem neuen S-Bahnsteig (für den Südbahnhof) vorgesehen. Die Wannsee-S-Bahn sollte die S-Bahn-Strecke der Anhalter Bahn bis zum neuen Südbahnhof mitbenutzen und dort sich nach Priesterweg und Friedenau aufteilen. Doch hatte der Personenbahnhof mit der fernen Lage zum Zentrum West-Berlins keine Aussicht auf Erfolg; das Vorhaben mutierte vom einstigen Südbahnhof zum Südgüterbahnhof.

Am 3. September 1971 konnte von den Alliierten endlich das nach etwa anderthalbjährigen Verhandlungen ausgearbeitete Vier-Mächte-Abkommen über Berlin unterzeichnet werden. Diesen Neu- und Umbau von Betriebsanlagen der DR innerhalb der vom Senat von Berlin vorgesehenen Verkehrsbaumaßnahmen regelte eine am 21. Februar 1974 zwischen MfV und dem Senator für Bau- und Wohnungs-

Anlage Nr. 6 zum Protokoll Nr. 40 vom 23. Sept. 1975

Betreff:	Umgestaltung von Verkehrsanlagen im Südbereich von Westberlin
Beschluß	1. Die Direktive über das weitere Vorgehen zur Durchsetzung der Forderungen der DDR hinsichtlich der Realisierung der Grundsatzvereinbarung vom 21.2.1974 über die Umgestaltung von Verkehrsanlagen im Südbereich von Westberlin wird bestätigt. (Anlage 2. Die Einzeldirektiven sind auf der Grundlage des bestätigten Vorgehens mit dem Minister für Auswärtige Angelegenheiten abzustimmen. 3. Ergibt sich aus den Gesprächen eine neue Situation, so ist der Arbeitsgruppe des Politbüros das weitere Vorgehen erneut zur Entscheidung vorzuschlagen.
Verantwortlich für die Durchführung:	Genosse Otto Arndt

Die Delegation des Ministeriums für Verkehrswesen hat entsprechend der Grundsatzvereinbarung betont, daß die Flächeninanspruchnahme, die konzeptionelle Gestaltung der Güterverkehrsanlage sowie die Finanzierung der einzelnen Ausbaustufen in nächster Zeit Gegenstand einer besonderen Vereinbarung werden müssen.
Der Delegationsleiter der Westberliner Seite stimmte diesem Verfahrensweg im Prinzip zu.

Vorgehen

Ausgehend von den Beschlüssen des Politbüros des ZK der SED vom 13.8.1974 und vom 4.3.1975 sind die nächsten Gespräche mit folgender Zielstellung zu führen:

1. Zur Wahrung der Interessen der Deutschen Demokratischen Republik im Eisenbahngüterverkehr in Westberlin ist es erforderlich, unter Bezugnahme auf die Grundsatzvereinbarung vom 21.2.1974, Festlegungen entsprechend dem in der Anlage beigefügten Protokollentwurf über die Umgestaltung der Verkehrsanlagen im Südbereich Westberlins zu treffen. Dabei ist durch die Delegation des MfV der DDR anzustreben, im Protokoll eine direkte Bezugnahme auf das Ministerium für Verkehrswesen der DDR und den Senator für Bau- und Wohnungswesen von Berlin (West) durchzusetzen, d. h. hinsichtlich der Zuständigkeitsbetonung des Ministeriums für Verkehrswesen der DDR über das in der Grundsatzvereinbarung gesagte hinauszugehen (1. Variante).

   Aus taktischen Erwägungen sollten zunächst die inhaltlichen Fragen des Protokolls behandelt werden. Erst wenn hierüber weitestgehend Einigkeit erzielt ist, sollte die Auseinandersetzung um die Präambel des Protokolls und die Unterschriftsleistung begonnen werden.

Die Verhandlungen zwischen beiden Seiten wurden von der eigentlichen Regierung in der DDR, dem Politbüro der staatstragenden Sozialistischen Einheitspartei Deutschlands (SED), reglementiert. Kein Schritt durfte ohne deren Entscheidung gemacht werden. Selbst die Verhandlungstaktik wurde vorgegeben (Auszug aus einem Protokoll des Politbüros der SED vom 23. Februar 1975).

Dokument: Slg. Frank Muschke

wesen unterzeichnete Grundsatzvereinbarung auf der Basis der zwischen beiden Seiten abgeschlossenen Zielplanung [10.03]. Diese sah das Verlängern der sogenannten Westtangente vor: Vom bestehenden Autobahnkreuz Schöneberg unter Sachsendamm und Gasag-Gelände, dann westlich S-Bahn-Strecke Großgörschenstraße (heute Yorckstraße/Großgörschenstraße) – Schöneberg über die Yorckstraße bis zum Schöneberger Ufer mit Auffahrten an der Kolonnen- und Yorckstraße. Zuvor war nicht nur die Wannseebahn um rund 40 Meter östlich zu verlegen, sondern auch das Gütergleis zum Potsdamer Güterbahnhof abzubauen. Zugleich plante der Senat eine Straßenverbindung zwischen Bülow- und Obentrautstraße, die das Gelände des Potsdamer und Anhalter Güterbahnhofs (Pog bzw. Ahg) queren sollte. Die Alliierten billigten diese Übereinkunft, wiesen aber mit der BK/O (75) 15 vom 10. Dezember 1975 daraufhin, dass damit der *»besondere Rechtsstatus der Schienenwege und des Schienenverkehrs in den Westsektoren«* nicht verändert werde [10.04].

Die Aufgaben dieser beiden aufzulassenden Bahnhöfe hatte der neu zu bauende Südgüterbahnhof (Sgb) zu übernehmen, der als einseitiger Flachbahnhof auf der zu erweiternden Fläche des ehemals zweiseitigen Rangierbahnhofs Berlin-Tempelhof (Tfr) entstehen sollte. Zum Südgüterbahnhof waren aus Norden Verbindungskurven vom Innenring (Ringbahn) aus Richtung Berlin-Wilmersdorf und Berlin-Tempelhof vorgesehen, nach Süden hatte er Anschlüsse nach Berlin-Marienfelde und Berlin-Lichterfelde Ost. *»Perspektivisch wird auf der Ostseite des Sgb zwischen diesem und den Anschlüssen an der Röblingstraße eine zweigleisige Fernstrecke aus Richtung Lichterfelde Süd (Genshagener Heide) und Lichtenrade (Mahlower Kreuz) mit Anschluß an den Innenring eingeordnet«*, heißt es in [10.03]. Begrenzt wurde der Südgüterbahnhof im Norden durch den Innenring, im Osten durch die Röblingstraße mit den Anlagen des Reichsbahnausbesserungswerkes (Raw) Tempelhof, im Süden durch den Teltowkanal und im Westen durch den Priesterweg (1. Ausbaustufe), allerdings erhob die DR perspektivischen Anspruch auf das Gelände bis zum Riemenschneiderweg, um hier Anlagen für den kombinierten Ladungsverkehr unterzubringen.

Der damalige Entwurfs- und Vermessungsbetrieb der Deutschen Reichsbahn (EVDR) entwickelte zwischen Juni 1974 und etwa Anfang 1976 mehrere Varianten für diesen neuen Bahnhof. Ursprünglich sollte die S-Bahn zwischen Yorckstraße über Papestraße bis Priesterweg den neuen Güterbahnhof weiträumig umfahren; der Umsteigeknoten Papestraße war westlich an neuer Stelle geplant. Sicherlich aus Gründen geringerer Kosten und des Massenausgleichs der Erdarbeiten entschied man sich – wahrscheinlich mit dem Senat abgestimmt – für eine Variante, bei der die von Papestraße kommende S-Bahn in einem 120 Meter langen Tunnel das (einzige!) Überführungsgleis zwischen Richtungsgruppe und Ortsgüteranlagen unterfährt, um auf die Westseite der Anhalter Bahn nach Priesterweg zu wechseln. Diese Variante wird im Folgenden betrachtet. Die in den erhaltenen Unterlagen zitierte

Übersichtsplan des geplanten neuen Südgüterbahnhofs. *Repro aus [10.03]*

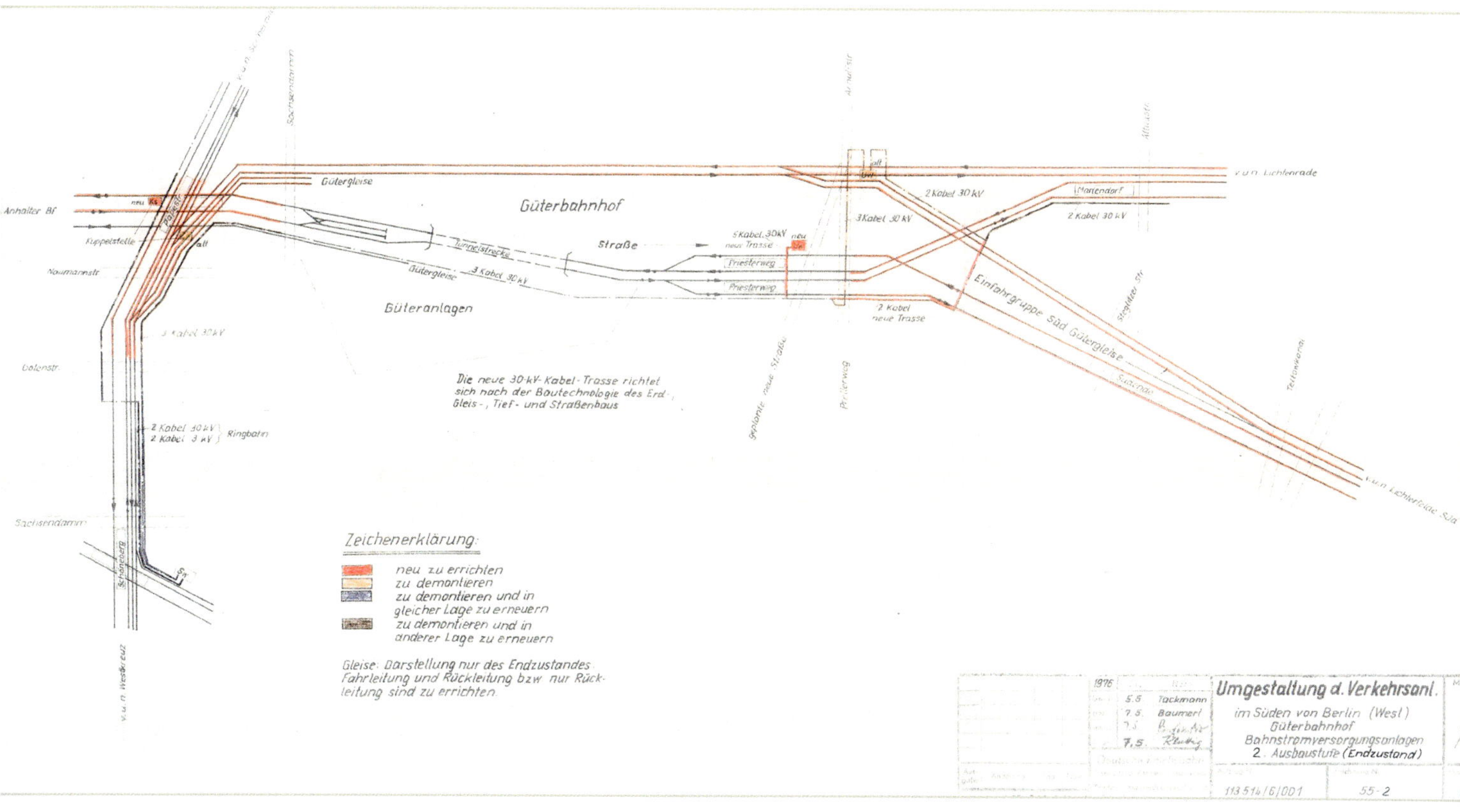

Zielvariante (Endzustand) ist nicht näher definiert.

Mit dem zur Verfügung stehenden Gelände konnten die einzelnen Bahnhofsanlagen nicht in betrieblich vorteilhafter Fließrichtung nacheinander, sondern zum Teil nur nebeneinander angeordnet werden, so dass zusätzliche Umsetzfahrten nötig gewesen wären. Dafür waren folgende Anlagen vorgesehen:

- **die kombinierte Ein- und Ausfahrgruppe mit 10, im Endzustand 14 Gleisen auf der Ostseite des Bahnhofs, ausgerüstet mit einer Bremsprüf- und Bremsprobesignalanlage,**
- **parallel westlich davon die kombinierte Richtungs- und Ausfahrgruppe und Richtungsgleisgruppe mit insgesamt 16 bzw. 25 Gleisen, ebenfalls mit einer Bremsprüf- und Bremsprobesignalanlage ausgestattet,**
- **dem sich südlich der Richtungsgruppe anschließenden Ablaufberg mit weiter südlich an der Anhalter Bahn befindlichen zwei bzw. acht Aufstellgleisen, die später auch als Einfahrgleise aus dem Süden genutzt werden können,**
- **Ortsgüteranlage mit einer Ladegleislänge von 610 bzw. 1340 m,**
- **Lokwartegleise, z.T. mit Untersuchungsgruben und Zapfstellen für Kühlwasser, sowie Übergabegruppe.**
- **Zusätzlich war zwischen Yorck- und Monumentenbrücke eine Aufstellgruppe Nord als Umsetzgruppe mit zwei Gleisen zum Bedienen der dortigen Anschlüsse vorgesehen.**

Dem neuen Südgüterbahnhof waren zugedacht:

- **Sortieren der von Zugbildungsbahnhöfen der DR und DB eingehenden Züge nach Ausgängen in West-Berlin bzw. für eigene Ladestellen und Anschlüsse sowie Nachsortieren nach einzelnen Ladestellen (Gruppenbildung für Bedienungsfahrten) nach anderen Bahnhöfen bzw. im eigenen Bereich,**
- **Ausgangs-Zugbildungen von aus West-Berlin eingehenden Güterwagen, getrennt für Leerwagen, Frachtenzüge, Schadwagen usw. nach den Netzen der DR und DB,**
- **Umspannen von Ganz- und geschlossenen Leerwagenzügen (Lokwechsel) für Großkunden,**
- **Bedienen der eigenen Ladestellen und Anschlüsse, wie Freiladeflächen, Stückguthalle, damals noch Postamt 77, aber auch Raw und Brückenmeisterei West,**
- **Wenden von Lokomotiven.**

Lageplan der Umsetzgruppe zwischen Yorckstraße und Monumentenstraße. *Repro aus [10.03]*

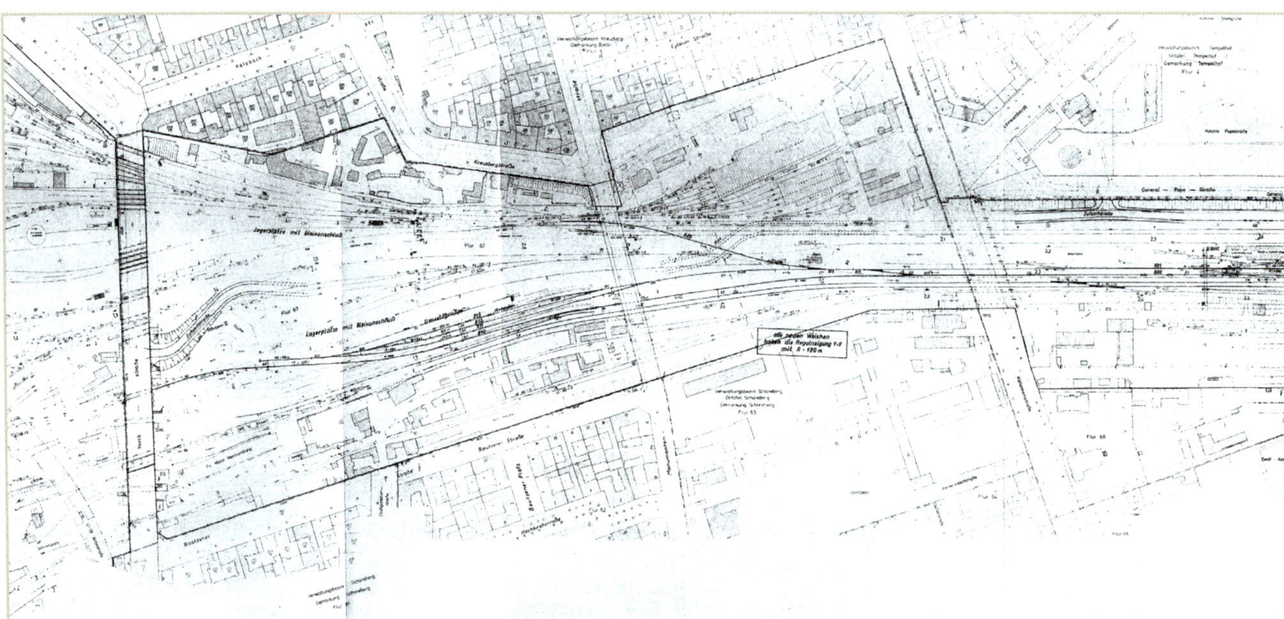

Als Leistungsanforderungen ermittelte das Ingenieurbüro für Rationalisierung des Eisenbahntransports (Ibr-ET) [10.05]:

Eingang pro Tag			**Ausgang pro Tag**	
Ortsbereich Sgb	156 Wagen,		Ortsbereich Sgb	156 Wagen,
Nahbereich	254 Wagen,		Nahbereich	410 Wagen,
insgesamt	11 Züge,		insgesamt 17 Züge,	
Ablaufleistung pro Tag	30 Züge/Tag	mit	1385 Wagen/Tag, davon	
Ausgang Nahbereich	8 Züge/Tag	mit	436 Wagen/Tag,	
Ausgang Ortsbereich	5 Züge/Tag	mit	312 Wagen/Tag,	
Zugbildung DB	6 Züge/Tag	mit	200 Wagen/Tag,	
Zugbildung DR	3 Züge/Tag	mit	98 Wagen/Tag,	
Leerwagenausgang	5 Züge/Tag	mit	178 Wagen/Tag,	
Transitwagen	2 Züge/Tag	mit	60 Wagen/Tag,	
sonstige			35 Wagen/Tag,	
Schadwagen	1 Zug/Tag	mit	66 Wagen/Tag.	

Lageplan des zu verlegenden S-Bahnhofs Großgörschenstraße (heute Yorckstraße/Großgörschenstraße). *Repro aus [10.03]*

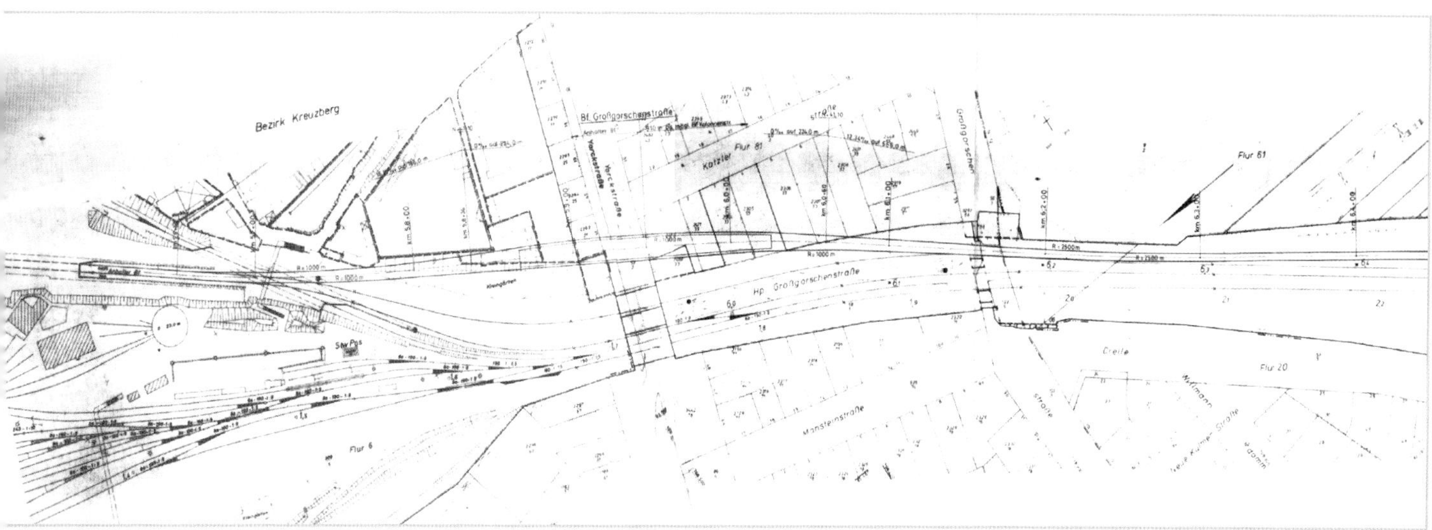

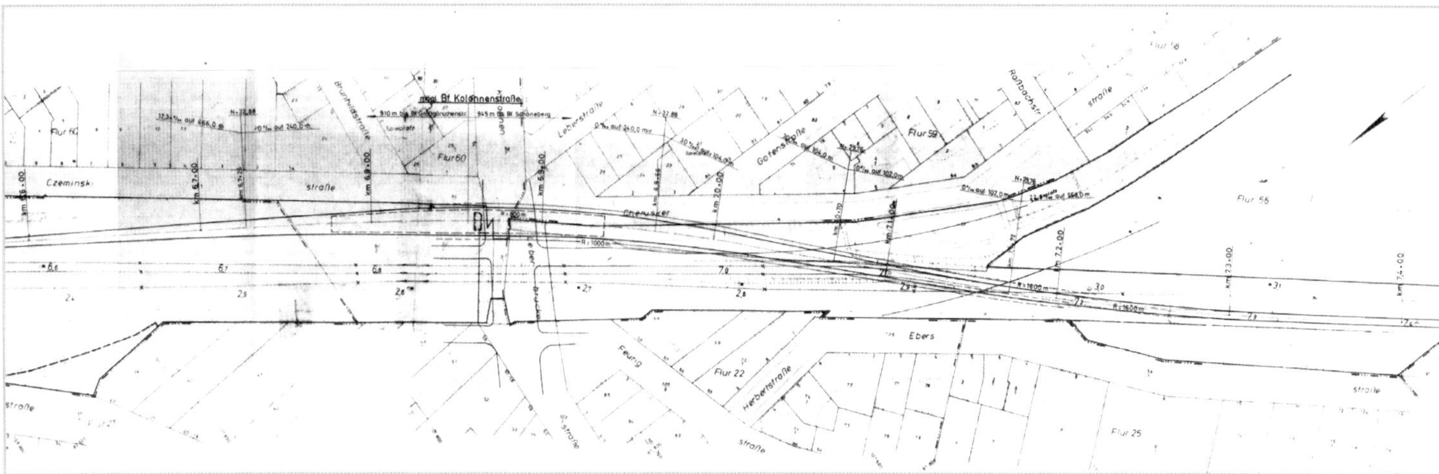

Lageplan des geplanten, aber erst später zu bauenden neuen S-Bahnhofs Kolonnenstraße. *Repro aus [10.03]*

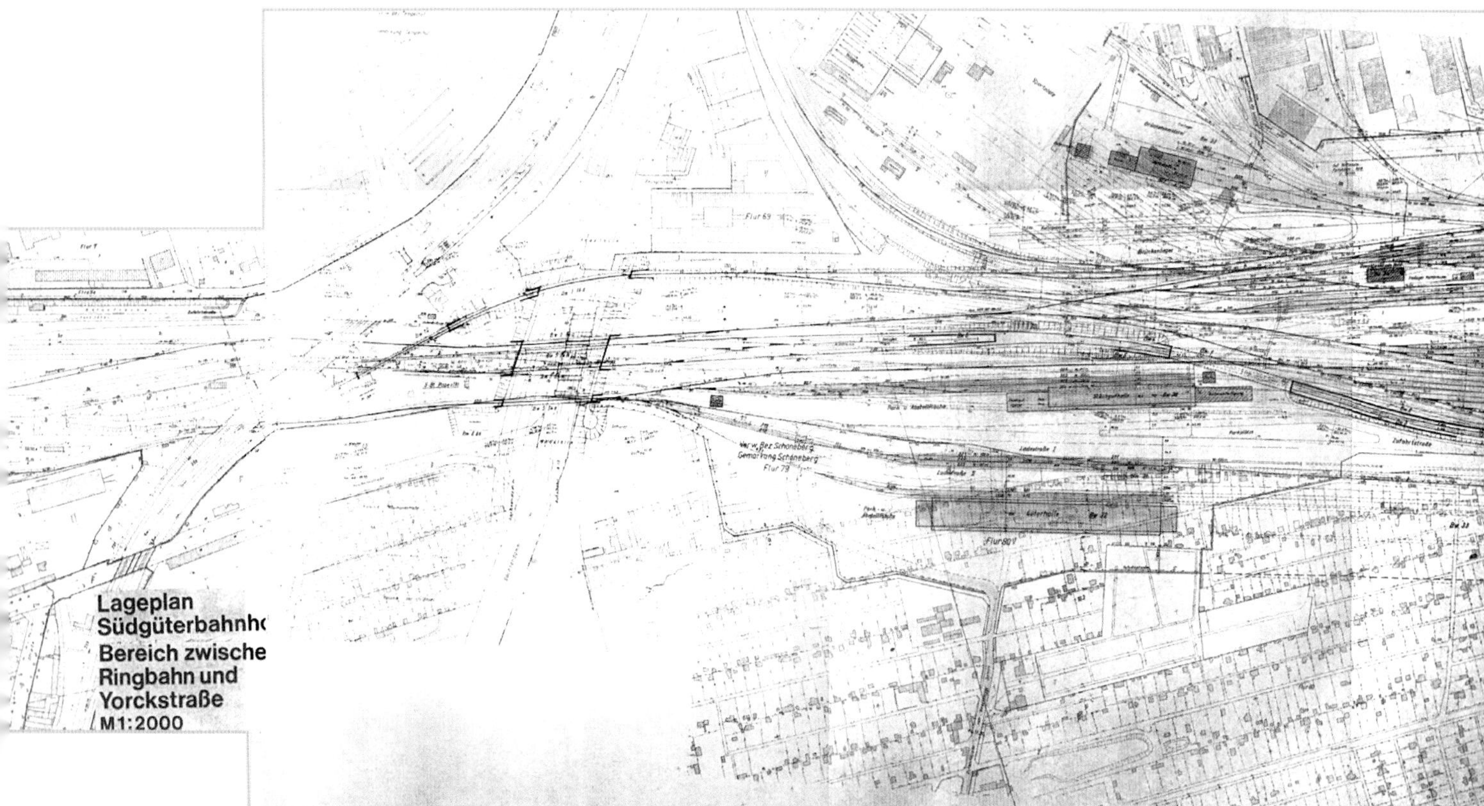

Gesamtlageplan des zwischen den Verhandlungspartnern vereinbarten Südgüterbahnhofs zwischen Ringbahn und der Verzweigung von Dresdener und Anhalter Bahn. *Repro aus [10.03]*

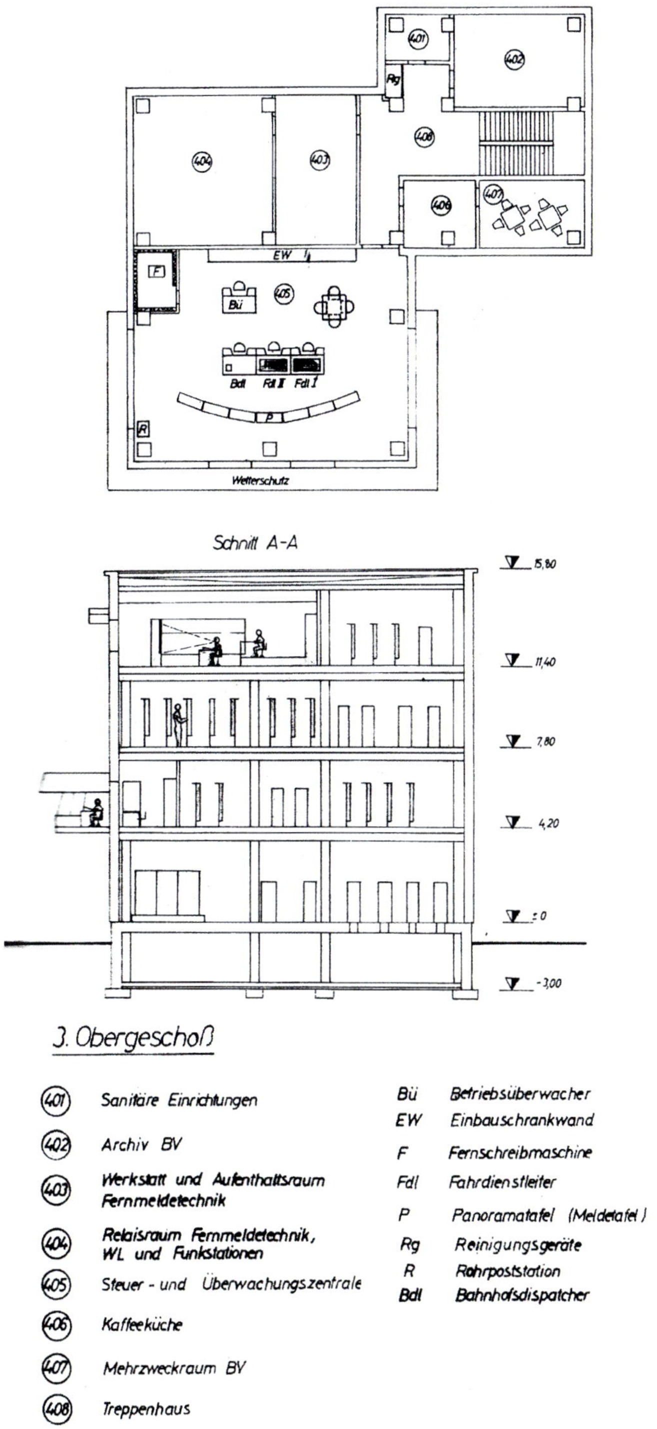

Schnitt durch das geplante Zentralstellwerk: Im obersten Stockwerk arbeiteten die Fahrdienstleiter und die Bahnhofsdispatcherleitung (mit Grundriss), im ersten Stock fanden Ablauf- und Bremsenwärter in einem auskragenden Anbau ihren Arbeitsplatz. *Repro aus [10.03]*

Außer der 220 Meter langen Güterhalle für den Stückgutumschlag mit der anschließenden Güterabfertigung auf der Westseite sollten in Höhe des Raw nördlich der kombinierten Ein- und Ausfahrgruppe ein Dienstgebäude Nord – nördlich davon waren die Lokaufstellgleise – und im Süden auf der Westseite der Gleisanlagen ein Verwaltungs- und Sozialgebäude entstehen. Unmittelbar im Ablaufbereich war das Ablauf- und Zentralstellwerk für den Bahnhof geplant, Bauformen Sp Dr 60 S-DR und A Dr S (K) 65 von Siemens, von dem aus die Tal- und Richtungsgleisbremsen zu steuern waren. Am Ablaufberg selbst sollte für die hier Beschäftigten ein kleines Mehrzweckgebäude entstehen. Auf dem gesamten Bahnhof wären nach ersten Einschätzungen 284,8 Arbeitskräfte eingesetzt worden. Während in der ersten Ausbaustufe nur zwei Rangierlokomotiven der damaligen Baureihe 106 (heute 346) einzusetzen waren, sollten es im Endzustand drei sein.

Nach dem Fertigstellen des neuen Südgüterbahnhofs hätte der Bahnhof Berlin-Tempelhof an der Ringbahn auf drei Gleise zurückgebaut werden können, 4,5 km Gleis und 30 Weicheneinheiten wären eingespart worden. Vom neuen Zentralstellwerk sollten auch die Sicherungsanlagen der S-Bahn in Papestraße, Priesterweg und Südende mit bedient werden. An einem Bahnsteig in Priesterweg wären die S-Bahn-Züge künftig über Fernbeobachteranlagen (FBA) abgefertigt worden. Nicht zum Vorhaben gehörte der neue S-Bahnhof Kolonnenstraße, jedoch war der S-Bahnhof Großgörschenstraße (Yorckstraße) wegen des Baus der Autobahn in neuer Lage zu errichten.

Bürgerinitiative kippt Südgüterbahnhof

Für umfangreiche Neubauten ist in der Bundesrepublik und auch in West-Berlin gesetzlich ein Planfeststellungsverfahren vorgeschrieben, das im Oktober 1980 beantragt wurde: Prüfung von Seiten der Verwaltung, welche Auswirkungen ein derartiges Bauvorhaben auf alle Belange des öffentlichen Lebens hat, auch auf Umwelt, Natur und Mensch, und öffentliches Auslegen der beabsichtigten Baupläne, damit Betroffene ihre

Einwände geltend machen können. Dies gehört einfach zum westlichen Demokratieverständnis, war aber in der DDR unbekannt.

Der geplante Südgüterbahnhof hatte ein derartiges Planfeststellungsverfahren zu durchlaufen. Weil es sich um unbebautes (Eisenbahn-Betriebs)gelände handelte, sollte das Naturschutzgesetz nicht berücksichtigt werden. Weil darüber Zweifel auftraten, unterbrach man das Verfahren, holte entsprechende Gutachten ein. Im August 1982 wurden die Unterlagen erneut öffentlich ausgelegt [10.06]

Dieses Vorhaben brachten zahlreiche Privatklagen und Bürgerinitiativen der späteren »Grünen« zu Fall, weil dafür das seit 1939 vorgesehene Schöneberger Südgelände mit seinen inzwischen entstandenen Kleingartenanlagen geopfert werden sollte. Außerdem waren die schon 1979 ermittelten Leistungsanforderungen an den Südgüterbahnhof bereits 1984 mit weiterhin sinkender Tendenz überholt. Da jetzt die Vereinbarung über den Bau des Südgüterbahnhofs nicht realisiert werden konnte, verfügte die DR wieder über das dem Senat angebotene Gelände des Potsdamer und des Anhalter Bahnhofs [10.06]

Die Senatskanzlei lud die DDR-Vertreter zum 13. Februar 1986 ein, um einen Ausweg aus der Misere zu finden. Die Gespräche, an denen Senatsrat Dietrich Hinkefuß und sein Mitarbeiter Buchmüller sowie die Abteilungsleiter Dr. Herbert Meißner vom Ministerium des Verkehrswesens (MfV) und Burger vom Ministerium für Auswärtige Angelegenheiten (MfAA) der DDR teilnahmen, fanden im Restaurant »Airhouse« im Grunewald statt. Im Bericht an das SED-Politbüro, Dr. Mittag, hieß es dann: *»Unter Berücksichtigung der Interessen beider Seiten ist der Senat deshalb bereit, Alternativvorschläge der DDR entgegen zu nehmen und hierüber zu verhandeln. Solche Alternativen könnten sich auf den Bau eines neuen Bahnhofs in einem aus der Sicht des Umweltschutzes unkomplizierten Bereich Westberlins oder auf den Ausbau vorhandener Eisenbahnanlagen mit modernster Technik zur Erhöhung der Leistungsfähigkeit der Deutschen Reichsbahn in Westberlin beziehen. Der Senat geht dabei davon aus, daß diese Alternativvorschläge der DDR die gleichen Konditionen wie die Vereinbarung zum Bau eines Südgüterbahnhofs beinhalten, d.h. die Interessen des Senats (Überlassung von Eisenbahngelände für städtebauliche Zwecke) und auch die Interessen der DDR (Finanzierung neu zu bauender bzw. modernisierender Eisenbahnanlagen durch den Senat von Westberlin) berücksichtigen würden«* [10.07].

Schon am 25. Februar 1986 legte man sich im MfV fest: Der Bau eines neuen zusätzlichen Güterbahnhofs in West-Berlin – auch an anderer Stelle – scheidet aus, künftig sollen auf Kosten des Senats vorhandene Eisenbahnanlagen ausgebaut werden, um in West-Berlin Ausgaben zu senken und Einnahmen zu erhöhen. In diese Überlegungen des Ostens waren (überzogenerweise) eingeschlossen das sogenannte Vorratsvermögen der DR in West-Berlin, das die Verwaltungsstelle des ehemaligen Reichsbahn-Vermögens (VdeR) verwaltete und kontrollierte, und die Pfändungen von Betriebsvermögen der DR durch Gerichte in West-Berlin, weil die DR ihren finanziellen Verpflichtungen gegenüber dem Senat nicht nachkam. Die DDR erhoffte sich folgenden Nutzen:

- ***»Der Senat übernimmt die Finanzierung der Ausbaumaßnahmen in Höhe von ca. 350 Mio VM« (= Valuta-Mark, zahlenmäßig mit DM-West gleichzusetzen; d.A.)***
- ***Durch umfassende Intensivierung von Eisenbahnanlagen in Westberlin kann eine schrittweise Reduzierung von ca. 700 Arbeitskräften erfolgen. Entsprechend den zentralen Festlegungen sind derartige Reduzierungen durch altersbedingten Personalabgang und Fluktuation zu erreichen. In der Endphase erfolgt eine Lohnkosteneinsparung in Höhe von 20 Mio VM pro Jahr.***
- ***Durch die Verbesserung der Attraktivität der Verkehrsleistungen der Deutschen Reichsbahn in Westberlin wird eine Erhöhung der Valutaeinnahmen in Höhe von 10 Mio VM pro Jahr möglich.***
- ***Durch den Wegfall der Aufwendungen für die Unterhaltung der nicht mehr benötigten Anlagen sowie für die Instandsetzung vorhandener noch benötigter Anlagen, für die der Senat die finanziellen Mittel bereitzustellen hat, werden Aufwendungen in Höhe von ca. 4 Mio VM und ca. 11 Mio M pro Jahr eingespart.«*** **[10.08]**

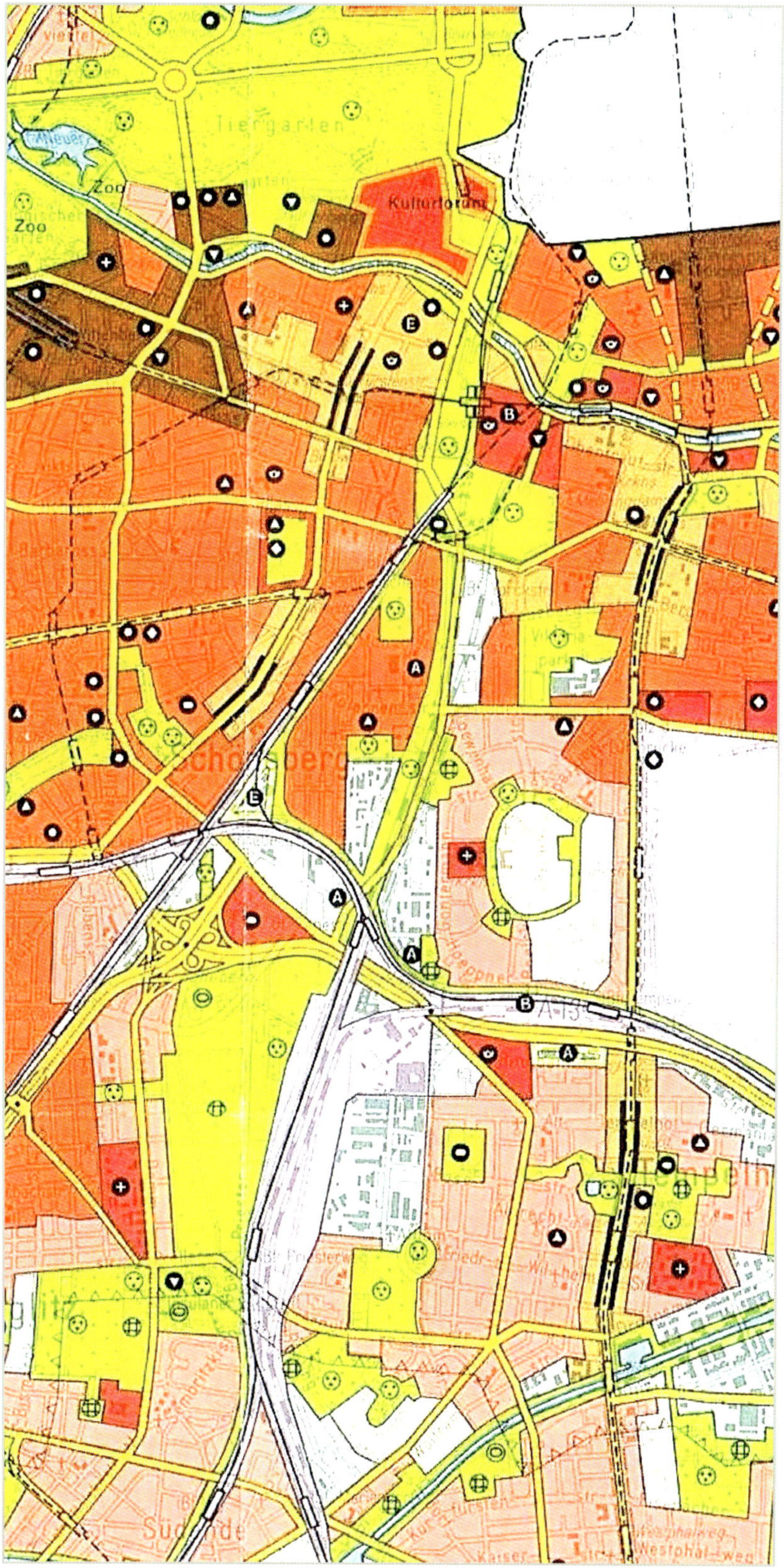

Ausschnitt aus dem unbestätigten Flächennutzungsplan (FNP) 1984, Stand März 1987, nach dem Scheitern des beabsichtigten Südgüterbahnhofs, auf dem die Bahnanlagen im Bereich des ehemaligen Rangierbahnhofs Berlin-Tempelhof stark reduziert wurden (schraffiert). Vom Autobahnkreuz Schöneberg ist jetzt eine Hauptverkehrsstraße zur Trasse der aufzugebenden Anhalter Bahn geplant (A). Die S-Bahn nach Priesterweg beginnt im neu zu bauenden S-Bahnhof Kolonnenstraße und kreuzt die Ringbahn (E). Von der Wannseebahn führt ein Streckenast der S-Bahn zum U-Bahnhof Gleisdreieck (B). Die M(agnet)-Bahn vom Gleisdreieck zum Kemperplatz ist ebenfalls eingezeichnet.

Slg. Frank Böhnke, Berlin

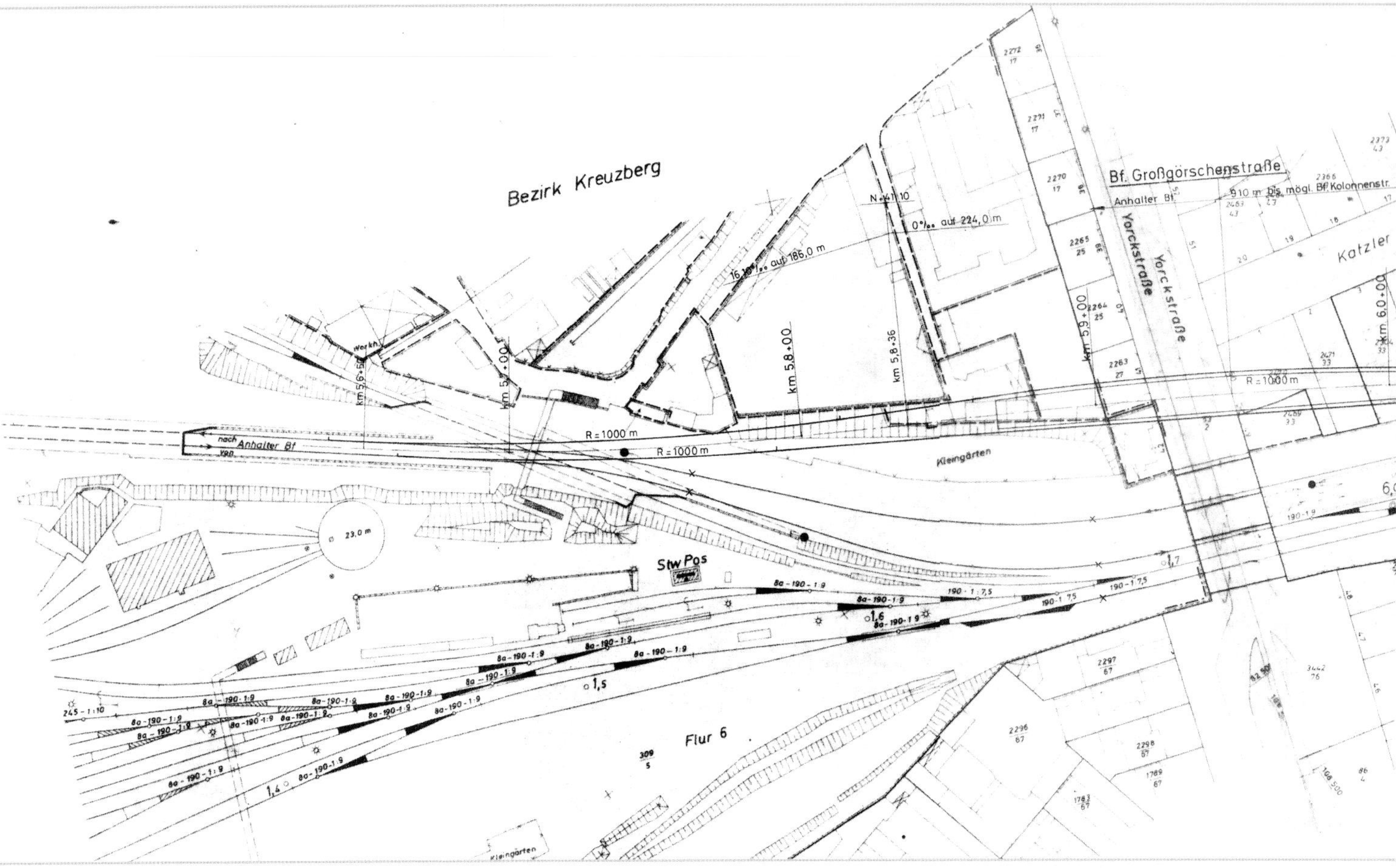

Zugleich war die DR bereit – falls ihre Forderungen erfüllt würden –, Wünsche des Senates zu berücksichtigen, wie z.B. Nutzung von Geländeflächen der DR und Rekonstruktion des Fernbahnteils des Bahnhofs Berlin Zoologischer Garten.

In einem weiteren Spitzengespräch vom 20. März 1986 bestätigten beide Seiten dieses Programm. Sämtliche Bauunterlagen waren der Staatlichen Bauaufsicht der DDR zum Prüfen und Genehmigen vorzulegen [10.09].

Das Bauprogramm begann wie vorgesehen am 5. Juni 1986 im Bahnhof Berlin Zoologischer Garten und wurde noch vor der politischen Wende in der DDR abgeschlossen. Allerdings rechtfertigte der Verkehrsrückgang auf der Schiene jetzt erst recht keinen Südgüterbahnhof oder den Ausbau anderer Güterverkehrsanlagen mehr. Am 25. Januar 1989 schlossen der Senat von Berlin und das Ministerium für Verkehrswesen der DDR erneut eine Vereinbarung: Mit finanzieller Hilfe des Senats sollten der Hamburg-und-Lehrter Bahnhof (HuL) in seiner Kapazität für den Containerverkehr erweitert und mit Verladeanlagen für die »Rollende Landstraße« ergänzt sowie mehrere Eisenbahnbrücken in West-Berlin erneuert werden [10.10]. Mit der staatlichen Einheit Deutschlands finanzierte der Bund das Beseitigen der von der DDR hinterlassenen Altlasten, und der Senat sparte sein Geld. Allerdings rechtfertigte der Verkehrsrückgang auf der Schiene jetzt erst recht keinen Südgüterbahnhof oder den Ausbau anderer Güterverkehrsanlagen, HuL ist als Güterladestelle im Dezember 2003 stillgelegt worden ...

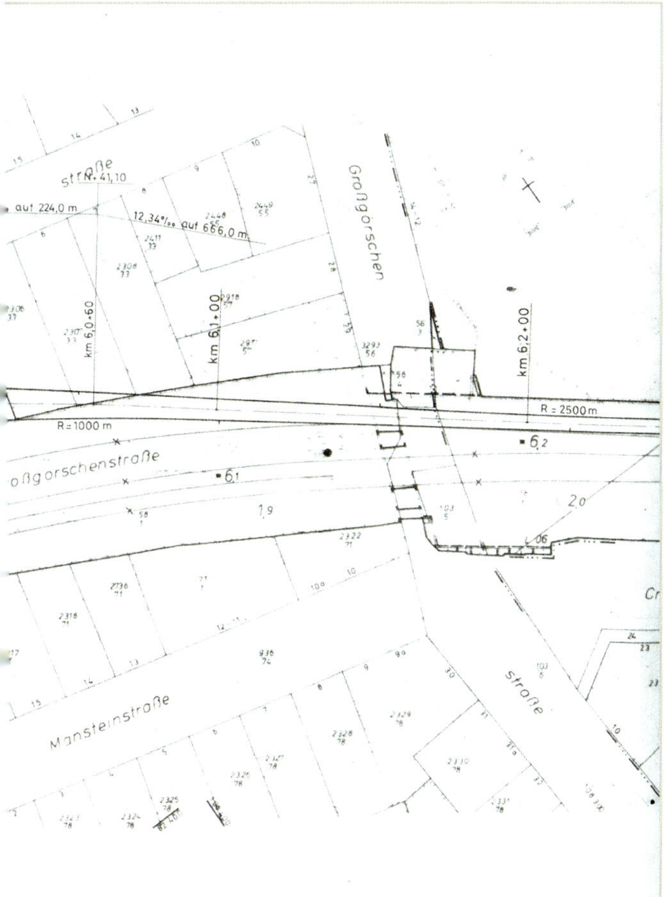

Lageplan des zu verlegenden S-Bahnhofs Großgörschenstraße (heute Yorckstraße/Großgörschenstraße).
Repro aus [10.03]

Quellen:

[10.01] *Bock, Hans: Die Planungen der Reichsbahnbaudirektion Berlin von 1937 bis 1945; in: Archiv für Eisenbahntechnik; Hestra-Verlag [Darmstadt], Heft 24 (Oktober 1969), Seite 16 – 48*

[10.02] *Kuhlmann, Bernd: Eisenbahn-Größenwahn – Die Planungen von 1933 bis 1945 und deren Realisierung; GVE-Verlag, Berlin 1996, Seite 39 – 43*

[10.03] *Deutsche Reichsbahn, Reichsbahndirektion Berlin: Aufgabenstellung der Deutschen Reichsbahn für die Umgestaltung der Verkehrsanlagen im Südbereich von Westberlin, 2 Bände, etwa November 1978*

[10.04] *Wetzlaugk, Udo: Die Alliierten in Berlin; Berlin Verlag Arno Spitz, Berlin 1988, Seite 210*

[10.05] *Ingenieurbüro für Rationalisierung des Eisenbahntransports: Betriebstechnologische Studie (BTS) zum Aufbau des Südbahnhofs in Westberlin, 2 Bände, ohne Jahr*

[10.06] *Kalender, Ural: Die Geschichte der Verkehrsplanung Berlins; Berlin ??, Seite 526 – 529*

[10.07] *-: Bericht über ein erstes Gespräch zwischen Beauftragten des Ministeriums für Verkehrswesen der DDR und des Westberliner Senats zu Fragen der Deutschen Reichsbahn in Westberlin am 13. 2. 1986; in: BStU, MfS – HA XIX, Nr. 484, Seite 008*

[10.08] *-: Konzeption für das weitere Vorgehen gegenüber dem Westberliner Senat zu Fragen der Deutschen Reichsbahn in Westberlin vom 25. Februar 1986; in: BStU, MfS – HA XIX, Nr. 484, BStU-Seite 018 – 021*

[10.09] *-: Bericht über das erste Gespräch mit dem Westberliner Senat zur Renovierung des Fernbahnhofs Zoologischer Garten und Vorschläge für das weitere Vorgehen, vom 20. März 1986; in: BStU, MfS – HA XIX, Nr. 484, eite 043 – 046*

[10.10] *Hofmann, Ulrich: Vereinbarung zu Fragen des Eisenbahn-Güterverkehrs in Berlin (West) abgeschlossen; in: Fahrt frei – Beilage für Westberlin. – Nr. 3/1989*

11. Die elektrische S-Bahn nach Wandlitzsee

Eine Episode in der Geschichte der als »Heidekrautbahn« bekannten Niederbarnimer Eisenbahn (NBE), die in Publikationen [11.02, 11.03] stets nur am Rande oder gar nicht erwähnt wird, ist das beabsichtigte Einrichten eines elektrischen S-Bahn-Betriebes bis nach Wandlitzsee. Über Anlass, Einzelheiten und Hintergründe soll informiert werden.

Am 21. Mai 2001 feierte die heutige Niederbarnimer Eisenbahn (NBE), die 1927 aus der Reinickendorf-Liebenwalde-Groß Schönebecker Eisenbahn AG hervorgegangen ist, ihr 100-jähriges Bestehen. 1948 hatte ein sowjetischer Baustab begonnen, zwischen Berlin-Karow und Abzweig Schönwalde (Asw) sowie zwischen Wensickendorf und Oranienburg/Fichtengrund neue Strecken anzulegen. Die in die Verbindung zwischen Stettiner und Nordbahn einbezogene 9,69 km lange Strecke der NBE – auch als »Nördlicher Güteraußenring (GAR)« bekannt – ist noch heute doppelt kilometriert (nach NBE und GAR) und wurde am 6. Mai 1950 eröffnet. Der Kreuzungsbahnhof Schönerlinde entstand vermutlich erst 1951/52 [11.01]. Die in der DDR befindlichen Strecken der NBE waren am 1. Juli 1950 in Verwaltung und Nutznießung der Deutschen Reichsbahn (DR) genommen und sind am 1. September 1998 rückübertragen worden. Am 1. Juli 2000 kaufte diese Bahn zum 1. Dezember 2000 den Abschnitt Abzweig Asw – Berlin-Karow (ausschl.) hinzu. Bereits 1997 ist die 1950 in eine Hauptbahn umgewandelte Strecke Berlin-Karow – Basdorf wieder als Nebenbahn eingestuft worden. Die Regionalzüge fährt die Niederbarnimer Eisenbahn-Betriebsgesellschaft (NEB), eine Tochter der NBE.

Was die Partei beschloss ...

Am 26. und 27. März 1976 kamen ausgewählte Berliner Genossen der staatstragenden SED (Sozialistische Einheitspartei Deutschlands) zu ihrer XII. Bezirksdelegiertenkonferenz in der heute abgerissenen Werner-Seelenbinder-Halle in der Nähe der Landsberger Allee zusammen – nichts Ungewöhnliches für diese Zeit. Neben vielen vorgesehenen Verbesserungen im Berliner Verkehrswesen erregten zwei Vorschläge besondere Aufmerksamkeit:

- der Bau der bereits seit den Sechzigerjahren geplanten, aber immer wieder verschobenen S-Bahn-Strecke am Berliner Außenring (BAR) zwischen Grünauer Kreuz und Karower Kreuz

und zur Überraschung aller

- die Elektrifizierung der Strecke von Berlin-Karow nach Wandlitz für den S-Bahn-Verkehr [11.04].

Bisher war es üblich, solch große Projekte vorher von Fachleuten auf ihre technische Machbarkeit und ihre wirtschaftliche Realisierung prüfen zu lassen. Doch von der beabsichtigten S-Bahn nach Wandlitz waren selbst die Genossen im Ministerium für Verkehrswe-

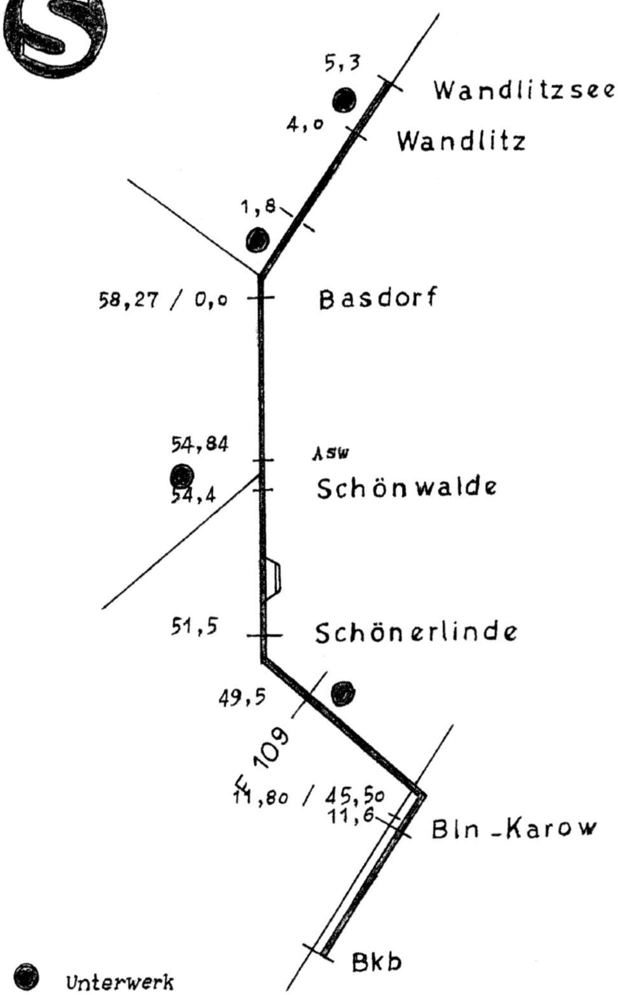

Übersichtskarte der geplanten S-Bahn-Strecke nach Wandlitzsee mit eingetragenen Unterwerken. *Repro aus [11.06]*

sen (MfV) und in der Reichsbahndirektion (Rbd) Berlin wie vom Blitz getroffen.

Aber noch stand ja der IX. Parteitag der SED bevor, der vom 18. bis 22. Mai 1976 im eben erst am 23. April 1976 eingeweihten Palast der Republik tagte (an dieser Stelle steht heute das als Humboldt-Forum wiederaufgebaute Berliner Stadtschloss). Würde der für den Ausflugs-, aber auch für den Berufsverkehr interessante, aber wegen der benachbarten hochgesicherten Waldsiedlung für die SED-Bonzen sehr brisante Vorschlag in die Direktive für den Volkswirtschaftsplan 1976 bis 1980 aufgenommen werden? Die Delegierten beschlossen – wie stets einmütig – dieses Vorhaben.

Zum bevorstehenden Tag des Eisenbahners der DDR im Juni 1976 informierten Dieter Wöstenfeld als Stellvertreter des Generaldirektors der DR und Helmut Veit als Vizepräsident für Investitionen der Rbd Berlin die Öffentlichkeit über die vom IX. Parteitag beschlossenen Projekte. Im Fall der nach Norden führenden neuen elektrischen S-Bahn-Strecke konkretisierte man Wandlitzsee als künftigen Endpunkt für den Ausflugsverkehr [11.05].

Indessen waren insbesondere die Mitarbeiter der Vorbereitungsgruppe der Verwaltung der S-Bahn und der anderen technischen Bereiche fleißig, um das Forderungsprogramm für dieses Bauvorhaben zu erarbeiten [11.06]. Von Vorteil war, dass S-Bahn-Züge und Triebwagen (LVT) der »Heidekrautbahn« nach Basdorf – Groß Schönebeck (Schorfh)/Liebenwalde bereits seit 1. Februar 1976 im S-Bahnhof Berlin-Karow am gleichen Bahnsteig hielten, also Gleisverbindung zwischen beiden Strecken bestand. Deshalb benötigten die Reisenden kaum zwei Minuten zum Umsteigen, statt wie früher in Berlin-Blankenburg den beschwerlichen Gang vom S-Bahnsteig durch die Bahnunterführung zum Behelfsbahnsteig antreten zu müssen (Mindestübergangszeit 10 Minuten!). Die stets wiederkehrende Behauptung [11.07], das bahnsteiggleiche Umsteigen in Berlin-Karow sei der hoffnungsvolle Beginn für die neue S-Bahn nach Wandlitzsee gewesen, trifft absolut nicht zu.

Die hohen Kosten bestürzen alle

Elektrischen S-Bahn-Betrieb auf einer vorhandenen Strecke einzurichten, die auch von Fernzügen befahren werden muss, bringt Probleme mit sich, von denen Außenstehende und gerade die beschließenden Genossen wenig Ahnung haben. Es ist nicht damit getan, die befahrenen Gleise mit Stromschienen auszurüsten und die nötigen Unterwerke mit den Schaltanlagen zu installieren.

Eine elektrische S-Bahn ist als Hauptbahn zu betreiben; dafür ist der Abschnitt Basdorf – Wandlitzsee einschl. Streckenblock herzurichten, alle Bahnübergänge sind jetzt technisch zu sichern. Zwischen Berlin-Karow und Basdorf waren zwei neue Bahnübergangssicherungsanlagen notwendig, für die anschließende Strecke nach Wandlitzsee weitere drei, bereits vorhandene waren an die höhere Geschwindigkeit anzupassen. Außerdem sollten vier Fußgängerüberwege geschlossen werden. Für das notwendige Erhöhen der Geschwindigkeit von 60 auf nun 80 km/h mussten die Gleise, wenn nicht mit Bockschwellen für die Stromschienenträger erneuert, mindestens durchgearbeitet und die Überhöhungen in den Gleisbögen vergrößert werden. Bei elektrischem (Gemeinschafts-) Betrieb schreiben die sicherungstechnischen Grundsätze größere Gefahrpunktabstände hinter Einfahrsignalen und längere Durchrutschwege hinter Ausfahrsignalen vor. Außer dem notwendigen Versetzen von Signalen sind die Sicherungs- und auch die Fernmeldeanlagen gegen den Einfluss des (Gleich-) Stromes der Traktion zu schützen. Wegen kurzer Kreuzungszeiten werden gleichzeitige Einfahrten in die Bahnhöfe gefordert, deren Gleise wegen der vorgeschriebenen Gefahrpunktabstände und Durchrutschwege verlängert werden müssen, wenn man nicht die Nutzlänge der Gleise verkürzen kann oder will. An allen Haupt-, Rangier- und Gleissperrsignalen an Fahrwegen der S-Bahn waren damals elektrisch betriebene Streckenanschläge für die Fahrsperre nachzurüsten. Im neuen Bahnhof Wandlitzsee musste gar ein neues elektromechanisches Stellwerk errichtet werden.

In Berlin-Karow wenden die Züge der NEB am hohen Bahnsteig der S-Bahn und fahren zurück nach Basdorf. *Foto: Kuhlmann*

Das große Empfangsgebäude des Bahnhofs Wandlitzsee von der Straßenseite ist 1928 als Hotel eröffnet worden. Es ist heute u.a. Sitz der Tourist-Information Naturpark Barnim e.V.

Für den elektrischen S-Bahn-Betrieb sind die vorhandenen Bahnsteige auf 960 mm über Schienenoberkante (SO) zu erhöhen. Das ist während der Umbauphase von 380 mm auf 960 mm mit vielen Unannehmlichkeiten und Umwegen für die Reisenden verbunden. Problematisch ist wegen des Höhenunterschiedes das Aus- und Einsteigen an solchen hohen Bahnsteigen bei gewöhnlichen Reisezugwagen, wie das an dem Inselbahnsteig in Basdorf für die Züge Richtung Wensickendorf – Liebenwalde beabsichtigt war. In Wandlitzsee sollte es dagegen zwei Seitenbahnsteige mit unterschiedlicher Höhe geben. Selbstverständlich waren den höheren Bahnsteigen die Zugänge, die Beleuchtung sowie Informationsanlagen anzupassen. Die damalige Hauptabteilung I der Rbd Berlin (zuständig für Militärtransporte) forderte für die Strecke das Einhalten der größeren Lichtraumumgrenzung 1-SM/DR mit der Fahrzeugbegrenzung 1-WM. An den 960 mm hohen S-Bahnsteigen gilt (mit Ausnahmegenehmigung) ein Gleisabstand von 1625 mm, für 1-SM/DR dagegen 1725 mm, in Ausnahmefällen auch 1700 mm.

Bahnsteigseite des Bahnhofs Wandlitzsee mit einem Triebzug der NEB. *Fotos: Kuhlmann*

Wandlitzsee

Istzustand

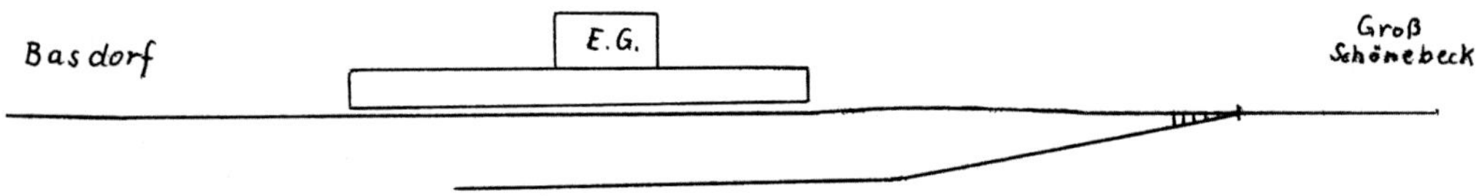

Künftiger Zustand

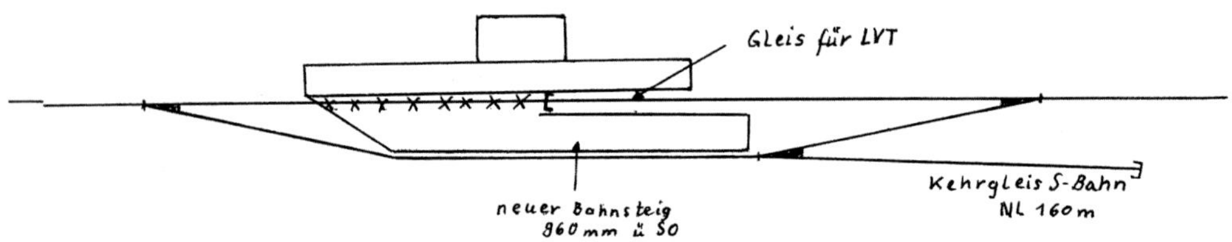

Für den Verkehr der elektrischen S-Bahn war der Bahnsteig in Wandlitzsee auf eine Höhe vom 960 mm umzubauen. Für die Weiterfahrt nach Groß Schönebeck (Schorfh) mit dem LVT genügte der bisherige niedrige Bahnsteig.
Repro aus [11.06]

Während im Bahnhof Basdorf die Bahnsteiggleise umfahren werden können, ist das an den Haltepunkten der freien Strecke Schönerlinde und Schönwalde nicht möglich. Deshalb waren bis zur Aufnahme des elektrischen S-Bahn-Betriebes Pläne aufzustellen, wie im Bedarfs- oder Ernstfall mit einer Stopfmaschine o.ä. das Gleis rund 10 cm vom Bahnsteig abgerückt werden kann.

Die Stromversorgung der neuen S-Bahn-Strecke sollten vier unbesetzte Unterwerke mit einer Leistung von je 2500 kVA übernehmen, und zwar in Schönerlinde an der heutigen Bundesstraße 109 (km 49,37), in Schönwalde zwischen dem Abzweig Asw und der Straße Schönwalde – Mühlenbeck (etwa km 54,3 bis 54,6), in Basdorf zwischen dem Gleis nach Groß Schönebeck und der Bahnhofstraße (etwa km 0,25 bis 0,35) und in Wandlitz neben dem Streckengleis (etwa km 4,0 bis 4,4). Alle vier Unterwerke waren vom Schaltwerk Pankow aus fernzusteuern. Um eine stabile Stromversorgung zu gewährleisten, mussten alle vier Unterwerke mit einer 30-kV-Ringleitung verbunden werden, die in den bestehenden Unterwerken Karow und Mühlenbeck anschließen sollte.

Zwischen Berlin-Karow und Wandlitzsee ließ sich wegen der eingleisigen Strecke lediglich ein 40-Minuten-Zugabstand für die S-Bahn realisieren. Die aus der Stadt kommenden Züge kreuzten in Berlin-Karow und in Basdorf. Um trotz des S-Bahn-Verkehrs Güterzüge fahren zu können – zwischen Abzweig Karow West (Akw) und Schönfließ auf dem BAR bestand bis 2. September 1984 immer noch Gemeinschaftsbetrieb zwischen Fern- und S-Bahn, so dass Güterzüge über Basdorf umzuleiten waren –, war zwischen Abzweig Schönwalde und Basdorf ein zweigleisiger Ausbau vorgesehen. Ebenso forderte die Verwaltung der S-Bahn für die damals noch eingleisige S-Bahn-Strecke zwischen Berlin-Blankenburg und Berlin-Karow einen zweigleisigen Ausbau mit Brückeneinbau über den BAR, obwohl keine zusätzliche Zuggruppe vorgesehen war.

Nach Basdorf – Wandlitzsee sollten nach dem damaligen Fahrplan [11.08] montags bis freitags Vollzüge der Zuggruppe L von Alexanderplatz kommend verkehren, an Sonnabenden und Sonntagen aber die Zuggruppe U, die in Berlin-Schöneweide begann; sicherlich sollte

2. Gleis Asw-Basdorf

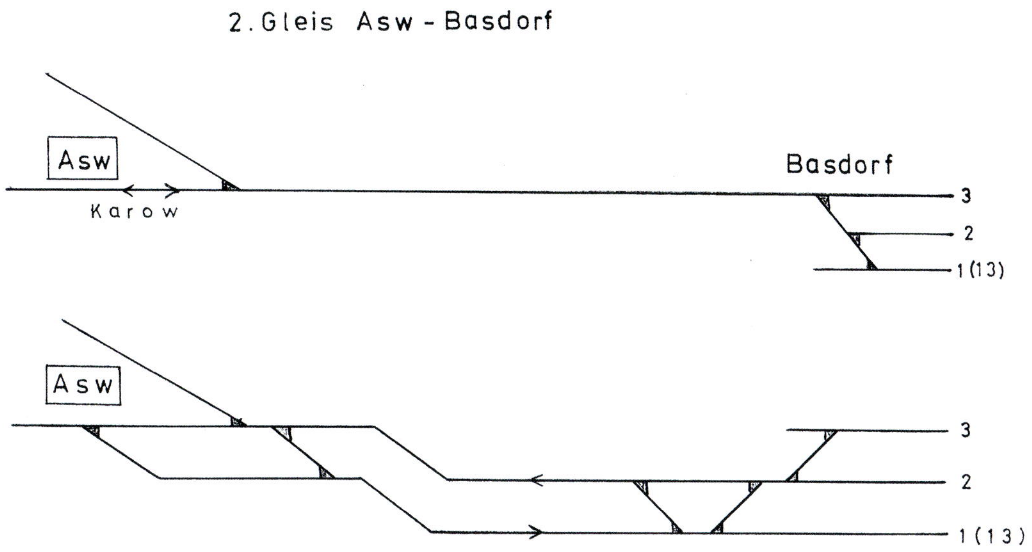

Beabsichtigter zweigleisiger Ausbau zwischen Abzweig Asw und Basdorf. Was auf der Skizze so einfach aussieht, wäre in Wirklichkeit ein umfangreicher Umbau der Bahnanlagen mit Geländeerwerb gewesen; ob während des Baus überhaupt noch ein Zug fahren konnte?

Repro aus [11.06]

Das bescheidene Empfangsgebäude des Bahnhofs Basdorf.

Foto: Kuhlmann

Zugkreuzung der NEB im Bahnhof Basdorf. *Foto: Kuhlmann*

weiterhin jeder zweite Zug nach Berlin-Buch fahren. Nur in Basdorf und Wandlitzsee fertigten damals Aufsicht bzw. Fahrdienstleiter die Züge ab. Über Fernbeobachtungsanlagen (FBA) sollten die Fahrdienstleiter des (Betriebs-)Bahnhofs Schönerlinde, des Abzweigs Asw und des neuen Bahnhofs Wandlitzsee die Haltepunkte Schönerlinde, Schönwalde und Wandlitz die Züge abfertigen.

Die Vorbereitungsgruppe der Verwaltung der S-Bahn ermittelte für dieses Projekt einen Investitionsaufwand von insgesamt 48,342 Millionen Mark. Die jährlichen Selbstkosten wären im Vergleich zwischen bisherigen LVT- und neuen S-Bahn-Betrieb um 2,098 Millionen Mark gesunken. Doch stand ein erhöhter Arbeitskräfteaufwand von insgesamt 15,8 VBE (Vollbeschäftigteneinheiten) gegenüber, die hauptsächlich durch die S-Bahn-Triebwagenführer bedingt waren. Dadurch verringerte sich der jährliche Kostenvorteil von 2,098 Millionen Mark auf lediglich 0,867 Millionen Mark. Für DDR-Verhältnisse hätten sich damit die Investitionen nach über 55 Jahren amortisiert ... Der wirtschaftliche Effekt einer elektrischen S-Bahn war also mehr als fragwürdig.

Was die Partei beschließt, wird sein – oder?

In diese Zeit der Vorbereitungen fiel auch die Zentrale Oberbauerneuerung (ZOE) für die Strecke Berlin-Karow – Basdorf. Wie im Forderungsprogramm ausgewiesen, berücksichtigte man den künftigen S-Bahn-Betrieb und baute Bockschwellen für die Aufnahme

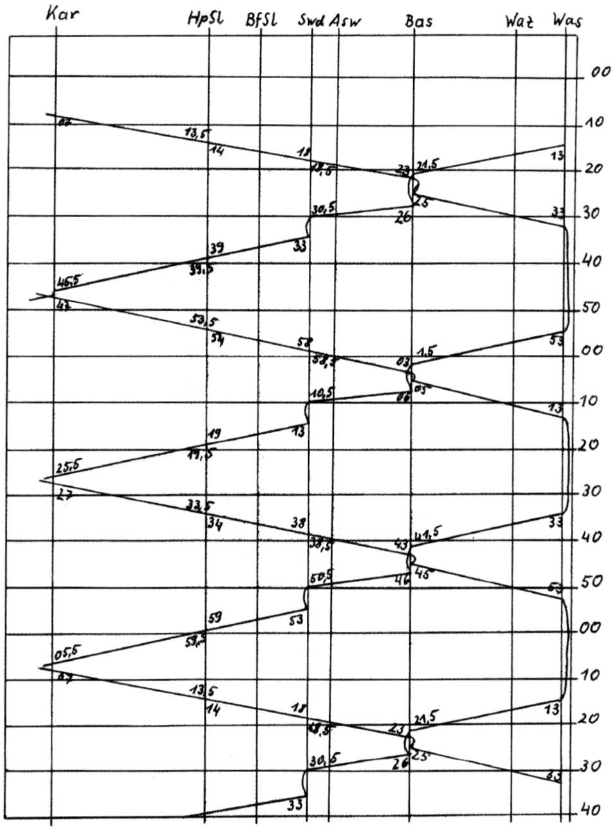

Graphischer Umlaufplan für die elektrischen S-Bahn-Züge nach Wandlitzsee. *Repro aus [11.06]*

der Stromschienenträger im Gleis ein. Die ebenfalls in dieser Zeit beschafften Fahrtrichtungsanzeiger vom Typ Pragotron für die S-Bahnhöfe im Ostteil wiesen auf zwei ihrer 40 Blätter Wandlitzsee und Basdorf als künftige Fahrtziele aus …

Bereits bei der Vorlage des Forderungsprogrammes wies der damalige Vizepräsident für Investitionen der Rbd Berlin daraufhin: »*Die Einordnung des Vorhabens bis 1980 läßt in der materiellen Absicherung Probleme erwarten und verschärft die bereits jetzt durch die Vielzahl der laufenden Baumaßnahmen vorhandene Zersplitterung der Kapazitäten. Durch den eingetretenen Verzug in der Bearbeitung des Forderungsprogrammes ist die IVE (Investitionsvorentscheidung statt 1977; d.A.) erst 1978 zu treffen.*« Ein zeitlicher Verzug war damit vorprogrammiert. Dann wurde es immer ruhiger um dieses Vorhaben, bis niemand mehr davon sprach. 1980 fuhr die S-Bahn nach Wandlitzsee immer noch nicht.

Ein amtliches Dokument, dieses Vorhaben einzustellen, gibt es nicht, auch beim damaligen Vizepräsidenten für Investitionen ist kein derartiges Schreiben eingegangen. Doch dürften drei Gründe dazu geführt haben:

1. Die hohen Baukosten und die geringe Wirtschaftlichkeit. Es ist anzunehmen, dass die Kosten für die einzubauenden Bahnübergangssicherungsanlagen viel zu niedrig waren, abgesehen von der mangelnden Lieferbereitschaft des VEB Werk für Signal- und Sicherungstechnik Berlin (WSSB), der vorrangig in den Export eingebunden war. Zweifelhaft ist, ob die vier Fußgängerüberwege geschlossen werden durften.
2. Die brisante Nähe der Waldsiedlung Wandlitz für die Mitglieder von Partei und Regierung. War es politisch vertretbar, dieses Gebiet um den Wandlitzsee touristisch zu erschließen? Konnten dadurch Außenstehende nicht erst recht auf diesen erst nach den Ereignissen vom 17. Juni 1953 errichteten und als Wildtierschutzgebiet getarnten Hochsicherheitstrakt aufmerksam werden?
3. Die Eigentumsverhältnisse dieser der Niederbarnimer Eisenbahn (NBE) gehörenden Strecke, die am 1. Juli 1950 unter Verwaltung und Nutznießung der DR gestellt wurde. Lohnten sich überhaupt staatliche Investitionen in eine fremde Bahn, obwohl die DR nur für das Erhalten eines betriebssicheren Zustandes (einschl. Ersatz verschlissener Anlagen) verantwortlich war?

Wir werden es wohl nie genau erfahren. Bereits 1963 und 1965 und auch später gab es verschiedene Vorschläge zur Verkehrsanbindung des Raumes Basdorf an Berlin, doch keiner wurde realisiert.

Danach sollte der Berliner Senat – angeregt durch die Fraktion der Grünen im Verkehrsausschuss des Berliner Abgeordnetenhauses – mit einem Prüfauftrag feststellen, ob mit Zwei-System-Fahrzeugen nach der bekannten Duo-S-Bahn – die von Mai 1994 bis Mai 1995 achtmal täglich zwischen Oranienburg und Hennigsdorf pendelte – auf der Strecke von Ostbahnhof nach Berlin-Karow und weiter mit Diesel auf den

Gleisen der Heidekrautbahn nach Basdorf ein Betrieb zweckmäßig und wirtschaftlich ist [11.09]. Ob die Kosten dafür wirklich deutlich niedriger sind, weil lediglich die Stromversorgungsanlagen wegfallen, nicht aber die anderen Anpassungsarbeiten? Dieser Vorschlag begeisterte die S-Bahn Berlin GmbH, deren damaliger Geschäftsführer Axel Nawrocki darin einen »Ersatz« für die seit langem geplante S-Bahn am BAR zum Flughafen Berlin-Schönefeld sah und gleich auf fehlende, nicht geplante Bahnhöfe aufmerksam machte: Biesdorfer Kreuz, Biesdorf Süd, Wuhlheide, Spindlersfeld und Grünauer Kreuz [11.10]. Auf diese Weise würde die S-Bahn Berlin GmbH – sofern ihr die Duo-S-Bahn überhaupt zugeordnet würde – etwas vom »großen Kuchen« des Verkehrsaufkommens zum künftigen Großflughafen und damit Einnahmen abbekommen. Aber das ist bereits ein anderes Thema …
Die erste Duo-S-Bahn dieser Art hatte damals technische Schwächen und konnte betrieblich noch nicht befriedigen.

Die Duo-S-Bahn verkehrte zwischen Oranienburg und Hennigsdorf als S 19: Von Oranienburg bis Birkenwerder elektrisch (mit Stromschiene), dann weiter bis Hennigsdorf ... ... mit Dieselantrieb. Das Foto zeigt die beiden Viertelzüge 485 114/115 am 30. Mai 1994 beim Halt in Hohen Neuendorf West. *Foto: Th. Splittgerber*

Quellen:

[11.01] Kuhlmann, Bernd: Der Berliner Außenring; Verlag Kenning, Nordhorn 1997, Seite 12/13

[11.02] Opravil, Jürgen: Die Heidekrautbahn – Geschichte der Reinickendorf-Liebenwalde-Groß Schönebecker Eisenbahn, später Niederbarnimer Eisenbahn; hrsg. von Chronik Pankow und Förderverein Verkehrsgeschichte Berlin e.V., Berlin 1995

[11.03] Preuß, Erich: Die Niederbarnimer Eisenbahn – Von Berlin ins Heidekraut; transpress-Verlag, Stuttgart 2001, Seite 107

[11.04] Hütter, Hans-Joachim: Perspektiven und Aufgaben des Berliner Verkehrswesens; in: Verkehrsgeschichtliche Blätter [Berlin], 3 (1976), Heft 4/5, Seite 28 – 32

[11.05] Schuster, Siegfried: Hauptstadtverkehr hat »Vorfahrt«; in: Verkehrsgeschichtliche Blätter [Berlin], 3 (1976), Heft 6, Seite 39 – 40

[11.06] Deutsche Reichsbahn, Reichsbahndirektion Berlin, Vizepräsident für die S-Bahn: Forderungsprogramm zum Bauvorhaben »Ausrüstung der Strecke Berlin-Karow nach Wandlitzsee für den elektrischen S-Bahn-Zugbetrieb« (Kurzbezeichnung: S-Bahn Karow – Wandlitzsee), vom 04.Mai 1977

[11.07] Bley, Peter: Berliner S-Bahn (4.Auflage); Düsseldorf 1989, Seite 35, (7.Auflage), 1997, Seite 39

[11.08] DR-Kursbuch, gültig vom 30.Mai bis 23.September 1976

[11.09] -: Duo-S-Bahn: Probefahrt mit Verzögerung; in: Berliner Morgenpost [Berlin], 103 (2001), Nr. 53 (v. Fr, 23.02.2001), Seite 26

[11.10] -: Dämpfer in Sachen »Duo-Bahn«; in: punkt 3, Nr. 4/2001 (vom 1.März 2001), Seite 21

12. S-Bahnbetriebswerk Berlin-Buchholz (1980 bis 1990)

Nach dem Generalverkehrsplan der »Hauptstadt der DDR« Berlin war vorgesehen, entlang des östlichen Berliner Außenringes (BAR) eine S-Bahn-Trasse zu führen, um Fahrten durch das Zentrum der geteilten Stadt zu vermeiden.

Nachdem am 20. Dezember 1984 die S-Bahn von Springpfuhl bis nach Berlin-Hohenschönhausen eröffnet war, verlängerte man am 20. Dezember 1985 diese bis nach Wartenberg. Im Bau war zu dieser Zeit bereits die Strecke bis zum geplanten S-Bahnhof Sellheimbrücke an der Blankenburger Chaussee (Abzweig Karow Ost). Bereits am 2. September 1984 hatte die S-Bahn zwischen Schönfließ und Abzweig Karow West eine von der Fernbahn unabhängige Trasse erhalten. Das Durchbinden der S-Bahn durch das Karower Kreuz war mit entsprechenden Projekten bereits untersetzt. Im Süden sollte perspektivisch die S-Bahn von Springpfuhl über Wuhlheide bis zum Grünauer Kreuz verlängert werden, um den Flughafen Berlin-Schönefeld günstiger zu erreichen.

Für das Warten und Instandhalten der Fahrzeuge waren im Ostteil der Stadt nur die alten S-Bahnbetriebswerke (S-Bw) Berlin-Grünau und Friedrichsfelde mit den Triebwagenhallen (Twh) Bernau und Oranienburg vorhanden. Darüber hinaus erwartete die Verwaltung der S-Bahn moderne Neubaufahrzeuge der BR 270 (heute 485/885), deren Auslieferung sich wegen mangelnder Produktionskapazitäten für das Inland immer wieder verzögerte. Dennoch wurden seit 1987 die ersten Serienfahrzeuge eingesetzt. In das geplante Bauvorhaben »Karower Kreuz« (Durchbinden der S-Bahn am BAR, Ausbau der Fernbahn) war deshalb der Neubau des S-Bw Buchholz aufgenommen worden. Dafür hatte der Magistrat von (Ost-)Berlin am 9. August 1978 als Standort eine im Besitz der Stadt befindliche Fläche vorgeschlagen, die sich zwischen BAR und Autobahnzubringer zwischen Bucher und Schönerlinder Straße (F 109) befindet.

Die Reichsbahndirektion Berlin ließ deshalb nach Vorstellungen der Verwaltung der S-Bahn vom August 1981 vom damaligen Entwurfs- und Vermessungsbetrieb der DR (EVDR) eine Gleisplanstudie für ein S-Bw Buchholz ausarbeiten. Deren Ziel war es, lediglich nachzuweisen, ob die Fläche für ein derartiges Vorhaben ausreichend ist und welche Instandhaltungs- und Abstellkapazitäten einschl. späterer Erweiterungen hier erreichbar sind. Die technischen Forderungen zur Fahrzeugbehandlung waren in den teilweise großen Gleisabständen berücksichtigt und wurden hier nicht weiter untersucht. Im Februar 1983 lag die Gleisplanstudie für ein neues S-Bw Buchholz vor.

Das für das S-Bw vorgesehene Gelände befindet sich im Panketal, das teilweise mit ehemaligen Rieselfeldern bedeckt ist. Den Untergrund bilden Kiese und Sande, die mit einer starken Schicht Mutterboden

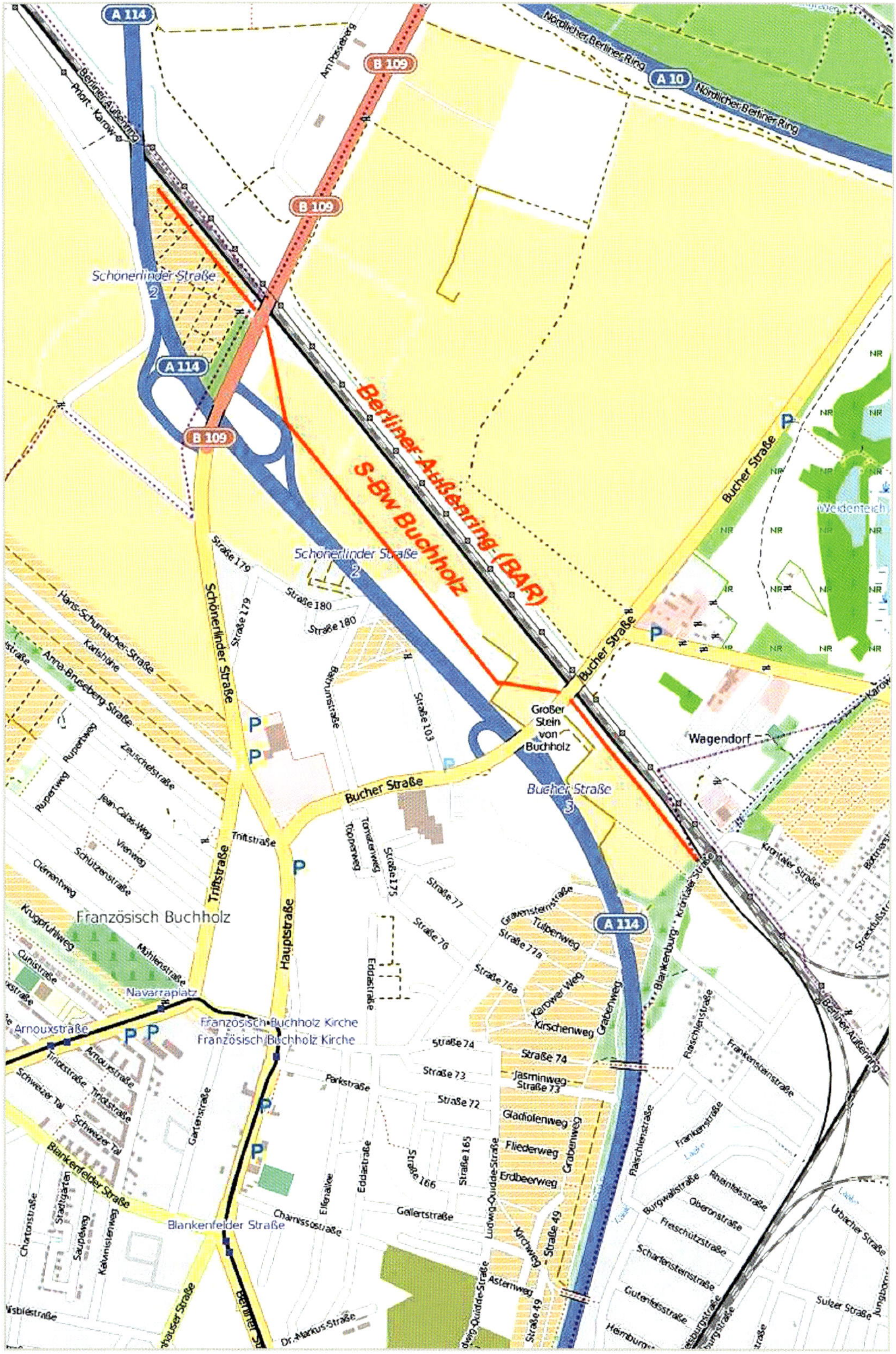

Lage des geplanten S-Bahnbetriebswerkes Berlin-Buchholz am Berliner Außenring zwischen Bucher und Schönerlinder Straße. *Kartengrundlage: openstreetmap, Einzeichnung Kuhlmann*

bedeckt sind. Kennzeichnend ist der hohe Grundwasserstand, der im ungünstigsten Fall nur 10 cm unter Gelände liegt. Um aufwendige Gründungs-, Isolier- und Dichtungsarbeiten sowie Entwässerungen zu vermeiden, sollte das Gelände nach dem Mutterbodenabtrag um 2,50 m aufgeschüttet werden, damit Gründungen von Bauwerken mindestens 10 cm über dem höchsten Grundwasserstand liegen.

Kernstück des neuen S-Bahn-Betriebswerkes bildete eine 180 m lange (Vollzuglänge plus beiderseitige Umfahrung) und 126 m breite Wagenhalle, die technologisch unterschiedlich genutzt werden sollte:

- **für Reinigung und Zwischendurchsicht mit vier Gleisen, vorgeschaltet eine Waschanlage,**
- **für Instandhaltung mit zweimal drei Gleisen und einem dazwischen befindlichem Prüfgleis,**
- **für Werkstätten und Lager mit einem Stumpfgleis,**
- **für Instandsetzung mit zwei Gleisen.**

Für die Gleise waren Arbeitsgruben vorgesehen bzw. für drei Gleise der Instandhaltung gegenüber Schienenoberkante (SO) abgesenkter Hallenfußboden.

Östlich der Halle befand sich eine Waschanlage für die Außenreinigung der Triebwagen. Der Gleisplan ermöglichte ein Waschen sowohl vor als auch nach der

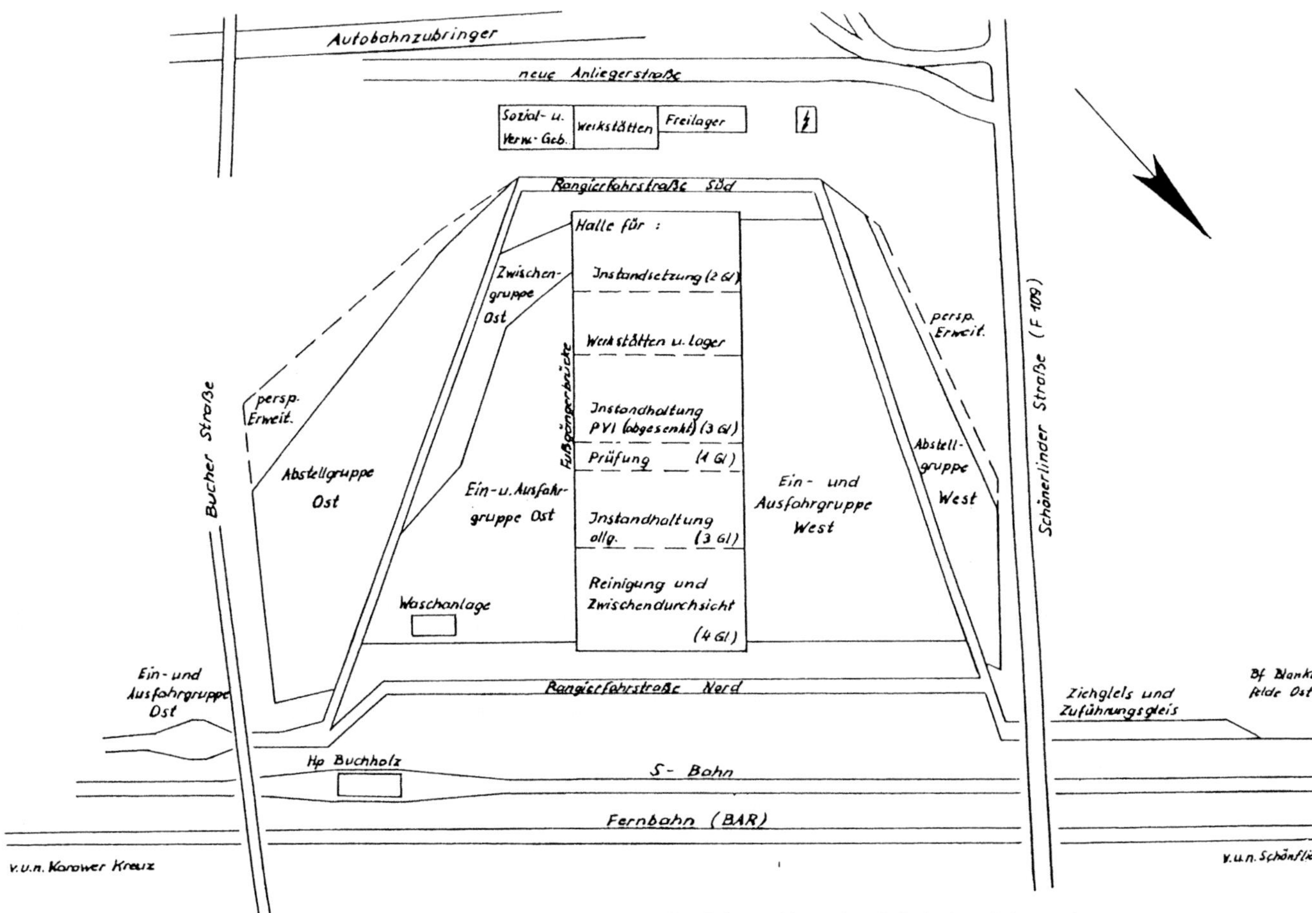

Funktionsskizze des S-Bahnbetriebswerkes Berlin-Buchholz. *Repro aus [12.01]*

Innenreinigung und Durchsicht. Die Wagenhalle sollte nördlich und südlich von je einem zweigleisigen, vornehmlich im Richtungsbetrieb befahrenen Hauptrangierweg umfahren werden, der alle Behandlungs- und Abstellgruppen verbindet.

Östlich der Bucher Straße war eine viergleisige Ein- und Ausfahrgruppe für Richtung Osten mit Fahrten sowohl aus Richtung Berlin-Blankenburg als auch von der neuen S-Bahn-Strecke parallel zum BAR angeordnet, in der die Zugfahrten endeten und begannen. Um einen schnelleren Ein- bzw. Auslauf der Züge zu ermöglichen, war unabhängig von den Rangierbewegungen in den Vorstell- und Waschgleisen östlich der Wagenhalle neben dem zweigleisigen Hauptrangierweg eine viergleisige Zwischengruppe vorgeschaltet. Bei Bedarf konnten in diese aus der westlichen Abstellgruppe Züge nachrücken bzw. bei starkem Einlauf dorthin weiterfahren. Der Gerätezug wartete auf einem aus der Zwischengruppe abzweigenden Gleis auf seinen Einsatz. Im Westen endeten und begannen S-Bahn-Züge im neuen S-Bahnhof Blankenfelde Ost, der mit einem zusätzlichem Stumpfgleis am Bahnsteig Aus- und Einfahrten aus bzw. in Richtung Osten ermöglichte. Vom S-Bahnhof zum geplanten S-Bw sollte es nur eine eingleisige Verbindung geben.

Östlich und westlich der die Wagenhalle umfahrenden Hauptrangierwege waren zusätzliche Abstellgruppen angeordnet, die über den südlichen Hauptrangierweg zu erreichen waren.
Ausziehbewegungen aus den Hallen- und Vorstellgleisen sollten im Osten über die Ein- und Ausfahrgruppe, im Westen über ein zusätzliches Ausziehgleis parallel zur eingleisigen Verbindung zum S-Bahnhof Blankenfelde Ost erfolgen.
Die geplanten Gleisgruppen hatten folgende Abstellkapazität:

- Abstellgruppe Ost	157 Viertelzüge,
- Abstellgruppe West	83 Viertelzüge,
- Zwischengruppe	21 Viertelzüge,
- Ein- und Ausfahrgruppe	16 Viertelzüge,
- Instandhaltungsbereich	151 Viertelzüge,
insgesamt 428 Viertelzüge =	**107 Vollzüge.**

Nicht berücksichtigt wurden Verkehrs- und Ausziehgleise sowie einzelne Stumpfgleise für Einzelwagen, z.B. Aufstellen von Müll-, Werkstatt-, Überführungswagen usw.

Das S-Bw, zwischen Bucher und Schönerlinder Straße gelegen, sollte mit einer südlichen Verbindung beider Straßen erschlossen werden, an der das Dienst- und Sozialgebäude sowie evtl. das Heizhaus mit Kohlebansen vorgesehen waren. Zwischen der S-Bahn-Strecke am Außenring und den Gleisanlagen des S-Bw verlief eine Werk- und Feuerstraße, die westlich der Wagenhalle die Gleise kreuzte. An der nördlichen Werk- und Feuerstraße waren die Waschanlage mit Betriebsgebäude, das Stellwerk und die Kuppelstelle für die Bahnstromversorgung gelegen.

Der Projektant schlug vor, den bereits teilweise vorhandenen Bahnsteig für den S-Bahnhof Buchholz um rund 400 m nach Westen in die Nähe des S-Bw zu verlegen, um dessen Beschäftigten günstige An- und Abfahrt zu ermöglichen. Die das Dienst- und Sozialgebäude und die Triebwagenhalle verbindende Fußgängerbrücke wäre dann bis zum neuen S-Bahnhof zu verlängern gewesen.
Mit der Wiedervereinigung Deutschlands und von Berlin und der damit später vorgesehenen Rückübertragung der Betriebsrechte von der BVG auf die S-Bahn entstanden andere Verkehrsbeziehungen, die (zunächst) eine S-Bahn am BAR überflüssig machen. Das von der BVG modernisierte S-Bw Wannsee verfügte über genügend Instandhaltungskapazitäten, so dass z.B. das an einem günstigeren Standort gelegene und bestehende S-Bw Berlin-Grünau für eine gründliche Modernisierung entlastet werden konnte. Deshalb brauchte man jetzt kein neues S-Bw am Stadtrand mehr.

Nachdem die Berliner S-Bahn auf den Standort Buchholz für ein S-Bahnbetriebswerk verzichtet hatte, wollte im Sommer 1991 der Bereich Technische Dienste der Hauptverwaltung der DR das im Besitz des Senates von Berlin befindliche Gelände für den Bau eines ICE-Bahnbetriebswerkes (ICE-Bw) einschließlich Behandlung der

Schematische Gleisplanskizze des S-Bahnbetriebswerkes.
Zeichnung: Kuhlmann

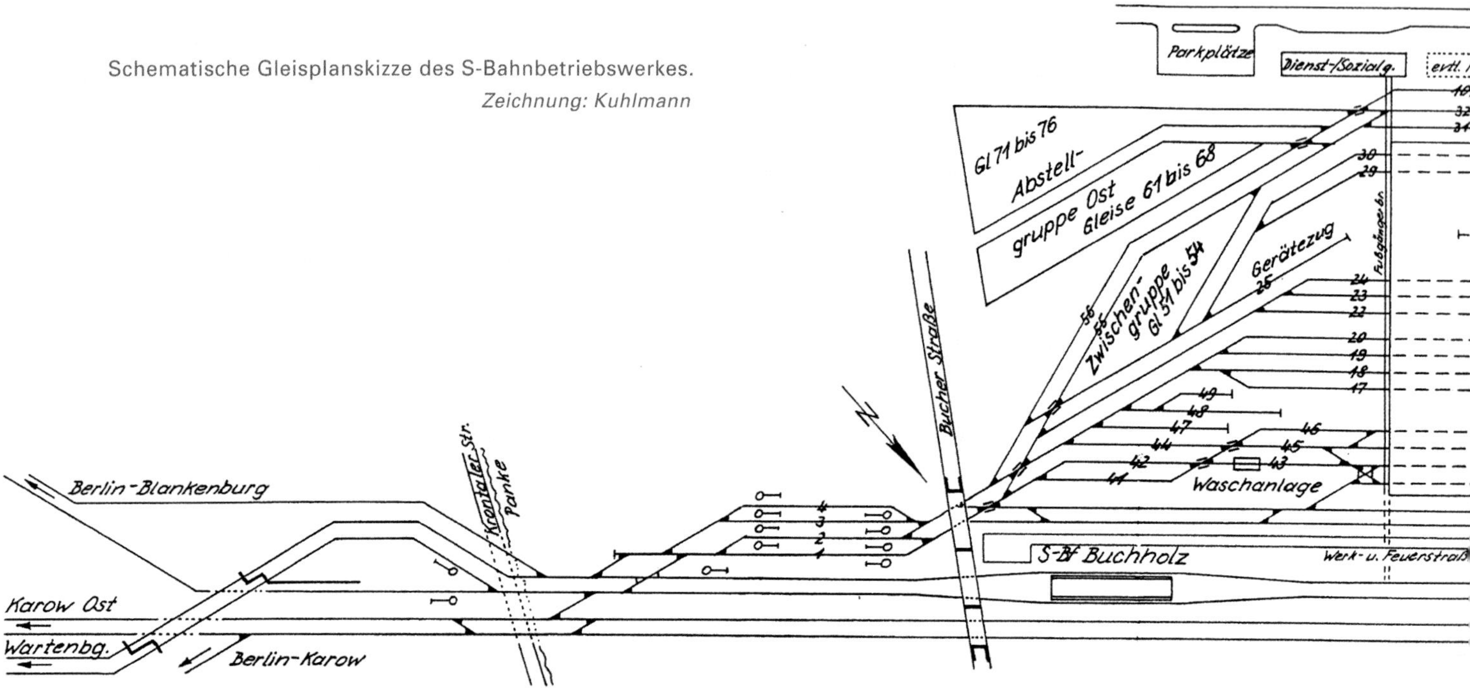

Talgo-Züge nutzen. Dafür waren außerdem die Standorte Berlin-Köpenick, Berlin Nordost, Berlin-Wuhlheide und Berlin-Rummelsburg zu untersuchen. Doch überwogen die Vorteile für ein ICE-Bw in Berlin-Rummelsburg, das dort am 15. September 1998 eröffnet wurde, während die Talgo-Behandlungsanlage auf dem Gelände des früheren Raw Warschauer Straße bereits seit 26. Mai 1994 in Betrieb war.

Pikante Nachträge: Der Senat von Berlin bot die einst für das S-Bw Buchholz vorgesehene Fläche den Bayerischen Motoren-Werken (BMW) als Produktions-Standort an. Der vorbereitete S-Bahnhof Buchholz hätte dann mit privaten Investmitteln als Zugang zum Werk und zum Umland fertiggestellt werden müssen. Scheinbar lockte aber Leipzig mit besseren Bedingungen (sicherlich auch Fördergelder) und nicht mit einer feuchten Wiese, so dass sich BMW vor den Toren Leipzigs ansiedelte.

Die rot-rot-grüne Koalition im Berliner Senat hat im November 2019 die Teilnetze Stadtbahn und Nord-Süd der S-Bahn ausgeschrieben, um die Vorherrschaft der DB AG zu brechen, die zuletzt den Zuschlag für die Ringbahn erhielt. Der Berliner Senat beschloss im Mai 2021, eine »Landesanstalt für Schienenfahrzeuge (LSBF)« zu gründen und für bis zu 3 Milliarden Euro mindestens 1300 neue S-Bahn-Wagen (etwa 327 Halbzüge) zu beschaffen. Diese landeseigenen Fahrzeuge sollen an die jeweiligen Betreiber der S-Bahn-Teilnetze verpachtet und in einer neu zu bauenden Zugbildungsanlage (ZBA) an der Schönerlinder Straße gewartet werden. Das heißt: Die Pläne für den Bau des einst geplanten S-Bw Buchholz am Berliner Außenring könnten wieder aus der Schublade geholt werden! [12.03, 12.04].
Als Bestandteil des »i2030« genannten Investitions-Programmes der Länder Berlin und Brandenburg sowie des VBB und der DB AG zum Ausbau des ÖPNV sind

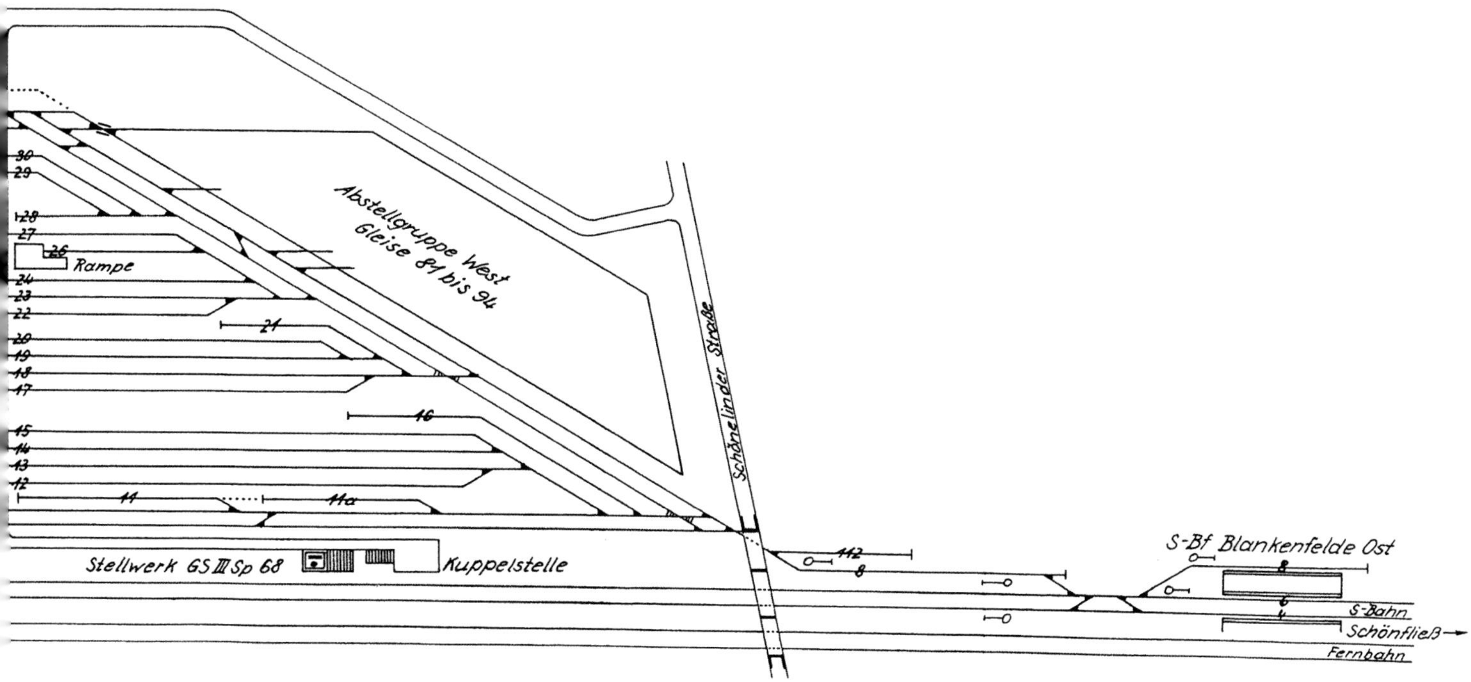

35 Projekte bei der Berliner S-Bahn vorgesehen. Für die ersten zehn schloss man im Februar 2021 eine Finanzierungsvereinbarung ab; die Länder steuern 30 Millionen Euro bei. Vorgesehen sind auch, die von Wartenberg kommende S 75 mit der S 8 nach Birkenwerder über den BAR zu verbinden, neue Bahnhöfe an der Sellheimbrücke, in Malchow Nord, am Karower Kreuz und an der Bucher Straße (ehemals als Buchholz geplant) einzurichten sowie die erwähnte ZBA zu bauen.

Quellen:

[12.01] Reichsbahndirektion Berlin, Verwaltung der S-Bahn: Vorstellungen zum Forderungsprogramm Neubau S-Bw Buchholz, August 1981

[12.02] Deutsche Reichsbahn, Entwurfs- und Vermessungsbetrieb, Produktionsbereich Entwurf, Außenstelle Berlin: Gleisplanstudie S-Bw Buchholz, vom 15.Februar 1983, mit eingearbeiteter Stellungnahme der Verwaltung der S-Bahn vom 27.Dezember 1982

[12.03] Faruhn, Joachim: Koalition einigt sich auf S-Bahn-Ausschreibung, in: Berliner Morgenpost, vom 07. Nov. 2019, Seite 12

[12.04] Anker, Jens: Berlin kauft S-Bahn-Wagen selbst; in: Berliner Morgenpost, vom 7. Mai 2021, Seite 14

13. Fernbahnhof Berlin-Malchow (1984 bis 1994)

Warum sollte zu DDR-Zeiten ausgerechnet das beschauliche Dorf Malchow im Stadtgebiet der »Hauptstadt der DDR Berlin« einen großen Fernbahnhof mit S- und U-Bahn-Anschluss erhalten? Antwort darauf gibt die damalige Wohnungsbaupolitik der DDR und die verkehrstechnische Erschließung der Halb-Stadt Ost-Berlin bis 1990, die im Folgenden vorgestellt werden.

Der Wohnungsbau im Nordosten Berlins

Zwischen der Mitte des 19. Jahrhunderts und dem Ersten Weltkrieg entwickelten sich Berlin und die sich im Umland befindlichen Dörfer relativ unabhängig voneinander. Das betraf auch die nordöstliche Umgebung der damaligen Stadt Lichtenberg mit den Dörfern und Gutsbezirken des Landkreises Niederbarnim, darunter Biesdorf, Falkenberg, Hellersdorf, Hohenschönhausen, Kaulsdorf, Mahlsdorf, Marzahn und Wartenberg. Schon in der zweiten Hälfte des 19. Jahrhunderts veränderte die sich ausdehnende Hauptstadt das Gesicht dieser Dörfer durch den Bau von Eisenbahnstrecken, der Anlage der Kanalisation und der damit verbundenen Rieselfelder, der Bau von großen Krankenhäusern und die Anlage von ausgedehnten Friedhöfen [13.01].

Eines der spektakulärsten Projekte im Nordostraum war der zwischen 1892 und 1923 beabsichtigte Nordkanal, der die Spree von Köpenick über Biesdorf, Marzahn, Falkenberg, Malchow, Blankenfelde, Tegel mit dem Tegeler See sowie mit einem Abzweig nach Birkenwerder/Borgsdorf zum Großschifffahrtsweg Berlin – Stettin (heute Oder-Havel-Kanal) verbinden sollte. Das Vorhaben mit Häfen, Schleusen (auch ein Schiffshebewerk im heutigen Biesdorfer Kreuz war geplant) und Industriesiedlungen wurde nicht realisiert, der große städtebauliche Schub für den Nordosten Berlins blieb aus [13.01].

Sozialpolitiker, Wirtschaftswissenschaftler, Ingenieure und Architekten kritisierten um die Jahrhundertwende die bisherige Berliner Baupolitik mit ihrer Städteplanung. Denn von 1871 bis 1905 war die Berliner Bevölkerung von 0,8 auf 2 Millionen angewachsen, und das hatte zu einer städtebaulichen und sozialen Verdichtung geführt, verbunden mit katastrophalen Wohnverhältnissen. 1907 von beiden Berliner Architektenvereinen herausgegebene Leitlinien *»zur Erlangung eines Grundplanes für die städtebauliche Entwicklung von Groß-Berlin«* blieben Stückwerk. 1908 schrieben Berlin und die umliegenden Gemeinden einen Wettbewerb für einen »Grundplan für die Bebauung von Groß-Berlin« aus, mit dem man sich Lösungsvorschläge erhoffte. 1916 plante der Zweckverband Groß-Berlin, im Nordosten 506.000 Einwohner an Schnellbahntrassen anzusiedeln, im Gebiet der heutigen drei Neubaubezirke allein 338.000 [13.01, 13.02].

Größenwahnsinnig ging es unter Generalbauinspektor Albert Speer während der Nazi-Zeit zu. Nach seinem Generalbebauungsplan für die Neugestaltung der Reichshauptstadt vom 27. Januar 1938 sollte der Nordostraum begrünt und bebaut werden.

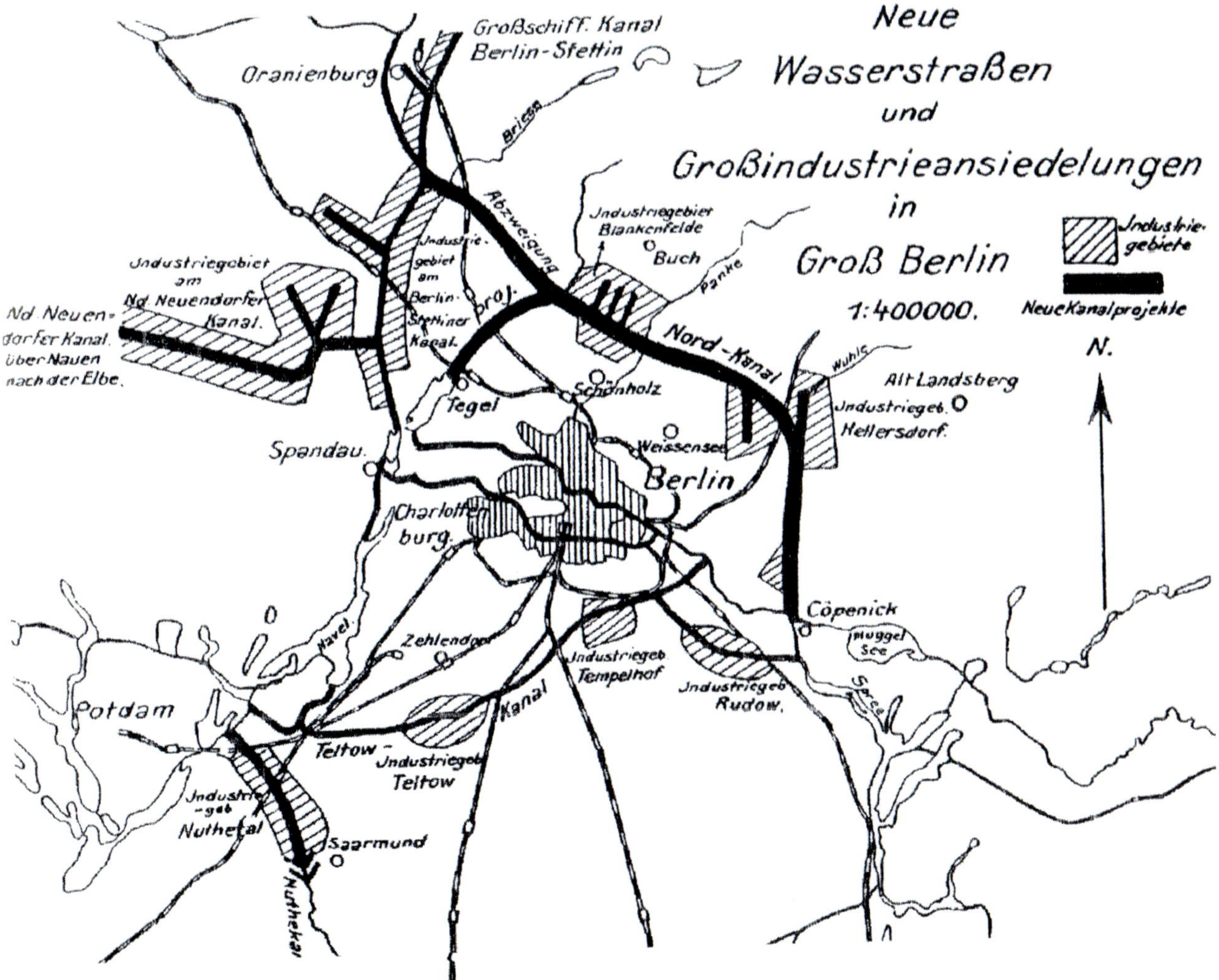

Der geplante Nordkanal mit vorgesehenen Industrieansiedlungen im Planaungsstand des Jahres 1911. Eigetragen sind auch die vorhandenen Bahnlinien. *Repro aus [13.01]*

Die Ost-Straßenachse verlief entlang der heutigen Landsberger Allee, umging aber Marzahn, Hellersdorf und Hönow südlich. Entlang dieser neuen Magistrale **war** eine neue U-Bahn-Linie mit einem Bahnhof in der Nähe des Dorfes Marzahn geplant. Auf sechs Standorten mit einer Fläche von 4643 Hektar sollten Wohnungen für 445.000 Menschen entstehen. Vom geplanten Industriegebiet nördlich der Landsberger Allee entstand ab 1940 auf Befehl Hermann Görings lediglich »Hasse & Wrede« in Marzahn als nationalsozialistischer Musterbetrieb für die Rüstungsindustrie [13.01].

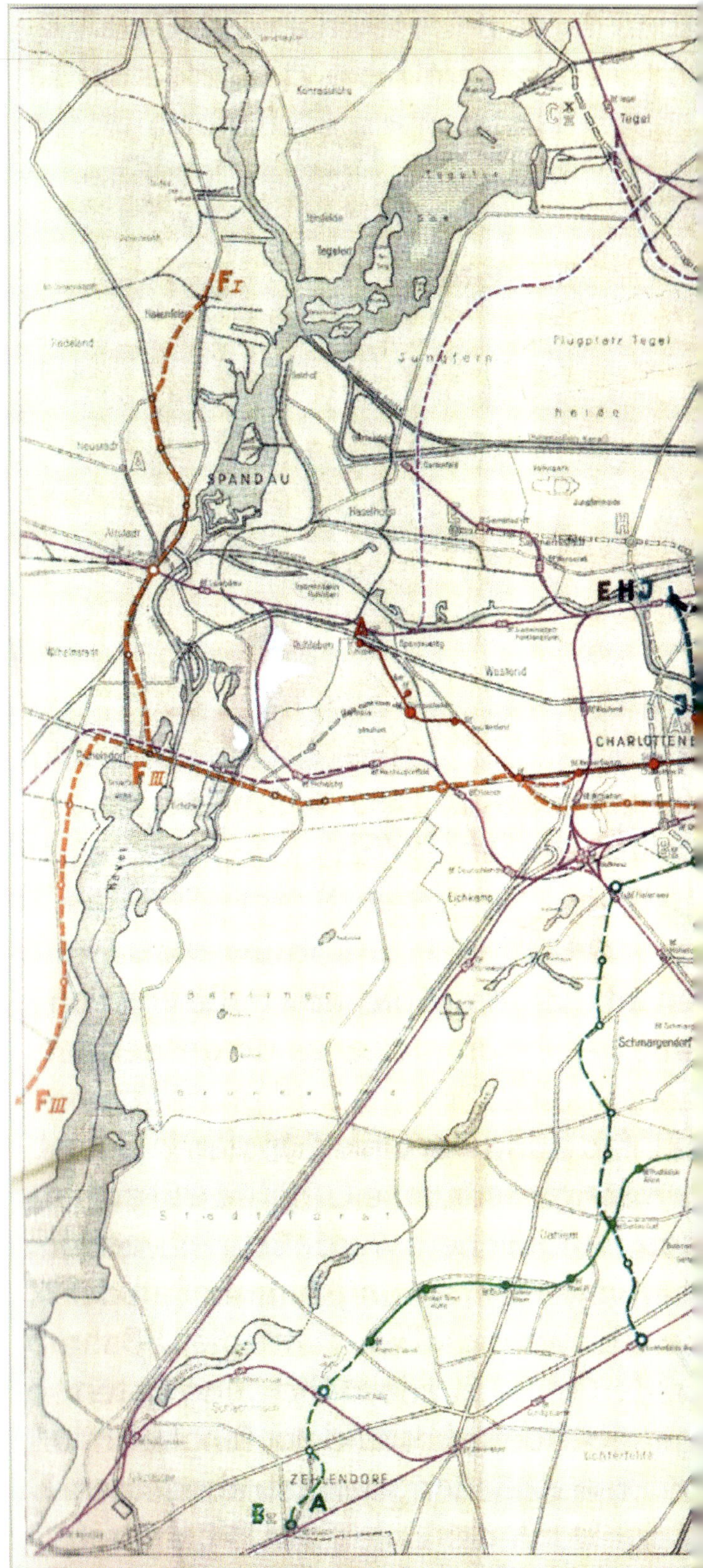

U-Bahn-Planung aus dem Jahre 1939: Eine geplante U-Bahn-Linie F II führt vom Stadtzentrum über Weißensee in Richtung Malchow, die abzweigende Linie F I führt gar über Marzahn hinaus. *Dokument: Axel Mauruszat*

Der erste Generalbebauungs- und Generalverkehrsplan von 1968 für die Hauptstadt der DDR orientierte bis 1980 im Nordosten lediglich auf den Bau des Industriegebietes Lichtenberg Nordost, sah aber hier keinen Wohnungsbau vor. Zwischen 1968 und 1975 wurde diese Fläche mit dem Ausbau der heutigen Bundesstraße 1/5, dem Autobahnzubringer Nord, der Rhinstraße und der Allee der Kosmonauten verkehrsmäßig und stadttechnisch erschlossen. Mit dem 1971 beschlossenen Wohnungsbauprogramm orientierte man auf extensive Großwohngebiete in Plattenbauweise. Weil der Nordosten bereits gut erschlossen war, boten sich hier Möglichkeiten für den industriellen Wohnungsbau auf der »grünen Wiese« [13.01].

Die nordöstliche Stadterweiterung mit neuen Wohngebieten begann bereits vor dem offiziellen Beschluss über das *»Wohnungsbauprogramm der DDR für die Jahre 1976 bis 1990«*. Am 21. März 1973 fielen die Entscheidungen für die Wohnkomplexe Biesdorf Nord, sowie Hohenschönhausen I und II; für Hellersdorf war noch kein Wohngebiet geplant. Beim Bestätigen des Bebauungsplanes für Biesdorf/Marzahn im SED-Politbüro am 25. Februar 1975 entschied dieses auch, einen »9. Stadtbezirk« zu bilden, der am 5. Januar 1979 als »Stadtbezirk Marzahn« aus Teilen der Stadtbezirke Lichtenberg und Weißensee entstand. Ursprünglich waren 36.400 Wohnungen geplant, jedoch verdichtete man 1980 die vorgesehene Bebauung um weitere 25.766 Wohnungen [13.01].

Am 29. Januar 1980 korrigierte man mit einem Beschluss über den Generalbebauungsplan bis 1990 die bisherige Grundrichtung der Stadtentwicklung: Wohnungen sollten nicht mehr im Nordraum gebaut werden, sondern im Osten, um die vorhandene Infrastruktur besser nutzen zu können. Damit konnte auf einen U-Bahn-Bau in Richtung Norden, auf die S-Bahn in Richtung Karower Kreuz, auf die vierte

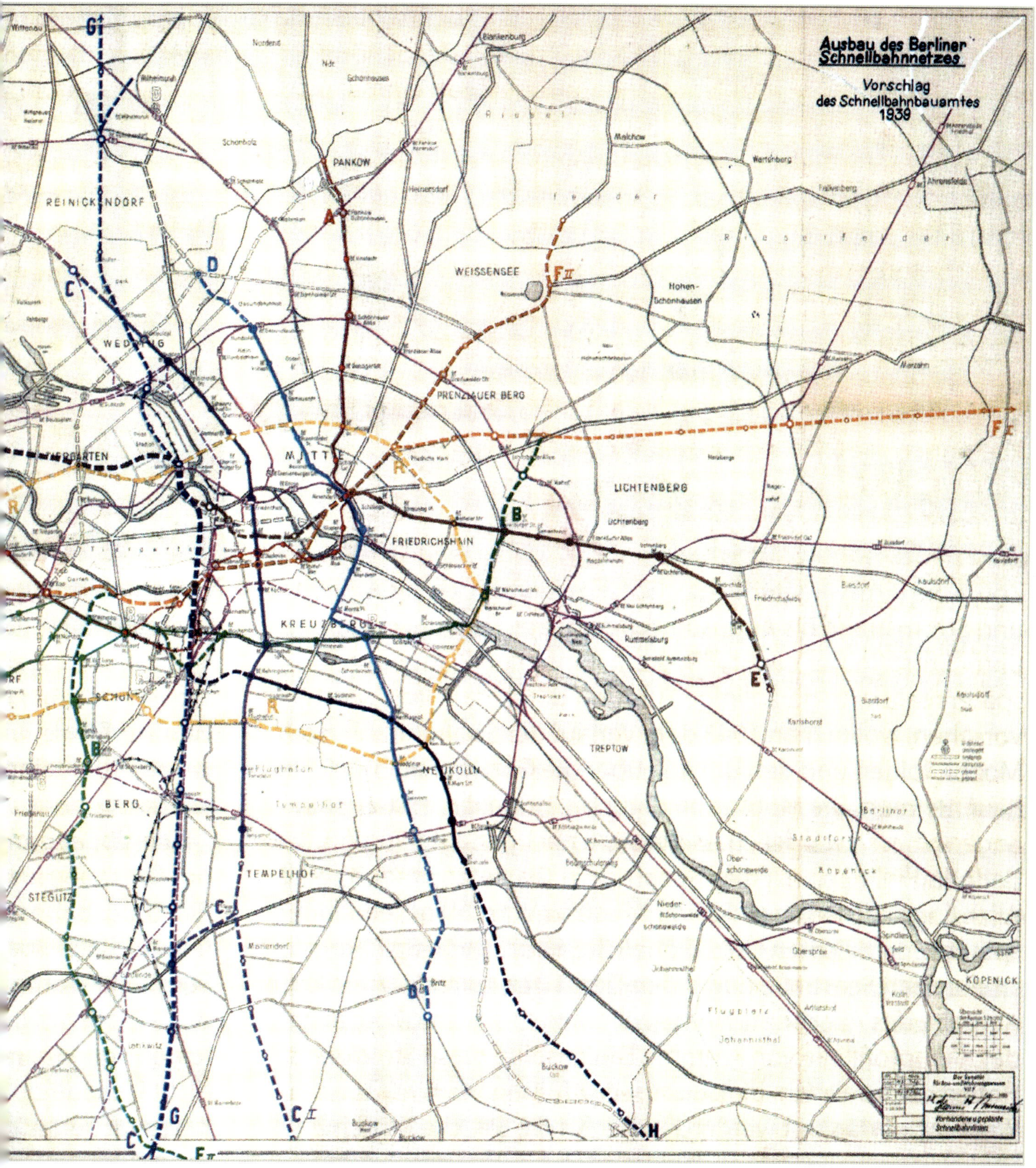
Ausbau des Berliner Schnellbahnnetzes
Vorschlag des Schnellbahnbauamtes 1939
PANKOW
REINICKENDORF
WEISSENSEE
WEDDING
PRENZLAUER BERG
MITTE
LICHTENBERG
FRIEDRICHSHAIN
KREUZBERG
TREPTOW
NEUKÖLLN
TEMPELHOF
STEGLITZ
KÖPENICK

(Straßen-)Tangente und auf das geplante Heizkraftwerk Nord auf Braunkohlenbasis verzichtet werden (zu einzelnen Vorhaben siehe im Inhalt). Die vorgesehenen Wohngebiete 1 bis 6 in Hohenschönhausen wurden jedoch weiter gebaut. Anstelle der ursprünglich geplanten Wohnungsbaustandorte in Blankenburg, Blankenfelde, Buch, Buchholz, Heinersdorf, Malchow und Karow kamen im Osten in Marzahn weitere 25.000 und im heutigen Bezirk Hellersdorf über 40.000 Wohnungen neu hinzu. Von 1971 bis 1990 entstanden im Stadtbezirk

Marzahn	58.918 Wohnungen für	151.619 Einwohner,
Hohenschönhausen	38.767 Wohnungen für	97.131 Einwohner,
Hellersdorf	37.725 Wohnungen für	97.413 Einwohner

[13.01].

Zur Verkehrsgeschichte von Malchow

Malchow wurde am 8. Februar 1344 erstmals urkundlich erwähnt. Gutsbesitzer Paul von Fuchs (1640 bis 1704), Geheimsekretär des Großen Kurfürsten und später Minister des ersten preußischen Königs Friedrich I. ließ 1690 das zweigeschossige Herrenhaus (Schloss Malchow) sowie Wirtschaftsgebäude errichten. Die Umgestaltung des Herrenhauses 1865/66 im Stil der Schinkel-Schule verleiht der Anlage ihre heutige Originalität. Bereits 1880 bis 1890 reihten sich entlang der heutigen Dorfstraße bäuerliche Wohn- und Landarbeiterhäuser mit Hofanlagen und Scheunen und verleihen dem Ort noch heute sein märkisches Aussehen, der am 18./19. Dezember 1878 von Theodor Fontanes »Weihnachtswanderung« besucht wurde. Berlin übernahm 1882 die Güter Wartenberg und Hohenschönhausen sowie etwa 500 Hektar Malchower Gutsland, um Rieselfelder vor den Toren der Stadt anlegen zu können. Aus dem Stadtgut ging 1949 das Volkseigene Gut (VEG) hervor, am 20. April 1960 mussten sich die letzten Einzelbauern im Osten Berlins zur Landwirtschaftlichen Produktionsgenossenschaft (LPG) zusammenschließen. Letztlich wird Malchow am 1. September 1985 Ortsteil des neuen Stadtbezirkes Hohenschönhausen [13.03]. Alle Vorschläge auf den 1909 ausgeschriebenen Wettbewerb zum Erlangen eines Grundplanes sahen für den Schienenverkehr eine Umgehungsbahn für den Güterverkehr rund um Berlin vor. Erster Weltkrieg, Inflation und Weltwirtschaftskrise verhinderten deren zügigen Weiterbau und das Ergänzen der noch fehlenden Strecken, aber die Idee bestand weiterhin.

Mit dem Umgestalten Berlins zur Reichshauptstadt Germania wurde die seit der Jahrhundertwende ins Auge gefasste Umgehungsbahn, nun als »Güteraußenring« (GAR) bezeichnet, wieder aufgegriffen: Vom geplanten Rangierbahnhof Wuhlheide kommend sollte der nordöstliche Teil über Springpfuhl – Wartenberg nach Buchholz zu einem weiteren neuen Rangierbahnhof führen. Mitte Mai 1938 begannen im Süden Berlins die Bauarbeiten für den GAR, wurden aber mit Beginn des zweiten Weltkrieges reduziert. Der GAR blieb ein kriegswichtiges Vorhaben und musste möglichst schnell und kostengünstig als »Vorläufiger Güteraußenring« (VGAR) errichtet werden. Entgegen den ursprünglichen Planungen entstand der VGAR nur eingleisig. Um bestehende Anlagen zu umgehen, wie die Rieselfelder mit ihren Druckrohrleitungen und Entwässerungsgräben im Raum Marzahn, Hohenschönhausen, Wartenberg und Malchow, deren Verlegung nicht nur langwierig, sondern auch teuer gewesen wäre, wich man von der ursprünglichen Linienführung ab. Die Strecke folgte weitgehend dem Gelände, erhielt minimale Gleisradien von 300 m und wies starke Steigungen auf (zwischen Biesenhorst und Karow 11,6 Promille). Die zulässige Radsatzlast betrug nur 18 t, und Brücken baute man als »Dauerbehelfe«, die zu Langsamfahrstellen führten. Um auf dem eingleisigen VGAR eine gewisse Leistungsfähigkeit zu garantieren, bestanden in kurzen Abständen Kreuzungsbahnhöfe ohne öffentlichen Reise- und Güterverkehr, wie z.B. in Wartenberg unmittelbar südwestlich des Dorfes. Zwischen Biesenhorst und Berlin-Karow war die Strecke am 22. September 1941 fertiggestellt und wurde am 2. Oktober 1941 offiziell eröffnet [13.04]. 1947 ließ die Sowjetarmee den eingleisigen VGAR zwischen Wuhlheide/Biesenhorst und Berlin-Karow demontieren, aber bis zum 1. April 1950 wegen der gewünschten Umfahrung Berlins wieder aufbauen. Trotz Bau des Berliner Außenringes (BAR) seit 1951 bestand zwischen Springpfuhl und Karow immer noch der aus dem Jahr 1941 stammende eingleisige Güteraußenring mit kleinen Gleisradien und großen Steigungen. Alle Reisezüge aus dem Norden nach den Ostberliner Bahnhöfen rollten über diesen Abschnitt. Er war dringend zweigleisig auszubauen, sollte aber auch Geschwindigkeiten von bis zu 160 km/h ermöglichen. Man wählte deshalb eine direkte Trasse mitten durch die Rieselfelder mit den bekannten Untergrundschwierigkeiten. Während der VGAR östlich der Siedlung Margaretenhöhe und unmittelbar westlich am Ortsteil Wartenberg vorbeiführte, liegt der neue zweigleisige BAR westlich von Margaretenhöhe und hat einen großen Abstand zu Wartenberg. Der bisherige GAR-Bahnhof Wartenberg zwischen Wartenberger Weg und Falkenberger Chaussee wurde zugunsten einer Blockstelle an der zweigleisigen Strecke aufgegeben. Vorbereitet war das Planum für je ein östliches und westliches Überholungsgleis, die aber nie gebaut wurden. Am 25. April 1957 wurde auf dem südlichen Gleis des neuen BAR eingleisiger Betrieb eingerichtet, vier Tage später waren beide Gleise befahrbar [13.04].

Die Einwohner der neuen Wohngebiete Marzahn/Ahrensfelde, Hellersdorf und Hohenschönhausen mussten, falls sie mit der Bahn verreisen wollten, zum wichtigsten Bahnhof für den DDR-Binnenverkehr nach Berlin-Lichtenberg. Für Fahrten zu und von der Arbeitsstelle in der Innenstadt waren die Reisenden gezwungen, die S-Bahn über Berlin-Lichtenberg zu benutzen, die am 30. Dezember 1976 vom Biesdorfer Kreuz über Springpfuhl bis Berlin-Marzahn, am 30. Dezember 1982 bis Ahrensfelde, am 20. Dezember 1984 von Springpfuhl bis Hohenschönhausen und am 20. Dezember 1985 bis Wartenberg eröffnet wurde. Andere direkte Verkehrsverbindungen zwischen Hohenschönhausen und dem Zentrum Ost-Berlins gab es nicht. Um den fehlenden Anschluss auszugleichen, sollte in Wartenberg zwischen beiden Gleisen des BAR ein 400 m langer und bis zu 14 m breiter Inselbahnsteig angelegt werden, damit hier Fernzüge zum Ein-, Aus- und Umsteigen zur S-Bahn von Berufsreisenden halten. Dieser Fernbahnsteig war an den im Bau befindlichen innerstädtischen Fußgängertunnel mit Zugang zum S-Bahnhof anzuschließen. Das war im Mai 1984. Doch die noch verbleibende Zeit bis zur Aufnahme des S-Bahn-Betriebes nach Wartenberg (Dezember 1985) war viel zu kurz, um dieses Vorhaben mit dem Aufweiten beider Streckengleise für den Inselbahnsteig realisieren zu können.

Als »schnelle Notlösung« bot sich der Bau von Seitenbahnsteigen an. Da in Hohenschönhausen das Stadtteilzentrum des neuen Stadtbezirks entstand, waren sie dort wichtiger als in Wartenberg. In sagenhaft kurzer Zeit entstanden hier bis zum 14. April 1986 die beiden Bahnsteige am BAR mit Zugang zur Straßenbrücke. Beabsichtigt war, diese mit dem Bau des neuen Fern- und S-Bahnhofs Malchow wieder aufzugeben ...

Malchow als Pendant zu Schönefeld

Der nordöstliche Abschnitt des Berliner Außenringes verläuft zwar mitten durch das Stadtgebiet, befindet sich aber heute nicht mehr in einer Außenlage, sondern stellte zu DDR-Zeiten infolge der zwischenzeitlich entstandenen Wohn- und Industriegebiete eher eine innerstädtische Verbindungsbahn parallel zum verbliebenen Teil des Innenringes für Reise- und Güterzüge dar.

Stadt und Bahn planten deshalb in der Nähe von Malchow einen neuen Fernbahnhof am Außenring. Ausschlaggebend für diesen Standort war auch die geplante U-Bahn-Linie Alexanderplatz – Weißensee mit Verlängerung nach Malchow, mit der eine schnelle Verbindung in das Ostberliner Stadtzentrum garantiert worden wäre. Der DR war an dem neuen Fernbahnhof deshalb gelegen, weil damit die Fernzüge aus dem Norden einen besseren Zugang zur geteilten

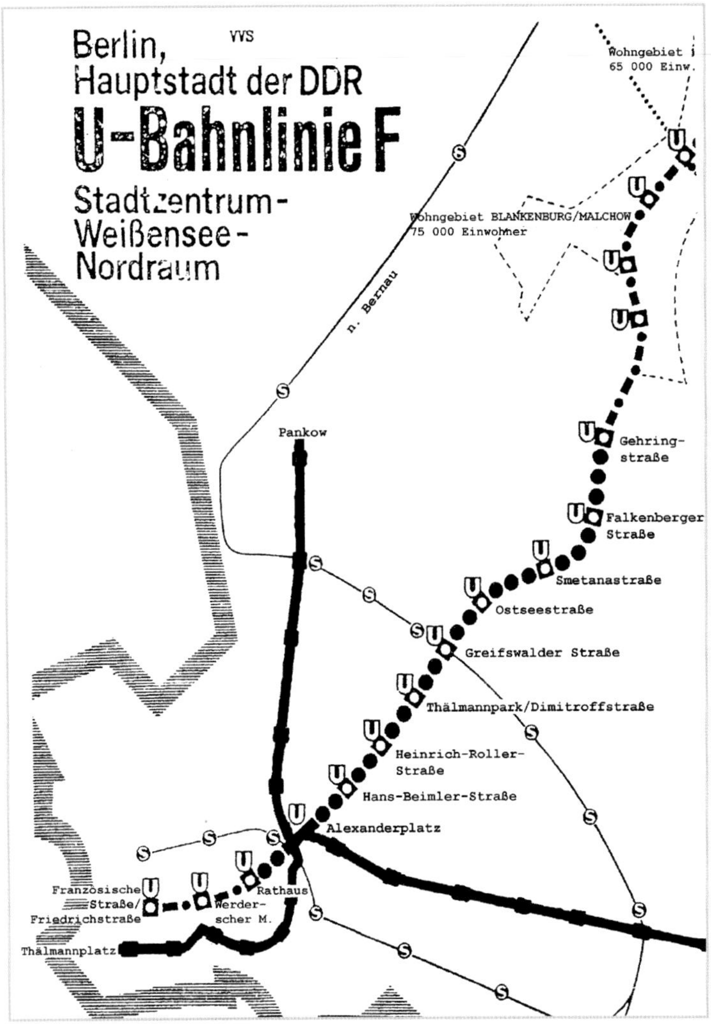

Der Verlauf der geplanten, nie realisierten U-Bahn-Linie F über Weißensee nach Malchow zu DDR-Zeiten.

Dokument: Slg. Kuhlmann

Stadt geboten hätten. Reisezüge in Nord-Süd-Richtung hätten in Flughafen Berlin-Schönefeld und Malchow, evtl. auch in Berlin-Lichtenberg halten können, ohne auf einem Berliner Bahnhof Kopf machen zu müssen. Aus dieser Sicht kann Malchow als Pendant von Schönefeld gelten [13.04].
Die Reichsbahndirektion Berlin ließ deshalb 1984/85 vom Entwurfs- und Vermessungsbetrieb der DR (EVDR) eine Gleisplanstudie erarbeiten, die nur über den benötigten Flächenbedarf für einen derartigen Bahnhof entsprechend der geforderten betrieblichen und technischen Parameter Auskunft geben sollte. Detailplanungen zu Bahnsteigzugängen (Treppen und Rampen zum Fußgängertunnel), Sicherungs- und Fernmeldeanlagen, Fahrleitung usw. blieben späteren Untersuchungen vorbehalten [13.05].
Der neue Bahnhof sollte sich in km 7,0 des BAR im Schnittpunkt mit der U-Bahn befinden, zwischen der heutigen Bundesstraße 2 und dem Lindenberger Weg. Wie der umgebaute Bahnhof Flughafen Berlin-Schönefeld waren für Malchow zwei 400 m lange Fernbahnsteige außerhalb der durchgehenden Hauptgleise vorgesehen, nördlich davon ein 160 m langer S-Bahnsteig. Südlich des Bahnhofs sollten zwei weitere Streckengleise sowie ein Überholungsgleis für Güterzüge (evtl. mit einem weiteren Bahnsteig) verlaufen, mit denen der langsame Güter- vom schnellen Reiseverkehr zu trennen war. Über diese zwei weiteren Streckengleise waren zum einen die Ein- und Ausfahrgruppe des damals geplanten Containerzentrums Berlin Nordost sowie der ab 4. Juli 1977 provisorisch bzw. seit 4. Juli 1984 voll in Betrieb befindliche Industrieübergabebahnhof Berlin Nordost, zum anderen der Rangierbahnhof Berlin-Wuhlheide zu erreichen. Die Sicherungsanlagen des Bahnhofs Malchow wollte man vom geplanten, später im Bau befindlichen und 1993 eingestellten Gleisbildstellwerk Karower Kreuz weitstellen [13.04, 13.05].

Im November 1986 wurde die vorgelegte Gleisplanstudie bestätigt und im Juni 1987 wegen Neugestaltung des Karower Kreuzes aktualisiert. Von der Stadt wurde die Studie als Option in das Planungskataster für die weitere Planung und zum Vorbereiten von Trassen der technischen Infrastruktur aufgenommen. Weil die Stadt die spätere Bebauung im Umfeld noch nicht konzipiert hatte, konnte ein Standort für das Empfangsgebäude nicht fixiert werden.

Am 24. April 1994 verzichtete die damalige Hauptabteilung Personenverkehr der DR auf den Bau des Fernbahnhofs Malchow, denn im Zusammenhang mit dem nunmehr spruchreifen neuen Nord-Süd-Fernbahntunnel war er nutzlos. Beabsichtigt ist weiterhin ein S-Bahnhof in Malchow, der nur bei entsprechender Wohnbebauung im Umfeld sinnvoll ist, über die heute wieder gesprochen wird.

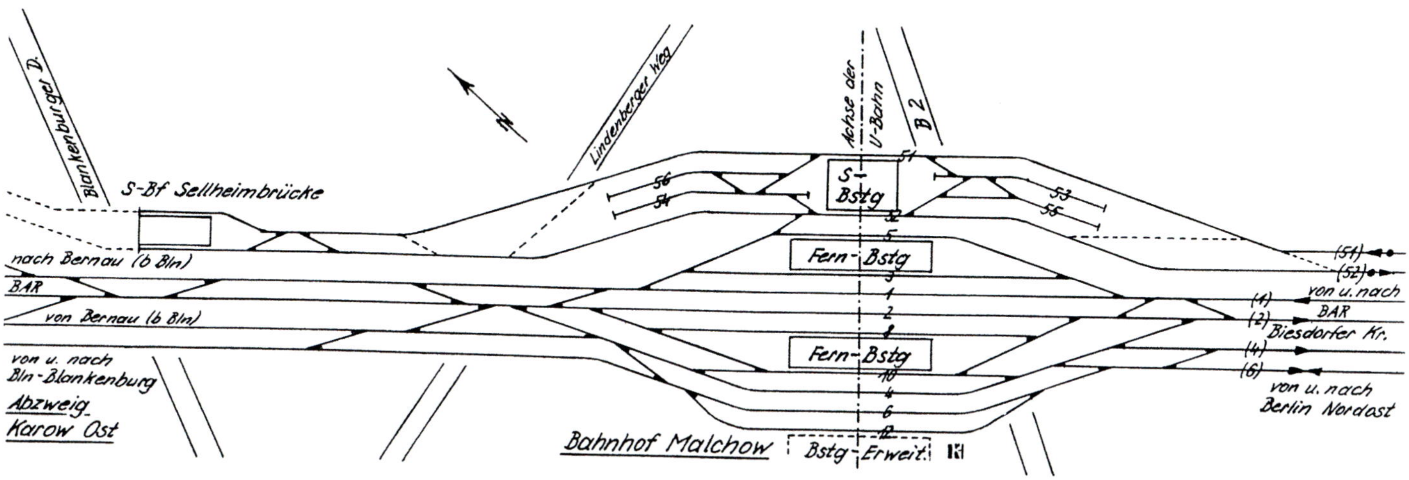

Prinzipskizze des geplanten Fernbahnhofs Berlin-Malchow mit der S-Bahn-Strecke bis Sellheimbrücke (Planungsstand 1987).
Zeichnung: Kuhlmann

Quellen:

[13.01] *Dr. Peters, Günter: Historische Stadtplanungen für den Berliner Nordosten; hrsg. vom Bezirksamt Marzahn von Berlin zur Ausstellung im Heimatmuseum Marzahn von 18.11.1997 bis 9.8.1998*

[13.02] *Haak, Julia: Wie Schiffe auf dem Nordkanal einst nach Tegel fahren sollten; in: Berliner Morgenpost [Berlin], 99 (1997), Nr. 316 (v. Mi, 19.November 1997), Seite 15*

[13.03] *Steer, Christine: Nachgeschlagen: Aus der Chronik von Malchow; in: Rathausnachrichten – Mitteilungen aus dem Stadtbezirk Lichtenberg, Nr. 5/2002*

[13.04] *Kuhlmann, Bernd: Der Berliner Außenring; Verlag Kenning, Nordhorn 1997, Seite 10 – 13, 48, 74/75*

[13.05] *Deutsche Reichsbahn, Entwurfs- und Vermessungsbetrieb: Bahnhof Malchow und Grobflächenbedarf BAR km 5,0 bis 8,3, vom 22.Januar 1985 (in Auszügen vorhanden)*

Das Stellwerk Grünauer Kreuz ist praktisch ein Wahrzeichen des Bahnbetriebs für Berlin. 1995 passiert ein InterRegio auf dem Berliner Außenring das Stellwerk, das im März/April 2003 durch ein elektronisches Stellwerk ersetzt wurde.

Zu den privaten Anbietern im Fernverkehr zählte einst X 84102 von Gera über Leipzig – Berlin nach Rostock mit Talent-Triebwagen der damaligen Ostmecklenburgischen Eisenbahn (OME), hier 1993 bei der Durchfahrt im nicht umgebauten Ostkreuz.

Nachdem vom 25. September 1994 bis 23. Mai 1998 die Stadtbahn saniert und elektrifiziert wurde, verkehren InterCityExpress-Züge, hier ein ICE 2 am S-Bahnhof Hackescher Markt.

Weil das Projekt des Südgüterbahnhofs in West-Berlin geplatzt war, sanierte und modernisierte die DR 1986/89 mit Finanzhilfe des (West-)Berliner Senates den Bahnhof Zoologischer Garten. *Alle Fotos: Kuhlmann*

Abkürzungen

ARz – Auto im Reisezug

BAR - Berliner Außenring
BER – Flughafen Berlin-Brandenburg
BIR – Berliner Innenring (Ringbahn)
BPK – Bezirksplankommission
BRD- Bundesrepublik Deutschland
BVG – Berliner Verkehrs-Betriebe (von West-Berlin)
Bw – Bahnbetriebswerk
Bww – Bahnbetriebswagenwerk

ČSSR – Tschechoslowakische Sozialistische Republik (bis April 1990, dann ČSFR bis Ende 1992)
CUA – Container-Umschlag-Anlage
CWA – Chemische Wasser-Aufbereitung

DB – Deutsche Bundesbahn (1949 bis 1993)
DB AG - Deutsche Bahn Aktiengesellschaft (seit 1994)
DDR – Deutsche Demokratische Republik
DE-Consult – Deutsche Eisenbahn-Consulting GmbH
DR – Deutsche Reichsbahn (1945 bis 1993)

EVDR – Entwurfs- und Vermessungsbüro (später -betrieb) der DR

FBA – Fernbeaobachter-Anlage
FNP – Flächennutzungsplan
F-S-Bahn Fern-Schnellbahn

GAR – Güteraußenring
GTHKW – Gasturbinen-Heizkraftwerk
GTL – Großtanklager
GVP – Generalverkehrsplan
GVZ – Güterverkehrszentrum

Hkw – Heizkraftwerk
Hv – Hauptverwaltung
HWE – Heißwasser-Erzeuger

ICE – InterCityExpress
IfV – Institut für Verkehrsforschung (der DDR)
IVE – Investitions-Vorentscheidung

LPG – Landwirtschaftliche Produktions-Genossenschaft
LSBF – Landesanstalt für Schienen-Fahrzeuge (geplante Institution in Berlin)
LVO – Leistungs- und Liefer-Verordnung (für militärische Zwecke in der DDR)
LVT – Leicht-Verbrennungs-Triebwagen

MfAA – Ministerium für Auswärtige Angelegenheiten (der DDR)
MfS – Ministerium für Staatssicherheit (der DDR)
MfV – Ministerium für Verkehrswesen (der DDR)

NBE – Niederbarnimer Eisenbahn
NEB – Niederbarnimer Eisenbahn-Betriebsgesellschaft
NS- – nationalsozialistiche ...

ÖPNV – öffentlicher Personen-Nahverkehr

Raw – Reichsbahnausbesserungswerk (1945 bis 1993)
Rbd – Reichsbahndirektion (1945 bis 1993)
Rbf – Rangierbahnhof

S-Bw – S-Bahnbetriebswerk
SED – Sozialistische Einheitspartei Deutschlands
SMAD – Sowjetische Militär-Administration in Deutchland
SO – Schienenoberkante
SRA – Seilzug-Rangier-Anlage

TÖZ – Technisch-ökonomische Zielstellung
TU – Technische Universität
Twh – Triebwagenhalle

VBB – Verkehrsverbund Berlin-Brandenburg
VBE – Vollbeschäftigten-Einheit
VT-Bw – Bahnbetriebswerk für Verbrennungs-Triebwagen
VdeR – Verwaltung des ehemaligen Reichsbahn-Vermögens (in West-Berlin)
VEAG – Vereinigte Energiewerke AG
VEB – volkseigener Betrieb
VGAR – Vorläufiger Güteraußenring
VnK – Verbindung nach Kaulsdorf
VR – Volksrepublik

ZBE – Zentrale Baustellen-Einrichtung
ZFIV – Zentrales Forschungsinstitut des Verkehrswesens (der DDR)

WEITERE INTERESSANTE BÜCHER ZUM THEMA

Anschaulich erzählt Bernd Kuhlmann, wie der Flughafen BER zu seinen Schienen kam. Er berichtet ausführlich über die Vorgeschichte des Gleisanschlusses, der zwar pünktlich zum geplanten Eröffnungstermin fertig war, aber so für weitere Probleme sorgte.

128 Seiten, 150 Abb., 230 x 265 mm

ISBN 978-3-613-71624-7

€ 19,95 | € (A) 20,60

Geschichte, Bau und Gegenwart des wichtigen Schienenkreuzes, das im Norden Berlins am Bahnhof Gesundbrunnen sowie den Stationen Bornholmer Straße und Schönhauser Allee in mehrjähriger Arbeit mit großem Aufwand entstand.

160 Seiten, 350 Abb., 230 x 265 mm

ISBN 978-3-613-71608-7

€ 29,90 | € (A) 30,80

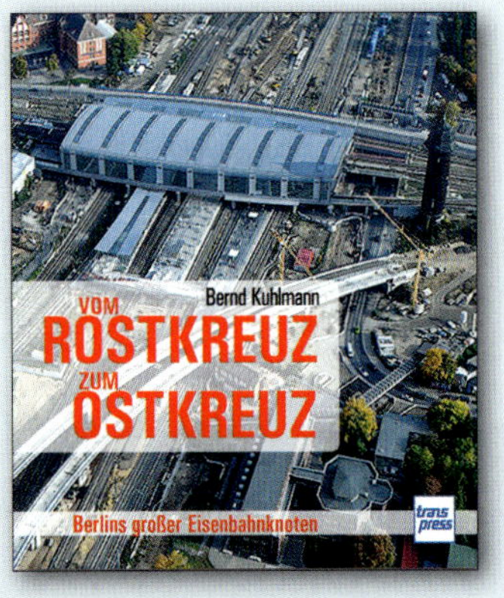

Mit großer Genauigkeit schildert Bernd Kuhlmann den aufwändigen und zwölf Jahre dauernden Umbau des Bahnhofs Ostkreuz zum modernen und wichtigsten Eisenbahnknoten Berlins.

184 Seiten, 150 Abb., 230 x 265 mm

ISBN 978-3-613-71580-6

€ 29,90 | € (A) 30,80

Bernd Kuhlmann gibt in seinem Buch einen Überblick über die politischen und wirtschaftlichen Verhältnisse rund um den Eisenbahnbetrieb der Deutschen Reichsbahn in West-Berlin während der Zeit des Kalten Krieges.

192 Seiten, 350 Abb., 230 x 265 mm

ISBN 978-3-613-71311-6

€ 29,90 | € (A) 30,80

Leseproben zu allen Titeln auf unserer Internetseite

Stand März 2022
Änderungen in Preis und Lieferfähigkeit vorbehalten.

Überall, wo es Bücher gibt, oder unter
WWW.MOTORBUCH-VERSAND.DE
Service-Hotline: 0711 / 78 99 21 51

www.facebook.com/MotorbuchVerlag

WESTBERLIN
Tegeler See
Havel
Berlin-Spandauer Schiffahrts Kanal
Spree
Landw.
Teltow-Kanal
Igh Bln-Tegel Hafen (zu Tgl) 0,0
Win Bln-Wittenau (z.Tgl) 8,2
Berlin-Tegel 10,97 Tgl
Iwi
Wm Bln-Wilhelmsruh (zu Snl) 5,63
Ebs Wik
Eichbornstraße (zu Tgl) 8,44
Wittenau (Krem.Bahn) (zu Tgl) 7,66
Bln-Reinickendorf (zu Tgl) Rkd 6,21
Tga 5,31
Snl Bln-Schönholz 3,85
Wo Wollankstr (zu Snl) 2,91
Bos Bornholmer Str
Gsr Bln Gesundbrunnen
Gtf Bln-Gartenfeld (z. Wes) 4,46
Ss Bln-Siemensstadt 3,12 (z.Wes)
Beu
Bln Westhafen
Beusselstraße
Put Putlitzstr (zu Wes) 0,69
Bln-Wedding (zu Gsr) 2,52
Wed
Spd Spandau
Jun Jungfernheide
Ww Wernerwerk (zu Wes) 7,94
Moa Bln Moabit
Chag Bln-Charlottenb. Gbf
Bell Bellevue (z.Zoo) 7,1
Bln L. Stadtbf
Bln Hamb.u.Lehrt
Ruh Bln-Ruhleben 10,67 (zu Spd)
Olympiastadion (z.Spd) 16,23
Siemensstadt-Fürstenbr. (zu Spd) 7,74 v.Leb
Füb
Westend Wes
Wz Witzleben (zu Wes)
Tiergarten (zu Zoo)
Tg
Bln Spreeufer (zu Moa) 0,64
Bln Lehrter Bf (Moa) Leb
Westkreuz (zu Chb)
Wk
Bln-Charlottenbg. Chb
Ols
Hst Heerstraße (zu Spd) 14,86
Pich
Zoo Bln Zoolog. Garten
Eich Eichkamp (zu Spd) 13,58
Hal Bln-Halensee
Savignypl (zu Zoo)
Sap
Pog Bln Potsd Gbf
Gör Großgörschenstr (zu Fr)
Sg Schöneberg
Hohenzollerndamm (zu Wl) 28,6
Ho
Innsbrucker Pl
Ip
Berlin-Grunewald
Gd
Smf Schmargendorf (zu Wl)
Berlin-Wilmersdorf
Wl
Fr Friedenau 4,8 S/5,0 F
Papestraße
Betrbf Schöneberg
Sgr
Feuerbachstraße (zu Stz) 5,65
Fb
Priesterweg (z.Tf) 5,19
Pr
Tfr Bln-Tempelhof
Berlin-Steglitz 6,75 S/6,93 F
Stz
Bgt Botanischer Garten (zu Stz) 8,73
Steglitz (z.Stz) Gbf
Sgz
Sd Südende (zu Tf) 6,57 V
Mariendorf 6,62 (zu Tf)
Md
Sdg Sundgauer Str (zu Liw) 10,78
Lda Lindenthaler Allee (zu Ws) 13,91
Sts
Berlin-Lichterfelde West 9,74 S/9,4 F
Liw
Lankwitz (zu Lio) 7,93 V
Lak
Zfm Berlin-Zehlendorf 11,89 S/12,06 F (zu Ws)
Zehlendorf Süd
Lio
Berlin-Lichterfelde Ost 9,32 V/9,21 A
Dp Düppel (zu Ws)